ÉMILE FAGUET
DE L'ACADÉMIE FRANÇAISE

La Démission de la Morale

SOCIÉTÉ FRANÇAISE
D'IMPRIMERIE ★ ★ ★
ET DE LIBRAIRIE ★ ★

La Démission de la Morale

EN VENTE A LA MÊME LIBRAIRIE

DU MÊME AUTEUR :

Seizième siècle, *études littéraires*, un fort vol. in-18 jésus, 16ᵉ édition, broché. 3 50
Dix-septième siècle, *études littéraires*, un fort volume in-18 jésus, 31ᵉ édition, broché. 3 50
Dix-huitième siècle, *études littéraires*, un fort volume in-18 jésus, 31ᵉ édition, broché. 3 50
Dix-neuvième siècle, *études littéraires*, un fort volume in-18 jésus, 35ᵉ édition, broché. 3 50
Politiques et Moralistes du dix-neuvième siècle. *Trois séries*, formant chacune un volume in-18 jésus, broché. 3 50
   L'ouvrage est complet en trois séries, chaque volume se vend séparément.
Politique comparée de Montesquieu, Rousseau et Voltaire, troisième mille, un vol. in-18 jésus. 3 50
Propos littéraires. *Quatre séries*, formant chacune un volume in-18 jésus, broché (*chaque volume se vend séparément*). 3 50
Propos de théâtre. *Quatre séries*, formant chacune un volume in-18 jésus, broché (*chaque volume se vend séparément*). 3 50
Le Libéralisme. Un volume in-18 jésus, huitième mille, broché 3 50
L'Anticléricalisme. Un vol. in-18 jésus, septième mille, broché. 3 50
Le Socialisme en 1907. Un vol. in-18 jésus, huitième mille, broché. 3 50
Le Pacifisme, un vol. in-18 jésus, troisième mille, broché. 3 50
Discussions politiques. Un vol. in-18 jésus, broché. 3 50
En lisant Nietzsche. Un volume in-18 jésus, cinquième mille, broché. 3 50
Pour qu'on lise Platon. Un volume in-18 jésus, broché. 3 50
Amours d'hommes de lettres. Un volume in-18 jésus, cinquième mille, broché. 3 50
Simplification simple de l'orthographe. Une piqûre in-18 jésus. 0 60
Madame de Maintenon institutrice, *extraits de ses lettres, avis, entretiens et proverbes sur l'Education*, avec une introduction. Un volume in-12, orné d'un portrait, 3ᵉ édition, broché. 1 50
Corneille, un vol. in-8° illustré, 9ᵉ édition, broché. 2 »
La Fontaine, un vol. in-8° illustré, 11ᵉ édition, broché. 2 »
Voltaire, un vol. in-8° illustré, 8ᵉ édition, broché. 2 »
   Ces trois derniers ouvrages font partie de la *Collection des Classiques populaires*, dirigée par M. Émile Faguet.
Discours de réception à l'Académie française, avec la réponse de M. Émile Ollivier, une brochure in-18 jésus. 1 50
Cours de poésie française. *Leçon d'inauguration.* Une piqûre. 0 50
La Revue Latine, journal de littérature comparée (a cessé de paraître en décembre 1908).
   La collection comprend sept années.
La première année est épuisée.
La deuxième année. . . . . 10 »
La troisième année et les suivantes, chacune. . . . . 6 »
   L'année forme un volume in-8° carré de plus de 700 pages, broché.
   (Chaque année se vend séparément.)

ÉMILE FAGUET
De l'Académie Française

La Démission de la Morale

PARIS
SOCIÉTÉ FRANÇAISE D'IMPRIMERIE ET DE LIBRAIRIE
ANCIENNE LIBRAIRIE LECÈNE, OUDIN ET Cie
15, RUE DE CLUNY, 15

1910

La Démission de la Morale

CHAPITRE PREMIER

AVANT KANT

Il y a quelque intérêt à étudier très froidement, et aussi « objectivement » que possible, l'évolution de la morale, particulièrement en France, depuis Kant jusqu'aux dernières nouvelles. Cela peut jeter quelques lumières sur l'état des esprits et par conséquent fournir contribution à l'histoire générale, ce qui a peut-être une certaine utilité. Et en tout cas c'est un divertissement qu'on peut estimer honnête.

La morale est la science, ou l'art, qui peut, ou donner aux hommes des règles de leur conduite à travers la vie, ou donner aux hommes des indications sur la conduite qu'ils feront bien de suivre à travers la vie.

Si on la tient pour une science pouvant donner des règles, si on la tient pour « normative », la morale, à mon avis, ne peut se fonder que sur une religion, — que sur une science, ou plusieurs sciences — ou que sur elle-même.

Si on la tient pour un art, elle peut emprunter à certaines sciences, ou au *savoir* en général, quelque chose ; elle peut s'appuyer sur le savoir et en tirer quelque secours ; mais elle est surtout un ensemble de démarches ingénieuses, de la part de l'homme, pour s'accommoder aux choses et à soi et pour diriger sa vie de manière à être dignement et noblement satisfait de soi-même.

Pour remonter, un instant, aux anciens, il faut savoir qu'ils ont connu très bien la morale en tant que science et aussi la morale en tant qu'art. A prendre les choses dans les grandes lignes et en négligeant volontairement des détails, importants il est vrai, et qui pourront, je le sais, faire objection contre moi, on ne se trompera pas beaucoup en disant que la morale considérée comme science a été inventée par Socrate et les stoïciens, ses vrais disciples ; et que la morale considérée comme art a été inventée par les épicuriens.

Socrate, à en juger d'après ceux des livres de Platon où Platon semble plus qu'ailleurs s'inspirer de lui, fonde la morale sur la psychologie. Il dit : « Connais-toi toi-même, et, selon que tu te connaîtras plus ou moins bien, tu seras plus ou moins vertueux. » Il fonde tellement la morale sur la science qu'il confond la moralité avec la science, volontairement. Faire le bien, c'est le savoir. Savoir le bien, c'est le faire. Qui sait le bien fait le bien. Celui qui fait le mal n'est qu'un aveugle qui ne se connaît pas. Théorie que j'ai discutée ailleurs et peut-être réhabilitée (1), dont je ne retiens à cette heure que ceci, à savoir que Socrate est éminemment, est en son fond, un moraliste dogmatique, qui veut donner à la morale la solidité, la fermeté, l'impérativité aussi d'une science exacte.

Les stoïciens tout de même. Les stoïciens rattachent toute leur morale à la psychologie, à la science de l'homme quand ils donnent comme premier principe de la morale : « Vivre conformément à la nature ». Qu'est-ce à dire en effet ? Qu'il faut vivre conformément à la nature *de l'homme* (c'est le sens que le ὁμολογουμένως τῇ φύσει a toujours dans Epic-

---

(1) Voir *Pour qu'on lise Platon*.

tête), donc qu'il faut connaître sa nature. Qu'il faut vivre aussi conformément *à la nature entière* (c'est le sens que le ὁμολογουμένως a toujours dans Marc-Aurèle), à l'ordre général de la nature ; donc qu'il faut connaître la nature universelle, l'ordre général du monde.

La morale se rattache donc à la science tout entière et n'en est que l'aboutissement dans l'homme même, dans la conduite qu'il doit tenir. *Or* qu'est-ce que la science de lui-même et du Tout peut apprendre à l'homme ? Qu'il y a une raison universelle, très sage, très *suivie*, très harmonieuse, très logique, qui *ne se contredit pas* ; et aussi qu'il y a dans l'homme une raison moins ferme, plus ou moins vacillante ; mais qui est ce qui en lui *se contredit le moins* et la seule chose en lui qui puisse ne pas se contredire. Donc il faut suivre la raison pour rester logique, pour être *constant*, pour avoir une vie harmonique en toutes ses parties parce qu'elle sera dominée par un seul principe.

Et donc il faudra, du côté de soi-même, n'obéir aucunement à ses passions, qui sont forces illogiques et capricieuses ; du côté de l'extérieur mépriser complètement tout ce qui ne dépend pas de nous, tous les *fortuits*, qui, si nous en tenions compte, nous feraient également vivre d'une vie capricieuse et irrégulière. — Pour mépriser tant de choses et se dérober à l'influence de tant de choses, il faut se donner une volonté énergique, indomptable et en quelque sorte implacable. La raison, c'est tout l'homme intellectuel ; la volonté, c'est tout l'homme actif. Raison et volonté, c'est tout l'homme. La sensibilité doit être supprimée. La volonté sans cesse en acte et n'obéissant qu'à la raison, c'est toute la morale.

Cette morale, on a vu comme elle se rattache à la science de l'homme et à la science du monde, à la science totale, et comment elle se fonde sur elle.

Pour les épicuriens, malgré quelques essais qu'ils ont faits pour donner un caractère scientifique à leur morale, la morale est bien, en somme, un art et seulement un art. Elle pourrait être définie : *les moyens d'être heureux*. L'homme aspire au bonheur. Il a raison. Il serait étrange qu'on voulût lui persuader qu'il a tort. On n'y réussirait guère, du reste, tant le désir de bonheur est le fond de notre nature. Il faut tout simplement le laisser dans cette croyance. Seulement il faut lui apprendre à ne pas se tromper sur ce qui est le bonheur, de peur qu'en cherchant le bonheur instinctivement, il ne trouve que l'infortune. Or où est le bonheur vrai, le bonheur qui ne trompe pas, qui ne se déguise pas à nos yeux pour s'y révéler ensuite sous forme d'infortune et de misère ? C'est un art, précisément, que de le découvrir. C'est une science aussi, si l'on veut, et il va de soi qu'il n'est pas inutile de connaître l'âme humaine pour savoir ce qui doit remplir ses désirs et par conséquent être un bonheur pour elle ; mais c'est surtout un art. C'est un art qui consiste à observer les tentatives des hommes vers le bonheur et à noter celles qui réussissent et celles qui échouent; et dans quelle mesure elles échouent et elles réussissent ; et dans quelles conditions elles ont plus ou moins succès ou échec.

Le bonheur étant chose relative et subjective, et la morale n'étant que procédé pour arriver au bonheur, il s'ensuit que la morale est chose subjective et relative, qu'elle est science particulière pour chacun, donc non pas science, mais art, ainsi qu'il a été dit tout d'abord.

Du reste, on peut arriver, relativement encore, à une conclusion assez générale, et c'est à savoir que pour *la plupart des hommes* le bonheur, *tout compte fait,* est dans la vertu. La vertu n'est pas le but de l'homme, la fin où il doit tendre ; elle est le moyen le plus sûr pour lui d'atteindre son but, qui est le bonheur. Elle le donne toujours, tandis que les autres ne le donnent qu'accidentellement. Elle n'est pas le but ; elle n'est pas, non plus, le seul chemin ; mais elle est la grande route. L'épicurisme ne détruit donc pas la moralité. Il la subordonne. Il la soumet à la recherche du bonheur. Il dit : « Puisque vous voulez être heureux, soyez vertueux. » Il n'aurait rien à opposer à qui dirait : « Je ne tiens pas à être heureux. » Il n'a rien à dire non plus à celui qui affirme être heureux en dehors de la vertu, si ce n'est : « Vous vous trompez » ; ou : « Vous vous persuadez que vous êtes heureux, sans l'être » ; ou : « Vous ne le serez pas toujours. » Réponses un peu faibles.

L'épicurisme, comme tout art, peut toujours être contesté. Il est fort par la première position qu'il prend ; il est faible en ses conclusions. Il est fort en demandant aux hommes : « N'est-il pas vrai que vous voulez tous être heureux ? Vous avez raison » ; car ainsi il gagne tout d'abord leur confiance. Il est faible en leur criant : « Donc soyez vertueux », parce que le rapport entre ces deux propositions ne pouvant pas être établi scientifiquement, ne pouvant jamais l'être que par un art plus ou moins ingénieux, mais toujours récusable, n'a rien de ferme ni de solide.

A un autre point de vue, remarquons que ces deux morales antiques, quelque dogmatiques qu'elles soient toutes les deux et surtout la première, sont encore persuasives et non impératives, hypothétiques même (surtout l'une) et non catégoriques. Quoique l'une et l'autre (surtout la première) aient employé le mot Δεῖ, qui veut dire : « *Tu dois* », elles ne sont ni l'une ni l'autre autorisées pleinement à dire : « *Tu dois* ». Elles ne sont impératives que par un certain abus de mots et un certain excès d'affimation. Qui *m'oblige* (voici pour le stoïcisme) à me conformer à l'ordre universel ou à mon ordre intérieur, à la raison cosmique ou à ma raison humaine ? Absolument rien. Je puis trouver cela beau, noble, honorable, convenable, digne de moi ; mon orgueil peut être extrêmement intéressé à l'accepter ; mais que j'y sois *obligé*, je ne le vois pas. Je pourrai dire : « *Decet* » ; rien ne me fera dire : « *Debes.* » Le devoir stoïque n'est pas un devoir ; c'est un idéal. On m'y attire ; on m'y pousse ; on m'en éblouit et on m'en fascine ; on ne me le commande pas ; on ne trouve pas quelque chose qui me le commande. Le stoïcisme est persuasif; il n'est pas, il ne peut pas être impératif.

Il est persuasif infiniment, parce qu'il s'adresse, pour nous persuader, aux parties de notre âme dont nous sommes le plus fiers et que nous chérissons le plus; il ne peut pas être impératif.

Il est très visible, du reste, qu'il n'a jamais songé à l'être et qu'il n'a jamais songé à dire : « Quelqu'un quelque part, ou quelque chose en vous, vous commande impérieusement de faire ceci. Obéissez. » Quelques-unes de ses formules se rapprochent de celle-ci ; aucune n'y est adéquate. Ses formules se ramènent toujours à : « Il est beau d'agir de telle sorte. » C'est une persuasion de tout premier ordre ; c'est une magnifique persuasion ; ce n'est pas une obligation démontrée ; ce n'est pas un impératif.

Encore moins l'épicurisme est-il impératif. Il ne commande pas ; il persuade à peine ; il renseigne : « Si vous voulez être heureux, faites ceci. » L'épicurisme est une indication. C'est une indication qui n'est pas fausse ; mais à laquelle on ne se sent nullement tenu de se conformer. L'épicurisme n'a pas de force contraignante. Le stoïcisme non plus, comme nous l'avons vu ; mais on peut dire que le stoïcisme, à défaut de force contraignante, a une force imposante ; l'épicurisme ni ne contraint ni même n'impose.

Voilà ce qui me faisait dire que les deux grandes morales antiques sont persuasives et non impératives.

Et aussi elles sont hypothétiques et non catégoriques, ce qui est presque la même façon de les envisager. L'épicurisme est éminemment un « impératif hypothétique », comme dit Kant. Il recommande d'être vertueux, *si* l'on veut avoir le bonheur. Il conditionne la vertu ; il conditionne le devoir. En disant : « Soyez vertueux pour être heureux », il n'est pas loin de dire : « Si vous ne trouvez pas le bonheur dans la vertu, laissez-la. » Il ne dit point pareille chose ; mais on peut la lui faire dire. Il est hypothétique fondamentalement et apparemment, très apparemment, ce qui est peut-être plus grave.

Le stoïcisme ne l'est point apparemment : mais il l'est en son fond, sans aucun conteste. Il prescrit aux hommes la vertu pour qu'ils se conforment à leur nature et à la nature ; c'est la leur prescrire, *s'il* est vrai que leur nature et la nature soient orientés vers la vertu, *s'ils* reconnaissent dans leur nature une tendance à la vertu et dans la nature la vertu proclamée. Or voilà bien une hypothèse; une hypothèse que tous les efforts de l'école tendront à fortifier, à solidifier, à charger de certitude ; mais enfin une hypothèse. Voilà bien un « impératif hypothétique ».

L'épicurisme pourrait même dire qu'il est moins hypothétique que le stoïcisme, puisque l'hypothétique contenu dans son commandement est à peine une hypothèse ; puisque prescrire aux hommes la vertu s'ils veulent être heureux, c'est la leur prescrire sans hypothèse, n'étant point douteux que tous les hommes veulent le bonheur, tandis que l'hypothétique contenu dans la prescription stoïcienne est hypothétique très pleinement.

Quoi qu'il en soit du plus ou du moins, les morales stoïcienne et épicurienne sont persuasives et non impératives ; sont hypothétiques et non catégoriques.

Pourquoi ? Parce qu'elles sont humaines, strictement humaines. Elles ne sont pas, — je crois bien qu'elles le sont un peu, quoi que je die, mais enfin il est plus juste de dire qu'elles ne le sont pas qu'il ne le serait de dire qu'elles le sont, — elles ne sont pas des débris, des restes, des souvenirs inconscients de religions passées. Bien plutôt elles sont en réaction et en sourde révolte contre les religions de l'ancienne Grèce. Plus ou moins formellement elles accusent ces religions d'immoralité et la morale grecque existe, au fond, et se sent exister, surtout *pour que* les vieilles religions n'existent plus. Elle se sent exister et elle veut exister comme remplaçant les anciennes religions et surtout comme prenant une place que les anciennes religions n'avaient pas remplie. Elles sont, relativement aux anciennes religions, d'essence presque absolument différente.

Il est donc très naturel qu'elles n'aient pas le caractère impératif, dominateur, conquérant, pour ainsi parler, et envahisseur, que les religions ont d'ordinaire. Elles ne sont pas des morales détachées d'anciennes religions et qui se souviennent inconsciemment d'avoir été des religions et qui en ont gardé comme le caractère et comme le pli. Elles ne sont pas des morales à air et à geste religieux.

Remarquez du reste, pour tout dire, ou plutôt pour tout indiquer brièvement, que les religions anciennes *elles-mêmes* n'ont pas beaucoup, n'ont pas violemment, pour ainsi dire, le caractère impératif. Elles commandent, c'est incontestable, et elles promettent des récompenses et elles menacent de châtiments. Elles sont donc, il faut le reconnaître, des systèmes religieux complets. Complets, oui, mais peu définis et peu rigoureux; parce qu'ils sont extrêmement, j'allais dire désespérément complexes. Voyez brièvement tout ce qu'il y a dans les religions antiques. Il y a des dieux, c'est-à-dire, première complexité, des êtres qui *étaient* des forces aveugles, puissantes et redoutables de la nature et qui sont devenus des hommes, des hommes supérieurs, des hommes très grands, très forts, très puissants et éternels ; mais des hommes ; des dieux, donc, qui participent maintenant des forces formidables de la nature et des passions changeantes, des caprices de l'humanité ; et qu'on adore confusément comme ils sont confus eux-mêmes ; pour lesquels on a les sentiments les plus divers et les plus mêlés, admiration, crainte, respect, envie, culte artistique, ironie quelquefois, autres sentiments encore. Les dieux sont des personnages auxquels on croit, que l'on sent très présents, très proches, quelquefois très éloignés, que l'on a bien en très grande considération, mais qu'au fond on ne sait pas bien comment traiter.

Il y a encore, dans le paganisme, le Destin, qui

est une conception peut-être aussi ancienne que celle des dieux, mais toute différente et presque contradictoire. Née, sans doute, de l'intuition, plus ou moins confuse, de l'immutabilité des lois de la nature, la conception du Destin s'oppose à la conception des dieux. Ils sont capricieux comme des hommes, il est immuable comme le ciel ; ils peuvent être fléchis, il est inflexible ; ils peuvent être priés, il est inutile de le solliciter ; ils peuvent être corrompus par des présents, il est incorruptible. Le Destin est un dieu sans oreilles, par derrière et par-dessus les dieux sensibles. Il est profondément immoral en soi, puisque rien ne peut le changer et que la bonne volonté humaine n'a pas de prise sur lui, et en même temps on le mêle de moralité, pour ainsi dire, on fait entrer en lui un élément de moralité, en aimant à se persuader que sa volonté immuable et éternelle se confond avec la justice ; mais encore on n'en est pas sûr et il est à la fois effrayant et déconcertant, effrayant surtout.

Et il y a encore la Némésis, qui est contradictoire à la fois au Destin et aux dieux. Elle est contradictoire au Destin, puisqu'elle est un sentiment et même une passion, chose qui n'a aucun rapport avec un ordre éternel ; puisqu'elle est une jalousie des êtres supérieurs à l'égard de l'homme, jalousie qui s'exerce capricieusement et arbitrairement, qui est toujours suspendue sur la tête des mortels, mais que l'on peut conjurer, écarter, fléchir par des prières et de bonnes œuvres. —. Elle est contradictoire, quoique un peu moins, aux dieux eux-mêmes ; car elle est un sentiment mauvais et bas qui dégrade les dieux, qui en fait des êtres inférieurs à l'homme plutôt que supérieurs, qui les présente surtout sous leur aspect de méchanceté et de rancune.

La Némésis est démocratique ; elle est même la démocratie symbolisée. Elle fait des dieux qui, quoique supérieurs à l'homme, n'aiment pas que des hommes soient grands, forts ou heureux. Elle fait des dieux qui auraient des sentiments populaires, sans avoir l'excuse naturelle qu'a le peuple d'être envieux des puissants.

Elle est aristocratique aussi : elle est cette idée que le petit doit rester à sa place, ne pas vouloir devenir grand et que s'il veut devenir grand il trouvera plus grand que lui et plus fort, fût-ce au ciel, pour le faire rentrer dans la sphère dont il a voulu sortir.

On peut la prendre de ces deux manières ; mais, de quelque biais qu'on la prenne, elle est un sentiment méchant prêté aux dieux et qui les rapetisse. Elle fait du dieu, soit un tribun hargneux qui exalte les petits et qui déprime les grands et les châtie ; soit un aristocrate autoritaire qui maintient chacun à son rang avec une férocité sournoise, procédant par coups brusques et inattendus.

Inutile de dire, comme tout à l'heure pour le Destin, qu'on a, peu à peu, essayé de faire entrer de la moralité dans la Némésis et que, puisqu'on pouvait la prendre comme artisan d'égalité, on a affecté de la tenir pour forme de la justice. Mais de la conception initiale qu'on en avait eue reste ceci que la Némésis était contradictoire au destin et contradictoire à l'idée de dieux plus nobles et plus généreux que les hommes.

Une religion si mêlée pouvait-elle être vraiment impérative, vraiment normative, vraiment créatrice de règles nettes et précises pour la conduite des hommes ? Évidemment non. Elle peuplait leur esprit d'idéaux confus, d'espérances et de craintes confuses, de devoirs confus et contradictoires. Donc, quand bien même, ce que j'ai indiqué que l'on pourrait soutenir, les morales antiques auraient eu quelques racines dans les religions antiques auxquelles elles succédaient, elles n'auraient pas pu retenir de celles-ci un caractère impératif que celles-ci n'avaient jamais eu.

Et s'il est vrai, comme je crois que c'est plus vrai, que les morales antiques fussent plutôt en réaction contre les religions antiques qu'elles ne dérivassent d'elles, il y avait peu de chances, cependant, pour qu'elles inventassent cette chose nouvelle, véritablement inconnue et un peu étrange, une idée commandant à un homme, comme un maître à un esclave et l'asservissant. De cette idée, ils ont approché, c'est incontestable. Ils ont présenté soit la raison, soit l'intérêt bien entendu, comme quelque chose, sinon qui nous oblige, du moins qui nous accule, qui nous force à dire : « il est bien vrai qu'il n'y a pas autre chose à faire » ; et ceci est bien une sorte de contrainte. Mais ne nous y trompons point, c'est encore une contrainte de persuasion ; c'est une contrainte qui donne ses raisons. « La raison, a dit Pascal, nous commande bien plus impérieusement qu'un maître, car en désobéissant à un maître on est malheureux et en désobéissant à la raison, on est un sot. » La contrainte des philosophies morales antiques était précisément celle-ci. Elles mettaient leur effort à nous contraindre à avouer qu'il est sot de ne pas être vertueux. Mais ceci est encore de la persuasion ; c'est de la persuasion qui devient si forte qu'elle finit par prendre un caractère presque impératif ; mais précisément elle *finit* par là, tandis que c'est par là que la morale impérative commence, et la différence est si considérable qu'elle est d'essence même.

Oui, en vérité, tout le monde intellectuel grec, tant religieux que philosophique, n'a connu que la persuasion. Les religions ont été persuasives, les philosophies ont été persuasives. Les religions ont effrayé d'abord, confusément ; mais, ce semble, à remonter aux plus anciens textes, sans tirer de leur majesté terrifiante un certain nombre de commandements précis et formels, et je crois que l'on sait combien il est difficile de mettre en formules et même de démêler la morale d'Homère ou d'Hésiode. Puis elles se sont, confusément encore, mêlées de morale, mais d'une morale qui entrait en elles comme un corps étranger et qui travaillait plus à les désagréger qu'à les vivifier ; et en partie morales, en partie immorales, en partie esthétiques, et à ce titre étrangères à la morale sans y être précisément contraires, elles présentaient aux hommes une morale si mêlée et si indistincte qu'au fond les meilleurs d'entre eux mettaient leur moralité même à se détacher d'elles.

Les morales, d'autre part, étaient ou noblement utilitaires et eudémoniques, ou austères et contraignantes ; mais toujours persuasives, quelles qu'elles fussent, procédant par raisonnements et non par ordres, recommandant la vertu et non la commandant, n'obligeant pas, ou ne démontrant pas à l'homme qu'il est obligé, « raisonnant » l'homme, pour parler le langage populaire, ne le captivant point, ne l'asservissant point, ne le pliant point sous une loi indiscutable. — Cela revient à dire que dans tout le monde intellectuel grec c'est la déesse Persuasion qui est souveraine, et la déesse Persuasion est toujours un souverain constitutionnel.

Le Christianisme vint. C'est lui qui a créé la morale impérative. Il l'a créée par ce qu'il apportait avec lui ; il l'a créée par ce qu'il retenait du passé. Il sortait, lui, d'une religion, d'abord contre laquelle il n'était pas en réaction ; car il « n'était pas venu pour détruire la Loi, mais pour la consommer » ; et il sortait d'une religion qui n'était pas confuse, mêlée et contradictoire ; mais qui était extrêmement précise et nette. Dans la religion biblique point de Destin, point de Némésis et point de polythéisme (du moins depuis longtemps à l'époque où le Christianisme parut). Un seul Dieu, qui est personnel, qui n'est pas lié par une fatalité plus forte que lui, qui est libre et qui est tout-puissant, qui commande comme un roi arbitraire et absolu ; qui d'autre part n'est pas jaloux des hommes, est très sévère et très irritable, mais n'est pas jaloux et qui n'a qu'une passion, qui est qu'on lui obéisse strictement et aveuglément.

D'une religion de cette sorte, une morale impérative peut sortir et doit sortir, et seulement une morale impérative.

Elle est comme toute faite. La morale, c'est d'obéir à Dieu qui est infaillible, qui n'a pas besoin d'être justifié et qui ne doit pas être discuté. La morale sort de la religion et d'une religion nette, précise, sans contradiction, sans incertitude, sans imagination, sans mythes poétiques et singuliers. Voilà ce que Jésus retenait de l'ancienne Loi. Il apportait une morale nouvelle, très nouvelle, comme nous le verrons plus loin ; mais il la rattachait à la religion antique et il la laissait volontairement assise sur la religion comme sur sa base naturelle, confondue avec la religion et aussi impérative qu'elle. Il disait: « Vous aimerez le Seigneur votre Dieu de tout votre cœur, de toute votre âme et de tout votre esprit. *C'est là le plus grand et le premier commandement. Et voici le second, qui est semblable à celui-ci* : Vous aimerez votre prochain comme vous-même. » Il est impossible de rattacher plus fortement la morale à la religion, de confondre plus intimement la morale et la religion, en insistant sur ceci que le premier principe de la morale n'est que le second commandement, et sur ceci que, du reste, le commandement qui renferme toute la morale n'est qu'une sorte de répétition du commandement qui renferme toute la religion. Pour Jésus la morale n'est qu'un aspect de la religion. Il n'y a rien de plus juste que le nom de Fils de Dieu appliqué à Jésus. Jésus, c'est la morale elle-même ; Jésus Fils de Dieu, cela veut dire que la morale procède de la religion, en sort, s'appuie sur elle, du reste est consubstantielle avec elle et en a tous les caractères. Jésus est un aspect de Dieu ; la morale est un aspect de la religion.

La morale ainsi comprise ne peut être que normative, impérative, absolument impérative, puisque, non seulement elle est *un* Dieu, mais elle est Dieu lui-même.

D'autre part, ce que Jésus apportait avec lui, c'était une morale nouvelle qui, si elle s'incorporait avec Dieu, et précisément parce qu'elle s'incorporait avec lui, *le changeait* très sensiblement. A la loi de terreur Jésus venait substituer la loi d'amour ; et cela, sans que peut-être il s'en doutât, pour les gentils comme pour les juifs. Le Dieu des juifs était un dieu terrible auquel il fallait obéir et qu'il fallait craindre. Les dieux des gentils étaient également des dieux auxquels il fallait obéir et qu'il fallait craindre. Le premier qui ait dit dans le monde qu'il fallait *aimer* Dieu, c'est Jésus. L'amour de Dieu est la grande invention du Christianisme. Cette invention changeait Dieu et la morale, donnait à Dieu et à la morale un tout nouveau caractère. Car s'il faut aimer Dieu, prenez garde, il faut que Dieu devienne bon ; ou il faut qu'on se mette en l'esprit qu'il l'a toujours été. Quelque effort que l'on y pût faire, on n'aimerait pas, on ne parviendrait pas à aimer un Dieu méchant, ou un Dieu qui ne serait que terrible, ou même un Dieu qui ne serait que strictement juste. Donc il faut qu'on se le figure comme bon, comme juste sans doute, comme sévère peut-être ; mais comme bon. En disant qu'il faut aimer Dieu, Jésus, comme nécessairement, l'a rendu aimable. Au fait, c'est ainsi qu'il se le représentait et c'est parce qu'il *sentait* Dieu bon qu'il a voulu qu'on l'aimât ; mais aussi c'est parce qu'il a dit qu'il fallait l'aimer qu'il l'a fait bon éternellement dans l'imagination des hommes.

Dieu était changé. La morale l'était du même coup. La morale était jusque-là morale de justice; elle devenait morale d'amour. La morale consistait jusque-là à respecter le droit d'autrui et à rendre à chacun le sien. Elle consista désormais à aimer tous les hommes comme des frères. Et cela était une conséquence très logique. Si Dieu doit être aimé parce qu'il est bon et si, étant bon, il aime tous les hommes, la seule manière de le bien aimer est d'aimer tous les hommes comme il les aime. La substitution de Dieu père à Dieu roi amène la substitution de l'idée de fraternité à l'idée de justice.

Aussi l'idée de justice est-elle souvent méprisée et raillée dans l'Évangile, et c'est à l'idée d'amour, de fraternité qu'il tend tout entier. La seconde grande invention de Jésus est d'avoir passé par delà l'idée de justice, considérée comme inférieure, pour installer la morale dans l'amour. De là ces préceptes au delà desquels on n'ira point : « Faites ce que vous voudriez qu'on vous fît ; ne résistez pas au mal qu'on veut vous faire et qu'on vous fait ; aimez votre prochain comme vous-même ;

aimez vos ennemis; faites du bien à ceux qui vous haïssent. » De là cette morale, dont Kant a très bien dit que si toute la religion sur laquelle elle s'appuie s'écroulait, elle subsisterait encore par elle-même ; de là cette morale que les attaques dirigées contre la religion sur laquelle elle s'appuie n'atteignent pas et ne peuvent atteindre ; de là cette morale enfin que tout progrès des mœurs, réel ou supposé, non seulement ne laisse pas en arrière, mais ne fait que rejoindre, ou plutôt ne rejoint jamais et voit toujours devant lui comme son but dernier et sa fin suprême.

Cette morale est telle qu'il semble qu'elle pourrait se passer du dogme, étant plus pure que lui, en quelque sorte, et plus sublime ; mais n'oublions pas qu'elle n'a pas voulu s'en passer et qu'elle s'est en quelque sorte insérée et encadrée dans le dogme existant. Le dogme était : Dieu commande et il faut lui obéir, et tel était le fondement de la morale. Le dogme était : le désobéissant sera puni et l'obéissant sera récompensé, et telle était la sanction de la morale. Jésus conserve tout cela, et, *entre* ce fondement de la morale et cette sanction de la morale, il introduit une morale plus pure que l'ancienne et qui n'est plus l'obéissance et qui est l'amour, et qui n'est plus la justice et qui est la fraternité ; mais il maintient et fondement et sanction, et il dit que le premier commandement est l'attachement de l'homme à Dieu, et il dit que Lazare sera recueilli dans le sein d'Abraham et que le mauvais riche sera précipité pour l'éternité dans l'enfer.

Donc une morale sublime avec fondement religieux, avec une sanction religieuse; de caractère, par conséquent, nettement et formidablement impératif ; voilà la morale de Jésus. — Plus tard, autour de cette morale demeurée fixe et immobile et qui ne pouvait que demeurer telle puisqu'elle avait, du premier pas, atteint l'absolu, la religion dont elle était comme encadrée et entourée, évolua. Elle se créa, au contact des Grecs, et, du reste, parce qu'à une religion qu'on adopte on demande l'explication de tout, une métaphysique très obscure et du reste merveilleuse, qui restait comme le fondement, mais plus mouvant en quelque sorte et moins assuré qu'auparavant, de la morale, que l'on assurait toujours qui s'y appuyait.

Elle donna, d'autre part, à la morale des sanctions plus variées, pour ainsi parler, admettant un moyen terme, lui-même comportant différentes mesures, entre le paradis et l'enfer, et par conséquent créant une hiérarchie et une échelle des peines et des récompenses ; et c'était là, en somme, une idée évangélique, Jésus n'ayant pas détruit le Dieu juste et ayant inventé le Dieu bon, et par conséquent une conciliation étant à trouver entre la justice de Dieu et sa bonté, et ni l'une ni l'autre ne pouvant être supprimée, et devant être imaginé un tempérament de l'une par l'autre.

D'autre part encore, comme il arrive aux conquérants d'être plus ou moins absorbés, tout au moins altérés par ceux qu'ils conquièrent, le Christianisme, s'il avait admis en lui beaucoup de métaphysique grecque, admit en lui beaucoup de paganisme proprement dit. Le polythéisme revécut, très atténué, mais il revécut dans les anges, du reste empruntés à la religion hébraïque ; et dans les saints et saintes, remplaçant les dieux nationaux, les dieux municipaux et les dieux locaux; et dans les « Notre-Dame » de tel ou tel pays, qui sont, par un artifice d'imagination, à la fois une seule personne et une foule de personnalités très distinctes. — Le « destin » revécut, ici et là, très contesté, parce que rien n'est moins évangélique que cette conception ; mais il revécut dans l'idée de la prédestination, selon laquelle Dieu n'est pas lié par plus fort que lui ; mais se lie lui-même de toute éternité.

Je ne vois guère que la Némésis, idée qui est la plus originale et la plus caractéristique du paganisme, qui ne se retrouve pas dans le Christianisme, pour cette raison que la grandeur et la toute-puissance d'un seul Dieu est par trop contradictoire avec cette idée, laquelle met les dieux aussi près des hommes qu'il est possible de les y mettre sans en faire des hommes. Et encore je ferai remarquer que la Némésis me semble bien paraître dans un des plus anciens textes des Évangiles, dans le *Sermon sur la Montagne* : « Quand vous voudrez prier, dites : Notre père qui êtes aux cieux... ne nous induisez pas en tentation. » De quelque manière qu'on ait retourné ce texte et qu'on l'ait adouci, il reste comme une preuve que dans les idées des premiers chrétiens, Dieu pouvait tendre des pièges à l'homme, peut-être pour l'éprouver, peut-être par je ne sais quel esprit de malice. Il y a là quelque chose de la Némésis, que l'on trouve du reste, plus ou moins distincte, dans certains passages de la Bible. Ce qu'il faut penser là-dessus, c'est, à mon sens, que l'idée de la Némésis a été commune à toute l'antiquité, qu'elle est très forte dans le paganisme, qu'elle est sensible dans l'hébraïsme, que de l'hébraïsme elle a passé, presque subrepticement, dans le Christianisme primitif; que le Christianisme y était du reste si contraire qu'il avait de quoi l'éliminer et qu'il l'a en effet éliminée assez vite, ne la trouvant du reste plus guère dans le paganisme à l'époque où il s'est rencontré avec celui-ci.

Quoi qu'il en soit, une morale si élevée qu'on peut la considérer comme définitive, à fondement religieux, à sanctions religieuses, se confondant avec la religion, aimant à croire et voulant croire que, la religion disparaissant, elle disparaîtrait elle-même, nettement impérative, normative et déclarant l'homme *obligé* : telle est la morale chrétienne.

Elle est l'ancienne « Loi de Dieu », transformée quant à ses préceptes, transformée même quant à son esprit, conservant tout son caractère de commandement absolu.

Quand le Christianisme perdit quelque chose de son influence sur les hommes, il se passa la même chose que quand le paganisme parut impur ou grossier aux beaux esprits ou aux grands esprits de la Grèce. Les penseurs voulurent créer une morale indépendante, plus ou moins indépendante du Christianisme. Seulement la difficulté était plus grande. Le paganisme avait une morale très faible et très contestable. Une morale pure triomphait de la sienne et du même coup triomphait de lui assez facilement. Le Christianisme avait une morale telle qu'aucune, jusqu'à la consommation des siècles, à ce qu'il semble, ne pouvait la dépasser. On ne pouvait donc pas, par l'invention d'une morale supérieure à la sienne, le décréditer ; on ne pouvait que lui emprunter sa morale en la détachant de lui, au risque, par l'impuissance où l'on se montrait de trouver en morale mieux que lui, de restaurer son crédit au lieu de le détruire.

On s'efforça, cependant — par un besoin qu'a souvent l'homme et que je ne discute pas pour le moment, d'avoir une morale sans avoir une religion — de constituer la morale indépendamment du dogme, et c'est-à-dire, car on ne pouvait faire autre chose, de présenter aux hommes les conclusions de la morale chrétienne, sans le fondement sur lequel elle avait prétendu s'appuyer. — On s'efforça, par conséquent, de trouver à la morale un autre fondement (car on croyait encore qu'il lui en fallait un), que la foi en Dieu, l'obéissance à Dieu, l'amour de Dieu. Mais la morale, comme je l'ai dit, ne peut se fonder que

sur une religion, sur la science ou sur elle-même.
La fonder sur une religion, c'est ce qu'on ne voulait
plus faire ; la fonder sur elle-même, c'est à quoi l'on
ne songea pas encore. Restait qu'on la fondât sur la
science.

Mais encore, sur la science en général, sur l'ensemble des sciences, ou sur une science particulière ?
Sur l'ensemble des sciences, on n'y songea point, les
sciences, du reste, à cette époque, ne présentant pas
l'ensemble majestueux qu'elles présentent aujourd'hui et n'imposant point. On essaya donc de
fonder la morale sur une science particulière, c'est-à-dire sur la science de l'homme. C'était revenir à
l'antiquité et soit au stoïcisme, soit à l'épicurisme.
Ce fut surtout à l'épicurisme qu'on revint. Toutes
les morales utilitaires qui eurent un certain succès
en Angleterre, puis en France, sont à base d'épicurisme. Elles cherchent à se constituer ainsi : il faut
savoir ce qui peut rendre l'homme heureux ; ce qui
le rend heureux, c'est une morale très pure constamment mise en pratique ; énumérons les éléments
et comme les conditions de cette morale... En un
mot, la morale est la science du bonheur, fondée sur
la connaissance de l'homme.

Je n'ai pas besoin de dire, puisque j'ai parlé plus

haut de l'épicurisme, dont nous n'avons ici qu'une réédition, qu'une morale de cette sorte peut être très élevée et très saine ; mais j'ai à peine besoin de dire aussi : 1° qu'elle ne peut être que persuasive ; 2° qu'elle ne peut être qu'un art.

Elle ne peut être évidemment que persuasive ; car l'homme ne peut se sentir obligé à être heureux. Cette proposition : « sois heureux ; il le faut, tu le dois, » a quelque chose en soi de comique et de ridicule. Il y a plus. Est-ce un reste, dans nos esprits et dans nos consciences, des vieilles morales impératives et religieuses, peut-être ; mais nous sentons vaguement que le bonheur n'est pas un devoir, que nous ne sommes pas obligés à être heureux et que peut-être nous sommes obligés à ne pas l'être, que la recherche du bonheur a quelque chose d'immoral. Et ceci n'est pas nécessairement une réminiscence chrétienne. Au fond de la Némésis, pour y revenir un instant, il y avait cette idée que l'homme ne doit pas être trop heureux, qu'un homme heureux est quelque chose de contraire à l'ordre et d'*insolent* (un peu du sens étymologique et un peu de l'autre), et en dernière analyse l'idée de la Némésis, c'était l'inquiétude qu'éprouve un homme à être heureux, c'était le remords du bonheur, preuve que le bonheur a toujours pour l'homme quelque air de péché.

Nous ne nous sentons donc jamais obligés au bonheur, et la morale qui nous donne comme fin le bonheur ne peut être que persuasive. Le dialogue entre la morale eudémonique et nous est celui-ci : « *Voulez-vous être heureux ?* — Oui, *nous avouons* que nous voulons l'être. — Si vous voulez l'être, il faut tenir telle ou telle conduite. » Autrement dit, la morale eudémonique n'a aucune *autorité*. Elle est une amie bienveillante et indulgente qui nous prend par notre faible pour nous conduire à la force d'âme, et qui nous prend par notre goût pour le bonheur pour nous mener au bien. Nous l'aimons ; nous lui sourions, comme elle nous sourit ; mais elle ne nous impose pas du tout. Nous n'éprouvons pas pour elle du *respect*, et c'est une bonne idée de Kant que ce qui peut nous imposer des devoirs doit être quelque chose qui nous inspire du respect. La morale eudémonique n'est rien autre que doucement persuasive.

Et la morale eudémonique, aussi, ne peut être qu'un art et n'a rien de scientifique, parce que le bonheur est chose tout à fait individuelle. Je place mon bonheur ici, je le vois ici ; un autre le place et le voit ailleurs ; et il n'est pas certain que j'aie tort, ni que l'autre n'ait pas raison. Le bonheur pour chacun est en raison de sa nature et de ses aptitudes. Le bonheur est la concordance qui s'est établie ou qu'on a su établir entre les facultés d'un individu et le champ d'activité où il pouvait exercer ces facultés. Il y a donc autant de bonheurs différents, en puissance, que d'individus. Or il n'y a pas de science de l'individuel. La morale ayant pour fin le bonheur ne peut donc être qu'un art, qu'un art ingénieux, individuel lui-même, et devra être définie ainsi : la morale est l'art par lequel, chacun s'étant appliqué à se connaître et se connaissant bien, se rend heureux par une sage application de ses facultés propres au monde qui l'entoure. — Voilà qui est bien ; mais, donc, la morale n'est pas une science, elle est un art ; et même un art qui n'a pas de préceptes et de maximes générales ; la morale est un art personnel et incommunicable ; la morale est l'art que chacun devrait se faire à soi-même pour être le moins malheureux possible.

— Non pas tout à fait, répond la morale eudémonique. Je reste une science en ce que, précisément, je crois que les principes menant au bonheur sont très généraux, sont les mêmes pour tous les hommes, doivent être tirés de l'étude de la nature humaine en sa généralité ; en ce que je crois que chaque homme serait dans l'erreur en cherchant à se rendre heureux par l'étude, même scrupuleusement et froidement faite, de ses penchants et aptitudes et ne saurait l'être qu'en se conformant aux notions sur le bonheur que nous donne l'étude de l'homme, pour ainsi parler, universel Et en cela, je suis très nettement scientifique.

— Je le veux bien ; mais encore ce qui fait qu'on peut dire qu'il y a un homme universel, ce qu'il y a de commun entre tous les hommes, c'est, si l'on veut, le désir du bonheur ; mais ce n'est pas du tout une idée, une imagination sur le moyen d'y arriver. Tel vous dira : « Mon idée du bonheur, c'est la volonté de puissance », et tel autre vous dira : « Mon idée du bonheur, c'est la modération dans les désirs » ; tel vous dira : « Mon idée du bonheur, c'est la tranquillité », et tel autre : « Mon idée du bonheur, c'est l'action. » Et ils vous diront ces choses sans que vous puissiez légitimement contredire aucun d'entre eux. Il en résulte, à ce qu'il me semble, que la morale eudémonique n'est pas une morale ; qu'elle est plusieurs morales opposées les unes aux autres, mettons, si vous voulez, en souvenir de

Nietzsche, la morale des maîtres, la morale des esclaves — et quelques morales intermédiaires.

Donc la morale eudémonique n'a rien d'universel et par conséquent n'est pas une science. Elle est un art et elle est même plusieurs arts, une infinité d'arts, l'un à l'usage de celui-ci et l'autre à l'usage de celui-là. Chaque homme, dans ce système, est l'artisan de lui-même ; et, de la matière qu'il trouve en lui, doit faire une œuvre d'art selon la matière qu'il a trouvée, selon la connaissance qu'il a de cette matière et selon les procédés d'art qu'il a inventés. Donc pour le moraliste eudémoniste point de morale. Il ne doit pas même en esquisser une. Son traité de morale ne doit pas s'étendre au delà de son principe. Il doit tenir en une ligne : « Cherchez le bonheur. » Pas un mot de plus. — « Mais comment? — C'est votre affaire. Ce ne peut être que votre affaire. Je vous dirai, si vous voulez, comment j'ai trouvé le mien ; mais cela ne peut pas vous renseigner sur le vôtre. » La morale eudémonique n'est ni un commandement ni une prescription, ni même un guide.

Il en est de même, à plus forte raison, de ce qu'on a appelé la morale du sentiment, qui ne mérite pas qu'on s'y attarde bien longtemps. Quelques philosophes,

Rousseau surtout et ses disciples, ont eu pour toute morale ceci : « Cédez à votre sentiment intime ; il ne trompe pas. » Au fond, *c'est vrai* ; mais quand on a, successivement, refusé le nom de sentiment intime à tant de choses qu'il ne reste plus rien qu'un quelque chose qui n'est peut-être pas un sentiment. Si l'on dit en effet à un « sentimentaliste » : « Dois-je toujours obéir au sentiment qui me possède et qui me pousse, pour l'instant ? » il répondra certainement : « Il faut encore voir si ce sentiment est bien votre sentiment intime, profond, radical ; car il existe une foule de sentiments superficiels, momentanés et *altérés* ; il existe des sentiments qui sont des résultats des circonstances et du monde où vous vivez et de l'atmosphère que vous respirez et de votre éducation, etc. ; ce sont des sentiments circonstanciels ou des sentiments altérés ; c'est au fond même de votre nature qu'il faut vous adresser et c'est à lui qu'il faut vous conformer ; voilà le sentiment intime. »

Mais à prendre les choses ainsi et à bien examiner, on arrive à s'apercevoir que le seul sentiment intime qui ne soit suspect ni d'être circonstanciel, ni d'être adventice, ni d'être altéré, est la voix même de notre conscience, le quelque chose en nous qui dit : « Tu dois » ou : « Tu ne dois pas » et qui n'est peut-être pas un sentiment. — Ou la morale sentimentale entre les sentiments ne choisit pas, et alors elle n'a aucune règle et n'est qu'une préférence arbitraire pour ce qui en nous est passionné à l'exclusion de ce qui est froid, et elle nous déchaîne débridés à travers la vie, et elle n'est que l'immoralisme pur et simple ; ou entre les sentiments elle prétend choisir, et on l'amène assez facilement à reconnaître que le sentiment ou plutôt l'ensemble des sentiments qu'elle donne comme bons n'est pas autre chose que le goût du bien et que simplement elle a donné au devoir le nom de sentiment pour s'appeler morale sentimentale au lieu de s'appeler morale du devoir.

Tels étaient les essais de morale indépendante qui étaient faits ici et là, avec plus ou moins de hardiesse et aussi plus ou moins de logique, lorsque Kant parut.

CHAPITRE II

LA MORALE DE KANT.

La première morale indépendante dans le sens vrai, dans le sens précis et dans le sens le plus étendu du mot, est la morale de Kant. Jusqu'à lui on avait voulu fonder la morale ; il a voulu *ne pas la fonder*, ne la fonder sur rien et qu'elle fût au contraire le fondement de tout et que tout se fondât sur elle. Jusqu'à lui on avait voulu *rattacher* la morale soit à la science, soit à la religion ; il a voulu ne la rattacher à rien et ne l'asseoir que sur elle-même. Il a voulu qu'elle fût en soi et qu'elle fût par soi. *L'insubordination du fait moral* est la maîtresse pièce de son système. Le fait moral est parce qu'il est et il n'a à donner aucune raison qui l'explique et qui le fasse accepter. Il n'a pas, pour ainsi parler, à plaider pour lui. Il s'impose. Il dit : « Je dois être. » Il ne donne pas de considérants à l'appui de lui. Il dit : « Je suis parce que je suis ».

Tout ce qui prétendrait le justifier l'affaiblirait.

Si on le rattache à une religion, on a à prouver cette religion qui est toujours moins claire que lui ; si on le rattache à une science, on a à établir et à achever cette science qui n'est jamais guère établie et qui n'est jamais achevée, tandis que lui est définitif dès qu'il existe. Reste à ne le rattacher qu'à lui, à ne le fonder que sur lui, ou plutôt à ne pas le fonder, à le prendre tel qu'il est, à reconnaître qu'il est et à le vénérer. Le fait moral est un roi absolu qui est indiscutable et qui doit être indiscuté.

— Mais pourquoi, à lui seul au monde, attribuer ce caractère singulier ; pourquoi discuter tout, prouver tout, rattacher tout à quelque chose et réduire tout à quelque chose, excepté le fait moral, qui, vraisemblablement, est un fait comme un autre ?

— Mais je n'attribue pas ce caractère au fait moral ; je le lui reconnais, parce qu'il l'a. C'est comme cela qu'il se présente à nous. Nous pouvons douter de tout, ou, si l'on veut et ce qui est la même chose, sentir le besoin de prouver tout, excepté le fait moral. Toutes les autres choses se présentent à nous comme matière de connaissance ; le fait moral se présente à nous comme connaissance ; toutes les autres choses se présentent à nous comme chose à connaître ; le fait moral se présente à nous comme chose connue. Nous disons : « Il y a peut-être un monde extérieur et il faut nous donner des raisons de croire qu'il existe ou qu'il n'existe pas ; il y a peut-être des lois générales du monde et il faut les chercher ; il y a peut-être un auteur unique ou plusieurs auteurs des choses qui existent et il faut chercher s'il existe ou s'ils existent. » Nous ne disons pas : « Il y a peut-être quelque chose en nous qui nous commande de bien agir. » Nous sentons cette chose-là directement, immédiatement, comme de plein contact, et nous la sentons continuellement. Elle seule ne passe pas par quelque chose pour arriver à nous et n'a pas besoin d'être cherchée pour être trouvée. Nous avons cette sensation qu'elle est si près de nous et en nous qu'elle est nous-même. Pourquoi ne pas prendre pour le plus clair des faits celui qui est en effet le plus clair, pour le plus manifeste celui qui est le plus manifeste, pour le seul indiscutable, celui que nous avons le plus de tendance à accepter sans discussion ? Pourquoi vouloir expliquer le fait le plus clair par d'autres plus incertains, prouver par des choses douteuses la chose qui se présente comme n'ayant pas besoin d'être prouvée, et arriver par des chemins détournés à cette morale que nous atteignons du premier coup ?

Qui sait même, et c'est mon sentiment, nous dira Kant, si, étant donné qu'il faut aller, comme on peut, du connu à l'inconnu, ce n'est point du fait moral qu'il faut partir pour essayer de connaître et de prouver tout le reste ? Qui sait si, loin d'être fondé sur la métaphysique, ce n'est pas le fait moral qui la fonde ? Qui sait si ce n'est pas le fait moral qui prouve le libre arbitre, qui prouve l'immortalité de l'âme et qui prouve Dieu ? Qui sait si, par un renversement des méthodes, il ne faut pas, après avoir prouvé que la métaphysique s'écroule sur elle-même quand elle se fonde sur elle-même, la reconstruire, et peut-être assez facilement, sur la morale, une fois qu'il a été jugé que la morale est la chose solide, l'inébranlable et l'*inconcussum* ?

Mais revenons, pour ne nous occuper que de la morale elle-même. Le fait moral est donc le plus clair, le plus incontestable et le plus directement saisissable de tous les faits, intérieurs ou extérieurs. C'est le fait moral qui est l'évidence, qui est cette évidence première, cette évidence initiale tant cherchée par les philosophes. Ils ont dit : à travers tant de choses douteuses, quelle est celle, s'il en est une, dont on ne doit pas, dont on ne peut pas douter ? Ils ont répondu : c'est la vie, le sentiment de l'existence, le sentiment que l'on existe. Ils ont répondu : c'est la pensée, la certitude où l'on est que l'on pense. Je réponds, moi : ce qu'il y a de moins douteux, c'est que je me sens obligé, c'est que quelque chose en moi me dit : tu dois ! Pourquoi est-ce cela qui est le moins douteux ? Mais, parce que, quand à cette voix intérieure je n'obéis pas ; quand à cette voix intérieure je désobéis ; alors je souffre, alors j'ai des remords, alors j'ai de l'humiliation, alors je suis dans un état douloureux. Qu'est-ce à dire ? C'est à dire que je viens de contrarier le fond même de ma nature ; c'est à dire que je viens de me nier, de me heurter et de me combattre moi-même.

Remarquez que ce phénomène ne se produit pas à propos des autres choses auxquelles j'ai tendance à croire. Je puis douter du monde extérieur sans avoir remords, humiliation, mépris de moi-même, torture intime ; rien de tout cela. Je puis douter de mon existence et me croire une illusion et un rêve, sans me faire de reproche et sans que rien en moi me fasse des reproches. Je puis douter de ma pensée, je veux dire douter que je pense, et ne pas me sentir humilié et dégradé, et dégradé par ma faute. Il n'y a pas de remords intellectuel, et ceci est bien à considérer.

On pourrait dire, je le sais, qu'il y a une espèce de remords intellectuel ou quelque chose qui y ressemble. Quand nous doutons d'une chose très évidente aux yeux du bon sens, par exemple quand nous doutons que nous vivions ou que nous pensions, nous nous reprochons très sensiblement quelque chose. Nous nous reprochons de nous faire violence, de fausser en nous les ressorts naturels de notre entendement ou de demander à ses ressorts un effort qui dépasse les forces que la nature leur a assignées. — Ceci est très vrai. Mais remarquez deux choses. La première que le remords intellectuel est d'un caractère si différent du remords moral qu'on ne peut guère que par un abus de mot lui donner le même nom. Le remords intellectuel ne tourmente pas et n'humilie pas ; il trouble. Quand nous doutons ou essayons de douter des choses qui sont d'évidence intellectuelle, nous ne nous sentons pas torturés et honteux ; nous nous sentons égarés. Nous nous sentons en bateau sans gouvernail ou en ballon sans soupape. Plutôt, nous nous sentons aux approches d'une espèce de suicide. Nous nous disons : « C'est à mon intelligence elle-même que je me dérobe et que je dis adieu ; si je doute de ceci, je ne puis plus faire aucun usage de mon entendement ; je ne puis, décidément, douter de ceci encore sans un suicide intellectuel. »

Voilà le caractère du remords intellectuel. Il est une crainte beaucoup plus qu'un remords ; il est un trouble, un effroi et une épouvante.

Et la seconde chose à remarquer est celle-ci : c'est que le remords intellectuel torture aussi quelquefois et humilie, il faut le reconnaître ; mais quand il nous inquiète sur la passion qui nous anime à nier quelque évidence, ou sur les conséquences que cette négation peut avoir. Nous nous reprochons de douter de telle vérité quand nous nous disons que c'est peut-être par orgueil, ou par vanité et désir de briller, ou par goût du sophisme, c'est-à-dire de la mystification, c'est-à-dire du mensonge, que nous en doutons ; — et nous nous le reprochons encore quand nous nous disons que la vérité dont nous doutons est peut-être profondément utile à l'humanité et que, rien qu'à en douter personnellement et intérieurement, nous commençons à faire du mal et nous nous acheminons à en faire. Mais qui ne voit que dans ces deux cas le remords intellectuel n'est pas autre chose qu'un remords moral ; que le remords que nous éprouvons est un remords moral se rapportant à des opérations intellectuelles, mais en tant qu'elles ont des rapports avec la moralité, en d'autres termes un remords moral pur et simple ?

Donc le remords intellectuel ne torture pas et n'humilie pas ; et quand il semble qu'il torture et qu'il humilie, c'est qu'il n'est pas le remords intellectuel, mais le remords moral ; ou, ce qui revient au même, le remords intellectuel n'est remords que dans la mesure où il se complique de remords moral. Donc il n'y a qu'une chose qui nous fasse souffrir : c'est la révolte contre une voix intime qui nous dit : tu dois, tu es obligé ; il n'y a qu'une vérité dont la négation nous fasse souffrir et nous dégrade à nos propres yeux, c'est la vérité morale.

N'est-ce pas un signe ? Et n'est-il pas très rationnel de conclure de là que *la vérité*, tout au moins la vérité essentielle, que *l'évidence*, tout au moins l'évidence essentielle et peut-être fondatrice ou au moins vérificatrice et justificatrice de toutes les autres, est l'évidence morale ?

Acceptons cela. La morale, le fait moral, est ce qui n'a pas besoin d'être prouvé, ce qui se tient debout en soi et par soi, ce qui est irréductible à autre chose, ce qui est indépendant et insubordonné ; c'est l'*axiome humain*.

Si l'on a erré jusqu'à ce jour, c'est qu'on a voulu

prouver l'axiome et rattacher à quelque chose ce à quoi, plutôt, tout se rattache, et subordonner à ceci ou à cela, ce à quoi plutôt, tout se subordonne.

Maintenant, ce fait moral, il faut, non le prouver, certes, non l'expliquer même, à proprement parler, mais l'analyser. Le fait moral se présente ainsi. Quelque chose, en nous, nous dit : tu dois agir et tu dois agir bien ; il y a des choses qu'il faut faire et il y en a qu'il ne faut pas faire ; *il y a des choses* telles que, si tu les fais, tu sens que tu es digne de toi, conforme à toi ; *il y a des choses* telles que, si tu les fais, il vaudrait mieux, et tu le sens, que tu ne fusses pas né ou que tu fusses mort avant de les faire.

— Mais ces choses que je dois faire, les puis-je faire ; et ces choses que je ne dois point faire, puis-je ne les faire point ?

— Oui, sans aucun doute ; tu es libre absolument. Tu n'es pas limité dans ta volonté ; tu es limité dans l'exercice de ta volonté et tu ne peux pas faire ce dont tes forces physiques sont incapables et ce que les circonstances t'empêchent d'accomplir ; mais tu es libre de prendre ta décision et d'aller dans l'exécution jusque-là où une force plus puissante que ta force t'arrête. Jean Valjan n'est pas libre d'aller jusqu'au tribunal où il veut se dénoncer, s'il ne trouve pas de moyens de transport ; mais il est libre absolument de prendre la résolution d'y aller et de pousser l'exécution de ce dessein aussi loin que les possibilités matérielles le permettront.

— Est-il si certain que je sois libre ?

— Non seulement ce n'est pas douteux ; mais tu n'en doutes pas ; tu n'en doutes à aucun moment de ta vie ; c'est en te croyant libre et parce que tu te crois libre que tu fais tout ce que tu fais ; et aurais-tu des remords si tu ne croyais que tu as été libre de ne pas commettre la mauvaise action que tu as commise ? Et ne sens-tu pas que, quand tu essayes de douter que tu es libre, tu commets déjà une mauvaise action, en ce sens que tu cherches une excuse aux mauvaises actions que tu pourras commettre ? Ne le sens-tu pas ? La négation du libre arbitre a son remords qu'elle porte avec elle, preuve qu'elle est déjà en soi un acte mauvais.

Ainsi parle la « conscience », comme on dit et comme on dit très bien ; car ce que nous venons de faire parler n'est pas autre chose que le savoir instinctif que l'homme a de lui-même. Et elle parle ainsi *impérativement*. Entendez par ce mot qu'elle ne subordonne à rien et qu'elle ne conditionne pas son commandement. Elle ne dit pas : « agissez bien *si* vous voulez le bonheur » ; elle ne dit pas : « agissez bien *si* vous voulez être en paix avec vous-même » ; elle ne dit pas : « agissez bien *si* vous voulez obéir à votre nature, laquelle est organisée pour le bien et se contrarie elle-même, se blesse elle-même quand elle agit mal. » Non, elle ne donne pas de commandements ayant ce caractère. De tels commandements sont, si l'on veut, des commandements, sont, si l'on veut, des impératifs, mais ce sont des impératifs toujours *hypothétiques* ; ils se subordonnent toujours à une condition : « *si* vous voulez telle chose, agissez bien ». Le commandement de la conscience est impératif comme l'ordre d'un tyran. Il est parce qu'il est. Il est despotique. Jamais le vers fameux n'a été plus applicable :

Sic volo, sic jubeo, sit pro ratione voluntas.

Et cela est littéralement exact ; car ici c'est bien la volonté contraignante qui se met à la place de la raison qui délibère.

Et qu'on ne s'étonne point, qu'on n'admire point qu'il puisse y avoir quelque chose en nous qui ne ressortisse pas à la raison, qui ne résulte point de motifs pesés, comparés, discutés par l'entendement. Il ne s'agit pas de s'étonner ; il s'agit de constater.

Est-il vrai, est-ce un fait que la conscience commande ainsi ? Est-il vrai, est-ce un fait qu'en même temps qu'elle nous commande elle nous interdit de discuter ? Est-il vrai, est-ce un fait qu'elle nous dit, très durement : « Si tu discutes, tu es déjà coupable ? » La loi-devoir enlève à notre appréciation, met énergiquement en dehors de notre appréciation, de notre délibération, de notre examen, un certain nombre de choses, et ces choses, ce sont nos actes. Elle nous permet de penser comme nous voudrons, de croire comme nous voudrons, d'imaginer comme nous voudrons. Dans ces cas-là nous n'entendons pas sa voix ; quand il s'agit d'agir, sa voix s'élève tout à coup, soudain, avec une autorité souveraine. N'est-ce pas significatif ? Ne devons-nous pas reconnaître qu'il y a en nous quelque chose qui est différent de tout le reste, qui nous impose un respect profond, à quoi nous ne pouvons pas désobéir sans nous sentir désorganisés et qui commande sans admettre qu'on discute et sans donner de raisons de son ordre, *ce qui serait se discuter soi-même ?*

L'indiscussion absolue c'est le caractère essentiel et substantiel de la loi morale. L'être moral est celui à qui l'on dit : « Pourquoi fais-tu cela ? » et qui répond : « Je n'en sais rien. Je ne puis pas faire autrement ; quelqu'un me commande ». S'il est en dehors de cette formule, d'une façon ou d'une autre, il n'est pas moral, il n'est pas vertueux.

— Cependant, s'il fait le bien dans l'espoir de récompenses, non pas terrestres (car dans ce cas il serait simplement un homme adroit), mais dans l'espoir de récompenses d'outre-tombe, n'est-il plus moral ?

— Certainement il ne l'est plus. Je crois, moi Kant, aux récompenses et aux châtiments d'outre-tombe, parce que je crois au mérite et au démérite, à un ordre universel qui veut que justice, en définitive, soit faite ; mais je dis que si l'homme a fait le bien en seule vue de la récompense, il n'est pas moral le moins du monde. Il n'est qu'un homme qui fait un marché, et un bon marché. Il n'y a aucune moralité dans cet acte-là.

— *Donc l'espoir en Dieu est immoral !*

— *L'espoir* en Dieu n'est pas immoral ; mais la parfaite conviction que Dieu nous récompensera exactement selon nos mérites est immorale. Faire le bien *pour* être payé par Dieu, prêter à Dieu *pour* qu'il nous rende, est un acte usuraire parfaitement étranger et même contraire à toute moralité. Il faut faire le bien pour lui-même ; *et puis*, il n'est pas interdit d'espérer que quelqu'un existe qui nous en tiendra compte. Le mélange même de ces deux sentiments n'est pas d'une moralité pure, parce qu'on ne voit pas clair dans ce mélange et que l'on n'est pas sûr que tous les deux sentiments soient réels ; et parce qu'il est possible que l'un des deux soit réel et l'autre seulement une illusion que nous nous faisons et que nous caressons pour nous rassurer. Il y a quatre degrés : 1º le marché : je fais le bien parce que je sais que Dieu me le rendra au centuple ; ceci est du paganisme le plus grossier ; c'est un acte purement immoral ; — 2º le mélange de marché et de conscience : je fais le bien pour obéir à quelque chose en moi qui me dit de le faire, et aussi pour *mériter* ; ceci est un acte relativement estimable, à la condition qu'il soit bien certain que ces deux états d'âme existent concurremment ; et cela n'est jamais certain ; — 3º l'obéissance à la conscience, avec, *mais à d'autres moments et non pas quand on fait l'acte*, un espoir, peu sûr du reste, que l'on pourra être récompensé : ceci est d'une très haute moralité ; — 4º l'obéissance à la conscience et la parfaite conviction que l'on ne sera jamais récompensé : ceci est l'acte moral absolu.

— Donc l'athée qui est vertueux est l'être le plus moral qui puisse être.

— S'il existe, certainement. Obéir à la conscience par pur et simple respect de la conscience, c'est l'acte moral pur.

Mais, — autre point de vue de la question — sans aucune espérance de récompense, faire le bien parce qu'on éprouve de la satisfaction à le faire et par conséquent *pour* se procurer ce plaisir ne sera sans doute pas un acte moral, puisque l'acte moral consiste à faire le bien uniquement par obéissance à la loi et sans mélange aucun d'intérêt personnel ? « J'ai du plaisir à faire le bien : cela m'inquiète » (1). Le plaisir que j'ai à faire le bien m'ôte tout mérite, évidemment, et, de plus, va jusqu'à ôter tout caractère moral à mon acte, si bon qu'il soit, selon la façon commune de parler. L'homme qui est charitable avec délices n'a pas plus de moralité dans cet acte que le gourmand qui savoure un mets favori ?

— Certainement, répondra Kant. L'acte moral qui n'est pas complètement désintéressé n'est pas moral ; on peut même dire que l'acte moral qui n'est pas accompli avec une certaine répugnance, avec une certaine victoire sur soi-même, n'est pas moral. Il

(1) Résumé d'une épigramme de Schiller que je donne plus loin.

faut savoir, il est vrai, que l'homme qui éprouve du plaisir à faire du bien, n'a pas toujours eu du plaisir à en faire, qu'il a dû, pour prendre cette habitude et pour goûter ce plaisir, qui est artificiel et acquis, triompher très souvent, très longtemps, de lui-même ; que par conséquent si son action de maintenant n'est pas morale, il est moral, lui, profondément ; et même que si son action de maintenant n'est pas morale en soi, elle l'est par tous ses antécédents, toutes ses origines et, pour ainsi parler, toutes ses racines ; et voilà pourquoi vous pouvez vénérer sans scrupule l'homme de bien qui fait le bien par plaisir; mais encore, mais enfin, il est très vrai que l'acte bon accompli par goût du bien n'est pas moral. L'homme de bien travaille, sans le savoir, à s'enlever le mérite. Il s'enlève le mérite à mesure qu'il fait du devoir une habitude et une habitude agréable. Ses premiers actes bons sont moraux, étant des victoires et achetées chèrement ; les suivants sont moins moraux, comportant moins d'efforts ; et quand ils sont devenus une habitude et une source de jouissances, ils ne sont plus moraux du tout. Heureux, du reste, et vénérable, pour la raison que nous avons dite, l'homme qui n'a plus aucune difficulté, ni aucun mérite à faire le bien.

La fin de la vertu, mais aussi son comble est d'être devenue une manie.

— Soit ; mais insistons encore. Un homme n'espère de récompenses pour ses vertus, ni ici-bas ni ailleurs ; d'autre part, il n'éprouve point de plaisir à faire le bien et il ne le fait qu'avec un effort douloureux. Et il le fait cependant. Voilà le pur homme de bien, selon vous. Je n'en suis pas sûr ; car, s'il est très vrai qu'il ne fait le bien que par devoir, il éprouve, tout le monde le sait, un très grand plaisir dans le devoir accompli et, même en l'accomplissant, dans la lutte qu'il soutient contre lui-même. Donc ici même, il y a intervention du plaisir et par conséquent de mobile intéressé.

En considérant le plaisir du devoir accompli nous dirons que l'acte vertueux touche sa récompense dès qu'il est fait ; que, par conséquent, seul le premier acte bon a été fait par devoir ; mais le second déjà a pu être fait pour goûter ce plaisir que l'accomplissement du premier avait révélé.

Et en considérant le plaisir de la lutte contre soi-même nous dirons que le premier acte bon a été intéressé lui-même, puisqu'on trouvait du plaisir à le faire dès le premier moment où l'on commençait à l'accomplir. Où est donc, en dernière analyse, l'acte

moral pur ? — Je reconnais, répondra Kant, que
depuis le commencement du monde il n'y a pas eu,
peut-être, un seul acte de vertu pure, un seul acte
absolument désintéressé. Mais que faisons-nous ici ?
Nous décrassons l'acte moral, successivement, de
toutes les scories dont il peut être enveloppé, nous
le démêlons de sa gangue pour montrer en quoi il
consiste, pour montrer ce qu'il est en soi. Dans la
pratique, quelque relativement pur qu'il soit, il sera
toujours mêlé. Mais on saura s'il l'est plus ou moins,
on saura à quel degré il l'est ; on saura s'il est si
mêlé qu'en vérité il n'existe plus, ou s'il est si légèrement adultéré qu'il est assez près d'être pur. Pour
savoir tout cela, il fallait d'abord savoir ce qu'il
est en soi. Et nous voyons bien maintenant ce qu'il
est en soi. Il est une bataille ; il est une lutte que
l'homme soutient pour échapper à la nature. « La
vertu n'est pas l'éclosion de la nature ; elle est une
conquête sur la nature » (1). C'est en quoi les stoïciens se sont trompés. L'homme ne vit ni en conformité avec *la* nature, ni en conformité avec *sa* nature
quand il est vertueux. Il vit en révolte contre *la* nature, qu'il n'est pas besoin de démontrer une fois de

(1) André Cresson : *la Morale de Kant.*

plus qui est immorale ; et il vit en révolte contre *sa* nature qui lui persuaderait, s'il l'écoutait, de vivre d'une façon naturelle, et c'est-à-dire égoïste. La morale est contre nature, il faut le dire sans hésiter.

Evidemment il faut bien que la morale soit elle-même dans la nature humaine pour que nous la trouvions en nous ; évidemment ; mais la morale est un élément de notre être qui contrarie ce que nous avons de commun avec la nature des autres êtres créés ; c'est une force, en nous-mêmes, de révolte contre nous-mêmes ; c'est quelque chose en nous qui nous invite et nous oblige à nous vaincre et à nous dépasser. Quand Nietzsche, plus tard, donnera sa fameuse définition de l'homme : « l'homme est un être qui est né pour se surmonter », il donnera, lui si contempteur de Kant, une formule essentiellement kantienne. La morale apporte, reconnaissons-le vaillamment, la guerre et non la paix dans l'être humain. Sans elle il serait en paix ; sans elle il ne se livrerait pas de combats ; sans elle il ne tendrait pas violemment sa volonté vers des fins presque inaccessibles ou véritablement inaccessibles. La morale est en vérité une étrangère en nous.

C'est bien pour cela que ni elle n'emprunte la voix

de la raison pour nous parler, mais nous parle avec la sienne ; ni, quand elle est pure, elle ne demande aucun secours à la sensibilité et ne veut d'elle ni comme introductrice ni comme compagne. Vous voyez : elle est étrangère à tout notre être ; elle est étrangère, en notre être, à tout ce qui n'est pas elle. « Qui donc es-tu, pourrions-nous lui dire, toi qui n'es ni la raison qui me persuade patiemment, ni la sensibilité qui me pousse et qui m'entraîne ; ni l'habitude qui m'enchaîne peu à peu et m'asservit lentement ; ni l'imitation qui m'engage à prendre pour modèles les êtres qui m'entourent ; mais, solitaire et dédaigneuse de tout ce qui habite en moi, une visiteuse qui intervient pour me donner un ordre sévère, sans explication et qui doit être sans réplique ; et qui rentre dans le silence et dans l'ombre en me laissant d'elle une sorte de terreur mystérieuse et comme une nécessité inexplicable de lui obéir ? »

Elle répondrait : « Il est vrai, je suis l'étrangère ; je suis étrangère au monde entier ; je n'apparais et ne me manifeste qu'en toi, et encore en toi je suis étrangère à tout ce dont tu as connaissance et conscience ; et je te trouble et je t'effraie et je te torture ; mais tu sens bien et tu sentiras toujours que tu as besoin de ce trouble, de cet effroi et de ce tourment ;

que tu as besoin de moi ; que sans moi tu te mépriserais profondément ; que sans moi aussi tu périrais, toi et ta race, toi et ton espèce. Tu es un être particulier. Quelqu'un t'a créé tel que tu ne puisses vivre sans te combattre et sans te vaincre, et il m'a inventée pour te donner matière à te combattre et à te vaincre et pour qu'à te combattre et à te vaincre tu vécusses. Or c'est toi-même qui m'as créée du besoin même que tu avais de moi, de sorte que l'étrangère et la visiteuse est cependant ce qu'il y a de plus intime et de plus profond en toi et a jailli, une fois pour l'éternité, de la substance même de ton être. »

Mais si l'on *constate* cette antinomie, salutaire du reste, peut-être nécessaire du reste, entre la morale et toutes nos autres facultés, peut-on l'*expliquer* un peu, soupçonner un peu pourquoi elle est ? Il n'est pas impossible. Cette antinomie de la morale et de nos autres facultés, c'est une forme, c'est une face de l'antinomie de la destinée de l'homme comme faisant partie d'une espèce. Individuellement l'homme ne se sent obligé à rien ; individuellement l'homme n'a pas de devoirs ; individuellement l'homme n'a pas de conscience. Supposez, ce qui, du reste, est presque impossible, l'homme isolé, sans patrie, sans cité, sans famille. Quel devoir voyez-vous qu'il ait ?

Absolument aucun. Ceux qui ont parlé des devoirs envers soi-même n'ont pu en parler que parce qu'ils considéraient l'homme en société, et qu'à cause de cela ils lui voyaient des devoirs envers soi-même consistant à se conserver et à se développer pour le service de la société, et qui par conséquent n'étaient, en vérité, que des devoirs envers la société elle-même. Mais supprimez cette considération de la société, il reste que l'homme n'a aucun devoir envers lui-même et par conséquent n'a aucun devoir. Direz-vous : « Si bien. Il a le devoir de ne pas se détruire et de se conserver sain et fort. » Vous voulez dire qu'il est de son intérêt de ne se point détruire et de se conserver sain et fort, et que s'il ne prend pas ces soins, il est un imbécile. Mais ceci n'est pas un devoir, n'a aucunement le caractère de devoir. L'homme individuellement n'est nullement obligé d'être heureux. L'homme, individuellement, cherche naturellement le bonheur ; il le cherche plus ou moins intelligemment ; mais il n'est nullement obligé, il ne se sentira jamais obligé d'être heureux. L'homme individuellement est donc un être qui simplement cherche le bonheur, son bonheur. C'est toute sa loi. Ce serait un pur non-sens que de lui en chercher un autre.

Mais dès que l'homme est en société, immédiatement il a des devoirs et il a une conscience qui les lui impose. Il ne peut plus et il sait qu'il ne doit plus chercher le bonheur, mais autre chose. L'impératif catégorique s'impose. Il n'est plus libre, il ne se sent plus libre d'agir à son gré. Le « fais ce que veux » disparaît. Il se sent des obligations envers les autres ; il se sent des obligations envers soi-même, à cause des autres ; il se sent même des obligations envers Dieu, si, ramassant, en quelque sorte, l'humanité tout entière, laquelle l'oblige, et l'objectivant en un être supérieur qui l'a créée, qui l'aime et qui veut qu'on l'aime, il se sent obligé aussi envers cet être qui a comme en ses mains les intérêts de l'humanité.

Donc à l'homme considéré individuellement point de devoirs ; à l'homme considéré comme membre d'une espèce des devoirs multiples.

Et voilà pourquoi l'individualisme est à base d'immoralité, comme le bon sens le dit tout de suite ; mais si le bon sens le pressent, l'analyse le prouve. Voilà pourquoi tous les individualistes sont immoralistes ou sur la pente de le devenir. L'individualisme n'est que la révolte plus ou moins franche de l'homme fatigué de morale et des obligations que la morale impose. L'individualisme est la doctrine plus ou moins précise de l'homme qui est las de sacrifier éternellement son moi, son droit au bonheur, ou son droit à la recherche libre du bonheur, de sacrifier tout cela soit aux autres, soit à un Dieu lointain qui a des commandements très rudes, soit à un Dieu intérieur dont on trouve rudes les exigences. L'individualisme est immoral par cette raison bien simple que la moralité est précisément l'homme ne se considérant pas comme individu. Or, comme l'homme est à la fois un individu et un membre d'une espèce, et comme il a toujours été cela et ne peut pas être autre chose, il y a toujours une antinomie et par suite une lutte entre ce qu'il est comme individu et ce qu'il est comme membre d'une espèce.

Comme individu, sa loi est la recherche du bonheur, comme membre d'une espèce, sa loi est le renoncement au bonheur. Comme individu sa loi est la persévérance dans l'être ; comme membre d'une espèce, sa loi est le sacrifice, partiel continuellement, total parfois, en certaines occasions, de son être.

Cette antinomie dure toujours. Il s'ensuit que la morale est bien cette ennemie éternelle que nous voyions que l'homme porte en lui ; ennemie salutaire, ennemie nécessaire, puisque l'homme, et il le sent, ne peut vivre que comme membre d'une espèce ; mais ennemie cependant, puisque encore il reste un individu et ne peut pas cesser de l'être et de se sentir tel. Ceux qui vivent en absolue moralité et qui ne sentent plus cette antinomie et cette lutte dont nous parlons, ceux-là, s'ils existent, sont des êtres qui ne sont plus des individus ; ils sont l'espèce même en un homme ; ils sont, dirait un Aristophane, des statues vivantes de l'humanité.

Remarquez que l'on n'en arrive pas là, personne; mais qu'on en approche. Toutes les associations où l'homme ne respire que pour l'association et en quelque sorte que par l'association, sont des essais, souvent très beaux, d'abdication de l'individualité et par conséquent de moralité pure. Encore est-il que cette association que nous envisageons en ce moment, se sépare elle-même et se distingue de l'humanité, qu'elle institue des devoirs qui, pour être des devoirs envers l'humanité, sont surtout, tout compte fait, des devoirs envers elle, et que par conséquent elle remplace l'individualisme personnel par une sorte d'individualisme collectif, que par conséquent elle ne constitue pas moralité pure. Mais elle en donne très bien l'image. L'homme absolument moral, le saint, le Dieu-homme (puisqu'il serait la conscience faite homme) serait celui qui ne ferait absolument rien que par obéissance à sa conscience, c'est-à-dire qu'en considération de l'humanité, qui aurait absolument aboli en lui tout individualisme, soit personnel, soit même collectif, et en qui, pour ainsi parler, l'espèce même vivrait.

Mais, ceci étant l'idéal, chez tous les hommes il y a cette antinomie et cette lutte dont nous parlons, et c'est ce qui explique l'antinomie de la morale elle-même avec *tout le reste de notre être*. La morale est en opposition et en lutte contre tout le reste de notre être, jusqu'à ce qu'elle l'ait tellement vaincu qu'elle l'ait absorbé ou, pour mieux dire, qu'elle se soit substituée à lui, ce qui, du reste, n'arrive jamais. Donc lutter contre soi pour obéir à la morale, c'est la moralité. N'avoir plus besoin de lutter contre soi, tant on se serait vaincu, c'est où l'on arriverait si l'on était parvenu à la moralité absolue, et alors, à force d'avoir été moral, on ne le serait plus du tout, puisqu'il n'y aurait plus lutte ; mais nous n'avons aucune crainte à concevoir sur cette extinction de la moralité dans son triomphe ; dans l'état normal et nécessaire de l'humanité, la moralité, toujours relative, c'est la lutte de nous-mêmes contre nous-mêmes pour la morale, ou en d'autres termes, la lutte de nous-mêmes, espèce, contre nous-mêmes, individus.

La morale ainsi conçue est impérative et non persuasive ; normative et non conseillère, science, du reste, avant d'être un art. Science de quoi ? science d'elle-même ; analyse de ce qu'elle est, de la façon dont elle se révèle à nous et de la façon dont elle s'impose à nous et nous commande ; et enfin elle ne s'appuie sur rien, ne se subordonne à rien et ne se rattache à rien ; elle n'est fondée ni sur une autre science, ni sur l'ensemble des sciences, ni sur une religion ; elle n'est fondée que sur elle-même. Platon, ou, si l'on veut, Socrate rattachait, par des fils ténus et subtils, exactement toutes choses à la morale *comme à leur dernière fin* ; nous, nous rattachons exactement toutes choses à la morale *comme à leur base* et aussi comme à leur dernière fin. C'est *parce que* la morale existe qu'il faut bien que le libre arbitre existe ; qu'il faut bien que l'âme soit immortelle ; qu'il faut bien que Dieu existe ; et aussi c'est *pour que* la morale soit que Dieu a créé l'homme ; car en Dieu, la moralité étant absolue, la morale n'est pas, puisque l'acte moral est une lutte et que Dieu n'a pas à lutter ; c'est pour que la morale soit que l'homme est doué du libre arbitre ; c'est pour que la morale soit que le monde existe comme épreuve de l'homme, comme tentation de l'homme et comme chose que l'homme doit comprendre qu'il ne doit pas imiter et comme chose dont l'homme doit comprendre qu'il doit se distinguer. Base de tout et fin de tout, la morale enveloppe le monde comme d'un cercle et tout en part comme tout y aboutit.

Cherchez-vous la certitude et ce qui ne se prouve pas et ce qui n'a pas besoin d'être prouvé et ce qui prouve tout ; vous ne trouvez cela que dans la loi morale ; cherchez-vous à quoi tout va et pour quoi et pour la réalisation de quoi il semble bien que tout existe ; vous ne trouvez cela que dans la loi morale ; et si elle est si impérieuse, c'est qu'elle est, quoique si particulière et isolée en apparence, la voix du monde parlant à l'homme, la lumière du monde entrant en lui, la loi du monde l'obligeant.

Et maintenant cette loi morale, qu'est-ce qu'elle nous commande ? Nous nous sentons obligés ; mais à quoi nous sentons-nous obligés ? Nous nous sentons obligés, c'est le fait moral en soi, très lumineux, très sensible, absolument incontestable ; mais à quoi nous sentons-nous obligés ? Ne répondez pas sommairement : à faire le bien. C'est répondre à la question par la question. Faire le bien, cela veut dire faire ce à quoi l'on se sent obligé ; mais encore à quoi précisément nous oblige la loi morale ?

Il y en a qui disent que la loi morale renferme en soi *une matière* qu'elle nous présente et que nous saisissons par intuition, directement et immédiatement. Elle nous dit : « Il ne faut pas tuer, voler, être intempérant, être égoïste, etc... » La loi morale, pour ceux-ci, est une table de la loi où sont inscrits un certain nombre et un grand nombre de commandements distincts, tous très directement accessibles, tous présents, en quelque sorte, en notre âme. Il est bien vrai que c'est ainsi que sont les choses, ou paraissent être, pour tous tant que nous sommes, dans la vie ordinaire. Nous nous sommes fait ou on nous fait un cadre moral, une liste des choses à faire et des choses à ne faire point, et c'est à cette liste, en vérité, que nous obéissons. Il est très vrai ; mais prenez garde. Si vous prenez les choses ainsi ; si vous considérez la loi morale comme ayant un contenu matériel *et comme constituée par ce contenu matériel lui-même*, vous risquez de ruiner, ou d'exposer à être ruinée, la morale elle-même.

Car on vous répondra que cette liste dont nous parlions tout à l'heure est extrêmement variable, que la variabilité des devoirs est la chose du monde dont on est historiquement le plus sûr, que telle chose, devoir pour un peuple, n'est pas devoir pour un autre, que telle chose, devoir pour un temps, n'est pas devoir pour tel autre temps, que, même, telle chose, crime pour un peuple, est devoir pour un autre, et que, par conséquent, si la matière de la morale est la morale même, la matière de la morale se contredisant, la morale se contredit et donc n'est pas une loi et donc n'existe pas.

Exemple très net, cité par Guyau, d'un devoir qui est un crime. Les naturels australiens, considérant que la mort de leurs parents est le résultat de maléfices jetés sur eux par quelque homme ou femme d'une tribu hostile, jugent que c'est un devoir envers leurs morts de tuer quelqu'un de la tribu hostile. Un Australien ayant perdu sa femme manifesta ses intentions au docteur Landor, qui le menaça de prison s'il donnait suite à son projet. L'Australien se soumit; mais, rongé de remords, il dépérissait de jour en jour. Enfin il disparut, puis revint au bout d'un an en parfaite santé, ayant tué une femme de la tribu ennemie. Il avait connu le commandement moral, puis le remords, puis la satisfaction du devoir accompli. La *vendetta* corse est un impératif catégorique du même genre. Chaque peuple dresse sa « liste », dresse sa table de la loi, qui s'impose à toute la race comme un impératif moral ; et cet impératif n'est pas du tout le même de peuple à peuple. Où est la loi morale dans tout cela et que commande-t-elle universellement ?

Ce qui est universel c'est de se sentir obligé ; mais il n'y a que cela qui le soit. L'Australien de tout à l'heure était aussi obligé que je le suis ; il était aussi obligé à tuer que moi à ne tuer point. Oui, se sentir obligé est universel ; mais ce à quoi l'on est obligé est variable. Donc si la loi morale *est* son contenu, elle n'est pas une loi ; elle est des coutumes ; si la loi morale est son contenu, elle n'existe pas. Gardez-vous donc de dire que la loi morale doit contenir et contient sa matière. Si elle n'est pas vide, elle n'est point.

D'autres présentent les choses ainsi : la loi morale ne contient, à proprement parler, rien ; elle n'est pas une liste ; mais elle est une sorte de pierre de touche. Elle ne vous présente pas un certain nombre d'actes à faire et d'actes à ne pas commettre ; mais *à propos de chaque acte* dont vous avez l'idée et que vous êtes sur le point d'accomplir, elle vous dit : « il est bon », ou : « il est mauvais » ; elle vous dit : « tu dois », ou : « tu ne dois pas ». C'est exactement, comme on a si souvent dit, un juge intérieur qui juge avant, pour prévenir, et qui, du reste, juge aussi après. — Sans doute ; et les choses se présentent parfaitement ainsi dans la pratique journalière ; mais les mêmes objections viennent contre cette théorie et le même danger existe à l'admettre, et au fond elle est exactement la même que la précédente. A chaque acte à commettre intervient un jugement prémonitoire de la conscience ; oui, mais chacun de ces actes est comme marqué blanc ou noir d'avance par quelque chose qui peut n'être pas la conscience, qui peut n'être pas la loi morale. En présence d'un acte, la conscience dit : « fais-le », ou : « ne le fais pas ». Ce n'est pas à dire qu'elle le juge, que ce soit elle qui le décrète blanc ou noir ; elle peut l'avoir reçu blanc ou noir de la tradition ou de la coutume. En face de ce fait : sa femme à venger, l'Australien recevait de sa conscience un *oui* très énergique, que sa conscience elle-même avait reçu de la coutume. Qu'on dise que la loi morale a sa liste d'actes permis et d'actes interdits, ou qu'on dise qu'à chaque acte elle met son visa de permis ou d'interdit, on dit la même chose, à savoir que la loi morale a un contenu matériel, et comme ce contenu est variable, on est amené à reconnaître que si la loi morale a un contenu matériel, elle n'est qu'un greffier de la coutume. Donc, pour que la loi morale soit morale, il faut qu'elle soit vide de matière, qu'elle soit toute *formelle*, qu'elle ne soit qu'une idée générale, applicable sans doute à une infinité de cas pratiques ; mais seulement une idée générale.

Or quelle idée générale trouvons-nous, pour ainsi parler, impliquée dans le fait moral universel, dans le *je dois*, dans le *je suis obligé* ? Pas d'autre au premier regard que le *je dois*, lui-même, que le *je suis obligé* lui-même ; et dès que, du *je suis obligé*, je veux passer au *à quoi*, il semble bien que c'est en face d'un fait que je vais me trouver ; or nous avons reconnu la nécessité d'écarter les faits de l'énoncé de la loi morale pour qu'elle fût morale et ne risquât pas d'être le contraire.

Cependant faites attention à ceci : du *je dois* lui-même, de l'essence même du *je dois* on peut tirer, ce nous semble, une idée générale, toute pure, non mêlée de faits, mais qui, peut-être, sera applicable aux faits. Qu'est-ce que c'est que le *je dois* ? C'est un fait de conscience qui se présente avec le caractère d'une loi. Qu'est-ce qu'une loi ? C'est une maxime universelle. Le *je dois*, dès qu'il est reconnu comme loi, et il se fait connaître comme tel dès qu'il existe ou dès qu'il parle, a donc un caractère d'universalité, est donc une maxime universelle. Eh bien, sans aller plus loin, voilà précisément l'idée générale que nous cherchons. La morale, par cela seul qu'elle est loi, nous commande d'agir *universellement*. — Qu'est-ce qu'agir *universellement*? C'est agir de telle façon que l'on voudrait que la maxime qui nous fait agir fût une loi universelle. Et voilà justement ce que le *Je dois* nous commande par cela seul qu'il est une loi, et voilà ce qu'il nous commande sans nous commander aucun acte, et voilà cependant une formule trouvée qui peut s'appliquer à tous les actes du monde et nous éclairer sur eux tous. La définition de la morale en sa pureté absolue sera donc : « *agis uniquement d'après la maxime qui fait que tu peux vouloir en même temps qu'elle soit une loi universelle.* »

Remarquez que cette formule, d'abord élimine tout égoïsme, cela va sans dire, et devant chaque acte à faire nous commandera de ne nous traiter que comme nous voudrions que tous fussent traités, et nous commandera de traiter les autres comme nous voudrions être traités nous-mêmes, et par conséquent enveloppe en même temps et la charité et la justice, et le « ne fais à autrui ce que tu ne voudrais pas qui te soit fait » et le « fais à autrui ce que tu voudrais qu'on te fît », etc. ; — mais remarquez de plus que cette formule *permet de rectifier la coutume*, qui tout à l'heure pesait sur la loi morale de telle sorte qu'on se demandait avec inquiétude si elle n'était pas la morale elle-même. La formule kantienne est précisément le creuset de la coutume et qui n'en laisse subsister que ce qu'elle a, par aventure, de vraiment moral.

A l'homme qui aura fait de la vengeance un des articles de son *credo* moral et chez qui, en vérité, la *vendetta* sera une partie de la conscience et la partie la plus sensible de la conscience, il suffirait de dire : « Voudriez-vous que l'humanité tout entière vécût éternellement d'après cette règle ? » pour que, non pas il fût converti tout de suite ; car soyez sûr que d'abord il répondra : « oui ! » ; mais pour que la suite des réflexions et la méditation prolongée de cette seule maxime l'amène, en un temps donné, à répondre : « non ! »

A l'homme qui aura pris pour règle, consciemment ou inconsciemment, la recherche du bonheur, la chasse au bonheur, comme dit Stendhal, ce qui, certes, est la « coutume » la plus répandue dans l'humanité, il suffira de dire : « Voudriez-vous que tous les hommes sans exception s'appliquassent uniquement et exclusivement à la *recherche du bonheur ?* » pour que, tout au moins, il hésite sur la réponse et se demande si la recherche exclusive du bonheur personnel pratiquée par tous, si intelligemment pratiquée qu'elle pût être, ne serait pas la ruine de l'humanité.

Ainsi de suite. La formule kantienne rectifie la coutume et par conséquent elle constitue une morale qui semble bien, elle, ne rien recevoir de la coutume, ou du moins ne pas recevoir tout d'elle, puisqu'elle est au-dessus et puisqu'elle permet de la corriger.

Remarquez encore que la formule kantienne, non seulement rectifie la coutume, mais en quelque manière rectifie la nature, ce qui veut dire, comme on pense bien, qu'elle rectifie en nous les sentiments et tendances que le spectacle de la nature nous pourrait inspirer. Quand nous trouvons la nature immorale, nous pouvons nous laisser aller à l'imiter pour raison d'acquiescement à l'ordre universel, ou sous ombre d'acquiescement à l'ordre universel. La formule kantienne, avec une modification qui n'est qu'une légère généralisation, nous arrêtera. Voudriez-vous agir comme agit trop souvent la nature et que sa règle, ou une de ses règles, et non pas la moindre, fût la règle de l'humanité? Votre conscience dit « non ». En disant, « non », ce qu'elle commande c'est ceci : « *agis comme si la maxime de ton action devait, par ta volonté, être érigée en loi universelle de la nature* ». Cette nouvelle formule n'est pas autre chose que la première très peu modifiée, et même non modifiée, mais tournée, pour ainsi parler, du côté de la nature, comme la première était tournée du côté du genre humain.

Par la formule kantienne, donc, l'homme se donne en quelque sorte des armes contre lui-même, contre la coutume humaine en ce qu'elle a de mauvais, et contre la nature en ce qu'elle a de non exemplaire. Comme cette formule est l'expression d'une morale absolument indépendante, de même aussi elle a en elle comme une vertu d'indépendance et elle rend l'homme indépendant de la nature, indépendant de la coutume, s'il se peut indépendant de soi-même, pour ne le faire dépendre que de la morale seule.

Telle est, en ses grandes lignes, la morale kantienne. Elle est certainement la nouveauté la plus extraordinaire en doctrines morales et même en doctrines religieuses que le monde ait connue. Elle dépasse la révolution socratique elle-même ; car la révolution socratique ramenait tout à la morale, et en lui subordonnant tout, et en faisant tout aboutir à elle ; mais la révolution kantienne ramène tout à la morale, et en faisant tout aboutir à elle, et *en faisant tout sortir d'elle*. Elle est chez Kant cause active et cause finale. C'est elle qui crée toute la métaphysique ; c'est elle qui crée le monde. C'est parce qu'il y a une morale qu'il faut qu'il y ait un libre arbitre, et qu'il faut que l'âme humaine soit immortelle, et qu'il faut qu'il y ait un Dieu rémunérateur et vengeur, et qu'il faut qu'il y ait une nature contre laquelle l'homme lutte et contre les suggestions de laquelle il se dresse comme être autonome et indépendant.

Le monde entier, matériel et spirituel, est créé par la morale, en ce sens qu'il est ce qu'il est parce que la morale existe et qu'il n'est ce qu'il est que parce que la morale existe avec le caractère que l'on voit qu'elle a.

Je dis même que c'est une révolution religieuse incomparable à toute autre, même au Christianisme, puisqu'elle fait un Dieu qui dépend de la morale ; qui existe parce que la morale existe ; qui n'existerait pas, qui n'aurait pas lieu d'exister si la morale n'avait pas besoin de lui. Dieu, dans Kant, est postulé par la morale comme le libre arbitre ; et, par un renversement de méthodes très intéressant, comme Descartes prouvait tout parce que Dieu existe et ne peut pas nous tromper, Kant prouve tout et Dieu lui-même et Dieu surtout, parce que la morale existe et ne peut pas nous mettre en erreur.

Il est assez clair, par conséquent, que pour Kant, qu'il l'ait vu distinctement ou non, la morale est une religion et le Devoir un Dieu. Le Devoir est un Dieu. Il en a tous les caractères : il est infaillible, il est indiscutable, il commande sans avoir de raison à donner de ses commandements, il est absolu — *et il a tout créé*. Le Devoir est le dernier des Dieux et il n'a plus dans l'Infini qu'un double de lui-même qui le confirme.

On a voulu fonder la morale sur la religion ; on a voulu la fonder sur une science ou sur les sciences ; on la fonde maintenant sur elle-même ; mais en la fondant sur elle-même on fait de sa loi une divinité et d'elle-même une religion.

Inutile de dire que si elle est une religion, c'est

qu'elle est, telle qu'on nous la présente et telle qu'on la sent, un reste des religions qui ont précédé, un résidu théologique, comme dirait Comte. La morale de Kant est un Christianisme retourné ou un Christianisme rectifié, selon la manière dont on considère le Christianisme lui-même. Si l'on considère le Christianisme comme fondé sur la religion, ainsi que nous le faisions au commencement de cette étude, le kantisme est un Christianisme retourné, faisant sortir la religion de la morale, au lieu de faire sortir la morale de la religion. Si l'on considère le Christianisme comme étant surtout une morale, comme étant en son fond une morale, qui seulement, s'est *associé* à la religion régnant dans le temps et dans les lieux où lui-même est né, alors le kantisme est un Christianisme rectifié, ou a voulu être tel, en ce sens que, étant en son fond une morale, il ne s'associe pas à la religion qu'il rencontre, mais fait sortir la religion de son propre sein.

En définitive il est un Christianisme philosophique, un monothéisme philosophique, dernier aboutissement de la Réforme ; mais il est une religion très précisément. Il a une base véritablement mystique. Il commande d'obéir sans démonstration des raisans d'obéir ; il fait donc appel au seul sentiment mystique de l'obéissance. Il fait de l'obéissance un pogme. Il dresse un Dieu dans le cœur de l'homme et il offre tout à ce Dieu qu'il n'ose discuter et qui s'appelle précisément l'Indiscutable.

Il est plus mystique même, j'oserai dire, que tout mysticisme connu ; car il fait *adorer par simple adoration*, non pas un Dieu concret dans une certaine mesure, non pas un Dieu qui a une histoire, qui a créé le monde, qui a parlé aux hommes, qui s'est montré à eux ou à quelques-uns d'entre eux ; mais un Dieu abstrait, un Dieu caché, un Dieu dont on ne connaît que les oracles, comme dans l'antre de Trophonius ; Dieu redoutable du reste, qui a des ordres absolus et terribles et qui approuve et félicite ; mais aussi qui tourmente, qui torture et qui ravage et qui nous demande le sacrifice humain, le sacrifice sanglant de notre propre vie.

Le kantisme est la religion la plus religieuse, la religion la plus religion qui me soit connue ; je veux dire la religion où il n'y a que l'essence même de la religion, la religion où il n'y a que de la religion. Il ne pouvait naître qu'après un très long stade de religion de plus en plus concentrée et aussi de religion de plus en plus individualisée, de religion que l'individu se fait à lui-même (luthéranisme) et qui place l'individu en face de lui-même en lui faisant remarquer — et qu'il en tremble ! — qu'il y a en lui un Dieu. Kant a fondé la *foi morale*.

CHAPITRE III

LE NÉO-KANTISME.

Le kantisme, surtout comme religion morale, a eu un succès merveilleux en Europe et particulièrement en France pendant un siècle. Il flattait deux sentiments qui ne sont contraires qu'en apparence : le désir d'une morale indépendante des religions, le besoin d'une religion ; ces deux désirs étaient dans le kantisme, conciliés par l'apparition d'une morale qui était une religion elle-même.

Les néo-kantistes français, qu'on aurait dû appeler simplement les kantistes, car ils n'ont vraiment point renouvelé Kant, s'appliquèrent surtout à deux choses : 1º élargir et attendrir un peu la doctrine kantienne ; 2º lui donner un caractère plus pratique, en lui trouvant un criterium nouveau, ou plutôt en démêlant plus précisément et en affirmant plus énergiquement le criterium qu'elle contenait.

Ils ont élargi et attendri un peu la doctrine morale de Kant. Celle-ci se réduisait et se restreignait strictement à l'affirmation de l'obligation morale. Les néo-kantiens ont affirmé de tout leur cœur cette obligation ; ils ont eu « la foi morale » et ils ont affirmé le plus chaudement du monde qu'il fallait l'avoir; mais ils n'ont pas repoussé les appuis et les apports que pouvaient donner à cette foi les considérations sentimentales et les considérations esthétiques.

Renouvier fait comme des concessions à la morale sentimentale, disons mieux, il la prend comme une alliée ou comme une servante précieuse de la morale du devoir. Elle sera comme Marthe autour de Jésus : « C'est un fait psychologique véritable que la présence de la sympathie au nombre des éléments qui portent l'homme à des actes favorables au bonheur d'autrui... [La sympathie] fournit un mobile du bien commun et vient à l'appui de la loi morale, de quelque façon qu'on la définisse. Pour nier cela, il faut, ou mutiler la nature sensible, ou admettre que certains éléments fondamentaux de cette nature n'interviennent pas ou *devraient* ne pas intervenir là précisément où la place en est marquée dans l'ordre mental. *Devraient ne pas intervenir* dans l'acte vraiment moral, c'est la thèse de Kant, qui... juge que les passions même les plus nobles, en se joignant au mobile rationnel, abaisseraient la vertu. *Rien n'était mieux fait pour nuire à la diffusion des principes de Kant* que de demander, si inutilement pour le fond de sa théorie, si vainement vis-à-vis de l'homme comme il est... que l'action moralement bonne fût absolument exempte de passion... Dès qu'un acte est fait par raison et par devoir, si la bienveillance et la sympathie existent aussi, il *doit* se faire *aussi* par bienveillance et sympathie... Et dès qu'un acte est fait par bienveillance et sympathie, la raison et le devoir étant présents... il ne doit se faire aussi que si la raison et le devoir l'autorisent... En ce sens l'action moralement bonne se fait certainement par devoir et au fond on pourrait aller jusqu'à dire, avec Kant, qu'elle se fait *uniquement par devoir*, s'il était permis d'entendre par là que, se faisant *aussi* par passion, *elle ne se ferait pourtant pas dans le cas où il y aurait devoir contraire.* »

Donc agissez par devoir *ou* par passion bonne ; mais, quand vous agissez par devoir soyez tranquilles et assurés de ne point errer; quand vous agissez par passion bonne, assurez-vous bien que le devoir approuve. Le Devoir sera tantôt agent de votre acte, tantôt contrôleur de votre acte et toujours il sera *présent*, et il est nécessaire, mais il suffit, que toujours il soit présent.

C'est ce que j'appelle un élargissement et un adoucissement de la morale de Kant, qui emprisonne dans le devoir. Dans la prison kantienne Renouvier ouvre une fenêtre qui au moins laisse entrer les brises tièdes qui viennent du cœur.

C'est de quoi Renouvier se croit autorisé pour définir le *sens* moral : « une combinaison naturelle de la sympathie et du penchant social, qui en est la suite, avec la raison. »

Mais — et c'est ici la pensée la plus neuve que je rencontre dans cette *Science de la morale*, qui serait du reste un des chefs-d'œuvre de l'esprit humain si le manque de composition n'en faisait un fourré exaspérant — *mais* la sympathie a pour triste contre-partie la nécessité, pour vivre avec nos semblables, ce que la sympathie commande, d'être méchants, ce que la sympathie déplore avec désespoir. Il y a une « solidarité du mal ». Elle apparaît dès que l'homme sort de sa caverne et même, souvent, quand il y reste, dès qu'il est en contact avec les animaux. En effet, « les animaux, par le fait qu'établit entre eux la loi naturelle, ne tendent pas seulement à nous faire perdre le respect de la nature ; la fatalité de leur lutte pour la vie, cette loi de la dévoration mutuelle des vivants, la douleur prodiguée, les fins multipliées, contraires, en apparence manquées, ne sont pas seulement pour nous l'exemple du désordre, l'incitation au mal et le scandale de la raison ; mais notre propre conservation matérielle et par suite nos fins les plus élevées se trouvent en jeu dans la guerre universelle. Attenter à la vie des animaux, ce n'est que faire ce qu'ils se font et qu'ils nous font, et c'est souvent une nécessité de défense. »

Cette solidarité du mal, nous la retrouvons dans la société humaine. Nous sommes très vite convaincus par des exemples indiscutables qu'être bons, non seulement c'est être dupes, mais c'est créer le mal en l'encourageant et que par suite nous devons faire le mal en nous défendant et quelquefois même nous défendre d'avance, pour n'être pas attaqués au moment de notre plus faible possibilité de défense. Nous sommes donc méchants parce qu'il y a des méchants et nous devons l'être.

Nous sommes solidaires ; et, parce que nous sommes solidaires, nous devons faire le bien ; et, parce que nous sommes solidaires, nous devons faire aussi le mal ; et il y a une solidarité inévitable du mal, comme il y a une solidarité obligatoire du bien, et nous ne pouvons pas agir selon la formule kantienne : « agir toujours de telle sorte que notre acte pût être érigé en règle universelle de conduite ; » car si nous agissions ainsi nous serions écrasés, même par une minorité, et par conséquent non seulement agir ainsi serait un suicide, mais encore ce serait détruire, en nous détruisant, les agents du bien et supprimer le bien lui-même, acte de suprême immoralité.

Agissez donc maintenant selon la morale sentimentale et *même* selon le criterium de la morale du devoir !

Mais ici la morale du devoir intervient en son fond même, quitte à modifier son criterium, et nous dit qu'il faut pratiquer la bonté jusqu'au point où « la nécessité manifeste » de notre existence et de notre établissement sur la terre et dans la société ne nous force pas d'y déroger. Le devoir d'être méchant s'impose dans les limites où la méchanceté n'est que contre-méchanceté indispensable ; et le criterium célèbre se modifie ainsi : « Agis toujours de telle façon que ton acte pût être érigé en règle universelle de la société telle qu'elle est organisée autour de toi » Et il est certain qu'il faudrait que dans la société où nous sommes placés il n'y eût de mal que contre le mal, moyennant quoi le mal n'existerait pas du tout.

Les néo-kantiens n'ont pas repoussé non plus les appuis et les apports que peuvent donner à la foi morale les considérations esthétiques. Ils ne vont point, comme ont fait certains, jusqu'à penser que l'attrait du devoir est sa beauté même, que l'impératif est une séduction, que la morale nous impose par le beau qu'elle contient et que la morale rentre en définitive dans l'esthétique ; mais ils considèrent que le beau moralise, selon la théorie d'Aristote, qu'il « purge de leurs parties peccantes » les passions qu'il représente, qu'en un mot il épure la sensibilité en même temps qu'il l'excite et qu'il la satisfait.

Par exemple, les passions de l'amour, non éprouvées *réellement* par nous, mais vues par nous sur le théâtre, éprouvées artistiquement par nous, ne nous laisseront que la pitié pour ceux qui les éprouvent devant nos yeux, ne nous laisseront que la sensibilité sympathique, laquelle peut être et doit être un bon auxiliaire de la loi morale.

Ainsi la sensibilité aide la loi morale ; et l'art, en purifiant la sensibilité, fait la sensibilité plus propre à aider la loi morale, aide la sensibilité à aider le devoir.

Si parfaitement convaincu que je sois de l'erreur de cette doctrine, il ne m'était guère permis de ne pas la noter comme une partie importante de l'enseignement néo-kantien, comme une marque de la tendance de cette école à adoucir l'austérité de la religion d'où elle dérive.

Plus essentiel à mes yeux et aux siens sans doute est le *tour* — car ce n'est que cela — que l'école néo-kantienne a donné à la pensée du maître. Il consiste, comme Guyau l'a très bien démêlé, en trois *affirmations*, comme il est naturel quand il s'agit d'une foi :

Affirmation du devoir, comme d'une chose qui n'est pas à démontrer, qui ne peut pas être démontrée et qui ne doit pas être démontrée, ce qui prétendrait la démontrer ne pouvant que l'affaiblir et elle-même étant ce qui démontre tout et par conséquant ce qui n'est démontré par rien. Et ceci est le pur kantisme et nous n'y reviendrons pas.

Affirmation qu'il est moralement meilleur de croire cette chose que de croire autre chose ou de ne rien croire, et que d'une façon générale, le vrai est *ce qu'il est bon de croire pour notre développement moral.*

Affirmation que cette foi morale est au-dessus de toute discussion, puisqu'il y aurait immoralité à discuter ce qui nous sert précisément à distinguer le vrai du faux, puisque c'est le bon qui est criterium du vrai et puisque, par conséquent, ce n'est pas l'évidence de vérité qui va être juge de l'évidence de moralité, alors qu'il est posé en principe que c'est l'évidence de moralité qui est juge de l'évidence du vrai.

Ces deux dernières affirmations ont fondé ce qu'on a appelé depuis *le pragmatisme*. Le pragmatisme consiste à assurer énergiquement qu'une idée est vraie si elle est bonne et qu'on voit si elle bonne par ses résultats ; — qu'une idée vraie, si elle n'est pas bonne, n'a pas le droit d'être vraie, et pour parler mieux, n'est pas vraie, ne contient qu'une apparence de vérité.

Car enfin qu'est-ce que le vrai ? C'est ce qui est évident. Qu'est-ce qui est évident pour l'homme, si ce n'est que ce qui lui est funeste doit être repoussé par lui ? Le vrai et le bien se confondent donc absolument pour l'homme. Le vrai sera ce qu'il vaudra hors de l'humanité ; mais le *vrai humain* c'est le bien et ce ne peut pas être autre chose.

Remarquez-vous une habitude du parler populaire ? Il dit, par exemple : « L'honnêteté, il n'y a que cela de vrai. » Il dit : « que cela de vrai ». Il confond vérité et excellence morale ; ou il confond vérité avec bonheur individuel et bonheur social et bonheur humain. Il a parfaitement raison : la vérité humaine c'est ce qui comporte le bonheur de l'homme.

Voyez encore comme nous agissons. Nous agissons avec une pleine conviction de notre libre arbitre. Est-ce une vérité ? Rien n'est plus douteux. Rationnellement bien des choses démontreraient plutôt que c'est une erreur. Nous agissons pourtant comme sous la contrainte d'une vérité indiscutable, puisque *nous nous croirions fous* si nous ne croyions pas agir comme nous voulons.

Qu'est-ce à dire ? Que le libre arbitre est une *vérité humaine*. Partout ailleurs que chez nous il peut être une erreur, chez nous il est une vérité ; il est *notre* vérité. Le philosophe qui n'y croit pas, y croit dès qu'il délibère. Cela veut dire que comme philosophe il n'y croit pas ; mais que comme homme il y croit absolument. Vérité humaine. Erreur si l'on veut, mais disons comme Nietzsche : « Quelles sont en dernière analyse les vérités de l'homme ? Ce sont *ses erreurs irréfutables.* »

Nous appellerons vérités humaines les erreurs par lesquelles l'homme vit et sans lesquelles il ne peut vivre, et à parler sans raffinement, ce sont bien là des vérités, puisque c'est non seulement ce qu'on ne réfute pas, mais *ce qui ne trompe pas,* tandis que le reste trompe.

— Ne cherchera-t-on donc pas la vérité en soi ? — On la cherchera tant qu'on voudra si l'on veut se donner le plaisir tout esthétique d'idées qui se tiennent, qui font corps et dont les unes ne détruisent pas et ne combattent pas les autres. C'est plaisir d'artiste. Mais quand on voudra une philosophie pratique (d'où le mot *pragmatisme*), on partira de notre principe qui est en même temps un criterium : le vrai c'est le bien, et ce qui indique la vérité d'une idée c'est le bien qu'elle contient.

Du reste, nous ne savons pas — et vous, savez-vous bien ? — ce que c'est qu'une vérité en soi. Une vérité n'est vérité que quand, d'abord s'imposant par l'évidence qu'elle porte en elle, de plus elle n'est contredite victorieusement ou gravement par rien.

Or votre vérité, que vous avez trouvée par l'instrument de votre raison, de deux choses l'une : *ou* son évidence rationnelle est d'accord avec l'évidence morale, et alors est-elle vôtre, ou est-elle nôtre ? Elle est à nous deux, et ni ce n'est son évidence rationnelle qui la constitue à l'état de vérité, ni ce n'est son évidence morale ; c'est toutes les deux ; c'est l'accord même entre ces deux évidences. — *Ou*, évidente rationnellement, elle est contredite par l'évidence morale, et alors elle est une vérité contredite ; elle est une vérité *contre laquelle il y a quelque chose de vrai* ; et elle n'est plus une vérité.

Nous sommes donc autorisés à chercher le criterium du vrai dans le bien ; tout au moins le criterium du vrai humain, et c'est tout ce qui importe à des hommes.

— Autrement dit, vous biffez net toute philosophie et, comme l'a dit l'un des vôtres, le « pragmatisme n'est pas une philosophie, il est une preuve qu'il ne faut pas philosopher » ; ou vous pouvez vous appliquer le mot de Pascal : « se moquer de la philosophie c'est vraiment philosopher ».

— En quoi cela ? Nous bâtissons une philosophie autour d'autre chose que ce autour de quoi les philosophes depuis Platon bâtissaient les leurs, et voilà tout ce que nous faisons. Ils cherchaient ce qui ne se trompe pas et ils croyaient que c'est la raison, et autour de ce qu'elle donnait ils construisaient un système. Nous cherchons ce qui ne se trompe pas et nous voyons que c'est le sens du bien ; et autour de ce qu'il donne nous bâtissons très rationnellement toute une philosophie : liberté, immortalité de l'âme, peines et récompenses d'outre-tombe, Dieu.

Il n'y a là qu'un renversement des valeurs et un renversement des plans.

Renversement des valeurs : notre première valeur c'est le sens moral, et la seconde c'est la raison venant travailler sur les données du sens moral.

Renversement des plans : on commençait par des axiomes rationnels, le *cogito* par exemple ; et l'on aboutissait à la morale ; nous commençons par des axiomes moraux : « il doit y avoir un bien pour l'homme », par exemple ; et nous aboutissons à tout le reste. Nous n'avons que remplacé une première lumière, jugée par nous tremblante, par une autre première lumière, jugée par nous sûre, et une méthode jugée par nous décevante par une autre méthode jugée par nous certaine.

Peut-être même dirions-nous, si on nous poussait, que la supériorité de notre philosophie sur toutes les autres est que toutes les autres devraient s'arrêter à la morale et n'y pas entrer. Elles y aboutissent toutes, nous le savons, et tiennent à y aboutir, la morale les *séduisant* et étant « la Circé des philosophes », et aussi la morale étant estimée par eux Celle qui les juge et dont ils craignent le jugement et de qui ils veulent prouver que le jugement leur est favorable.

Ils y aboutissent donc tous, nous le savons ; mais nous savons aussi par quelles terribles contorsions, souvent et détours et retours de régions lointaines. C'est qu'en vérité rien n'*aboutit* à la morale, ni la contemplation de l'histoire humaine où nous voyons l'immoralité triompher si souvent, ni la contemplation de la nature où il n'y a pas un atome de moralité, ni la contemplation de Dieu, du Dieu rationnel, du Dieu cause qui a créé l'humanité immorale, partiellement au moins, et la nature immorale totalement.

Comment donc veut-on aboutir à la morale en partant de telles choses ?

Tout au moins on y aboutit mal. Nous, nous partons de la morale, pour plus de sûreté, si vous voulez, d'y aboutir. Persuadés que tout est immoral excepté la morale elle-même, nous nous installons dans la morale, avant tout, sûrs d'y revenir et décidés à y revenir comme le soldat qui se replie sur le soutien ; puis nous nous aventurons au dehors ; et nous cherchons à prouver que l'histoire humaine ne contient pas beaucoup de moralité, il est vrai, mais qu'elle contient cette leçon qu'elle eût été incomparablement meilleure si elle eût été guidée par le sens moral, ce qui est contenir de la moralité en puissance ; — que la nature (ou plutôt, et seule, la biologie) est foncièrement immorale, mais qu'elle est peut-être un effort sourd vers la moralité, nulle moralité perceptible n'existant chez les végétaux ni les animaux inférieurs, des traces de moralité existant chez les animaux supérieurs, la moralité s'épanouissant enfin, péniblement, mais enfin cherchant à s'épanouir dans l'homme ; — que Dieu enfin, qui a voulu ou permis l'immoralité de l'Univers, ne peut pas être immoral, puisque la moralité existe en nous et demande quelque part quelqu'un qui la confirme et sanctionne comme loi bonne et qui la récompense d'être ou d'avoir été ; puisque la moralité humaine postule et exige la moralité divine.

— Oui.... l'humanité oblige Dieu !

— Pourquoi non ? Du moins elle exige rationnellement que Dieu soit moral.

Voilà ce que nous faisons comme expéditions aventureuses en dehors de notre principe.

Et qu'on ne dise point que ce renversement des valeurs n'est qu'un renversement d'argumentations d'école et par conséquent peu de chose de plus qu'une tautologie; que si, partis de la morale, nous trouvons de la morale dans l'histoire, dans la nature et en Dieu, c'est que tout aussi bien on pourrait trouver une intention morale dans l'histoire, dans la nature et en Dieu et *aboutir à la morale* en disant à l'homme : « fais ce qui est indiqué comme la loi par ton histoire, par l'histoire naturelle et par l'histoire divine. » Qu'on ne dise pas cela ; car, ce sens moral, jamais je ne l'aurais trouvé nulle part si je ne l'avais trouvé d'abord en moi ; c'est parce qu'il était en moi que je l'ai cherché ailleurs et que je l'y ai cru trouver ; je l'ai projeté du moi au non-moi, loin que je l'aie attiré du non-moi au moi-même, et le bien peut me dire, conformément au mot de Pascal : « Tu ne m'aurais pas cherché si tu ne m'avais pas d'abord trouvé, trouvé en toi. »

Voilà comment le seul moyen d'aboutir à la morale c'est d'en partir pour y revenir ensuite. Et voilà la randonnée que nous faisons à travers la connaissance ; voilà notre expédition au dehors de nous.

Mais, cela fait, si nous ne réussissons pas, si nous n'avons pas réussi dans cette expédition au dehors, voulez-vous que je dise : Cela nous est égal ; et nous nous ramenons à la philosophie de la vérité humaine, c'est-à-dire à la pure et simple philosophie morale comme nécessaire et suffisante à l'homme.

Ce qu'il y a d'indécis dans l'analyse que je viens de faire du pragmatisme est une fidélité ; car il est bien figuratif de cette doctrine, les pragmatistes hésitant toujours entre déclarer que leur doctrine est exclusive de philosophie et déclarer qu'elle en est une. C'est une de leurs faiblesses.

Il y en a une autre, un peu plus grave : c'est que leur dogmatisme, qu'ils croient à l'abri du scepticisme bien autrement, bien plus que le dogmatisme des rationalistes, n'est pas moins à découvert que celui-ci. Ils pensent : du vrai on peut toujours douter ; du bien on ne peut pas douter ; il s'impose avec une évidence autrement contraignante que celle du vrai, et c'est pour cela que nous remplaçons l'évidence du vrai par l'évidence du bien.

Je crois que c'est une erreur. L'évidence du bien consiste en ceci que quelque chose en nous nous dit de le faire ; oui, il faut accorder cela ; mais l'évidence du bien s'arrête précisément là, et sur chaque chose bonne nous pouvons hésiter et nous demander précisément si elle est bonne, et sur chaque idée « vraie parce qu'elle est bonne », c'est-à-dire féconde en résultats bons, nous pouvons hésiter et nous demander si elle est en effet féconde en résultats bons, si sont bons les résultats dont elle est grosse.

Quand les pragmatistes nous disent que l'immortalité de l'âme est une idée vraie parce qu'elle est bonne, bonne parce qu'elle fait bien agir, je ne dis pas qu'ils se trompent ; je dis qu'ils n'en savent rien, qu'ils prennent sur eux de le dire et qu'il n'est aucunement certain que les actes bons de l'humanité aient cette cause, aucunement certain qu'ils n'en aient pas une autre.

Quand ils nous disent que l'idée du libre arbitre est une idée vraie parce qu'elle est bonne, je ne dis pas qu'ils se trompent ; je dis qu'ils n'en savent rien et que des fatalistes et des prédestinataires ont été très honnêtes gens, probablement parce qu'il était dans leur fatalité d'être tels.

Cela, c'est l'hésitation très rationnellement permise sur les idées ; mais sur les actes mêmes, on sait assez qu'on peut hésiter sans cesse et qu'on hésite et que l'humanité a hésité de tout temps ; que tel acte bon de l'avis général en tel temps est mauvais de l'avis universel en tel autre, que tel acte bon de l'avis général en tel lieu est mauvais de l'avis universel en tel autre ; que par conséquent ce n'est pas de la bonté, toujours douteuse, du fait que l'on peut conclure à la bonté-vérité de l'idée qui le contient ou qui est censée le contenir. En un mot, nous avons ce malheur que nous ne savons rien du bien excepté qu'il faut le faire.

Et à cet égard, et c'est à quoi je voulais venir, le vrai et le bien sont égaux. Nous ne savons rien du bien excepté qu'il faut le faire, nous ne savons rien du vrai excepté qu'il faut le chercher.

— Différence, me dira-t-on : l'impératif catégorique, le bien, nous crie qu'il est le devoir ; le vrai ne nous crie pas qu'il est le devoir.

— Mais, en vérité, si bien ! Il y a un impératif catégorique du vrai. J'assure, et combien d'autres plus grands que moi ont affirmé, qu'ils sentent le devoir de dire le vrai et de le chercher ou plutôt de chercher et de le dire. Tranchons le mot, nous le sentons tous, du plus grand au plus petit.

Peut-être, comme Nietzsche, bien finement, se l'est demandé et l'a examiné, cet impératif catégorique du vrai se ramène-t-il encore à l'impératif catégorique du bien ; peut-être sentons-nous qu'il faut chercher le vrai pour ne pas nous tromper, ce qui serait une mauvaise *action* envers nous-mêmes, et pour ne pas tromper les autres, ce qui serait une mauvaise action envers autrui.

Je le veux bien et je le crois assez ; mais qu'à une certaine profondeur l'impératif du bien et l'impératif du vrai se confondent, cela n'empêche point qu'ils n'existent tous les deux et qu'ils ne soient aussi impérieux l'un que l'autre et qu'ils ne se présentent l'un autant que l'autre avec figure sacrée. Donc égalité ou quasi-égalité.

Donc, si sont égaux ou quasi-égaux le vrai et le bien, et par le caractère impératif qu'ils ont tous les deux, (c'est leur force), et par ceci qu'ils sont tous deux formels et non réels et nous disent qu'ils sont, non ce qu'ils sont (c'est leur faiblesse) ; de quel droit et pour quelle raison préférez-vous l'un à l'autre, sacrifiez-vous l'autre à l'un ?

La vérité est probablement qu'il faut les chercher tous les deux, et non pas s'acharner à faire sortir celui-ci de celui-là ou celui-là de celui-ci ; mais voir, essayer de voir en quoi c'est qu'il les faut l'un à l'autre accorder.

— Et s'ils ne s'accordent pas ? Resterai-je dans l'abstention ? Je ne puis pas ; il faut que j'agisse.

— S'ils ne s'accordent pas, agissez, certainement,

dans le sens de celui des deux qui préside évidemment à l'action, dans le sens du bien, de ce que vous considérez comme le bien, je n'hésite pas à vous le dire ; mais ne croyez pas être dans le vrai, croyez simplement être d'accord avec votre nature, comme disaient les stoïciens, ce qui du reste est peut-être ce qu'on a trouvé de mieux pour se conduire.

Je reconnais très bien que pour un lieu donné et un temps donné, cette méthode d'évidence morale peut donner des résultats très satisfaisants. Le pragmatisme est sécularisme. J'entends par là ceci : nous sommes d'accord, au xxe siècle, pour trouver *bons*, pour juger *bons* un certain nombre de faits ; nous prenons pour philosophie les idées générales qui, selon notre tournure d'esprit, s'accordent vraisemblablement avec ces faits. Pour mieux dire, nous enveloppons ces faits dans un système d'idées générales qui, parce que nous les y enveloppons, semblent les contenir et les produire. Cela est « commode », comme dit M. Poincaré des « vérités » mathématiques ; cela est plus que commode, cela *nous aide* ; car nous sommes ainsi faits que nous aimons l'accord entre nos idées et nos actes et que dans cet accord nous sommes plus décidés, peut-être plus forts. Ainsi pour un temps, nous aurons une conduite qui aura au moins ceci pour elle qu'elle sera suivie, cohérente et ordonnée.

Mais ne prenons pas cette philosophie pour vraie parce qu'elle est bonne, et c'est-à-dire parce qu'elle s'accorde à des faits jugés bons pour le moment. N'éliminons pas le vrai, la recherche du vrai pour le vrai. Il y aurait à cela un très grand inconvénient, c'est que tout progrès serait enrayé. Quand les faits dictent les idées — et n'est-ce pas le cas ? — quand les faits approuvés dictent les idées à croire, on tourne indéfiniment dans le même cercle ; car on approuve les faits habituels, on se fait sur eux les idées qui les confirment, on n'en approuve les faits que davantage et ainsi de suite.

Pour tous les philosophes de l'antiquité l'esclavage était un fait bon. Une philosophie qui n'aurait jamais cherché que les idées approbatrices des faits jugés bons et qui n'aurait pris pour criterium de sa vérité et pour mesure de sa vérité que son aptitude à conduire aux faits jugés bons — n'est-ce pas le cas du pragmatisme ? — aurait indéfiniment consacré l'esclavage et aurait donné à l'esclavagisme l'autorité émanant d'une philosophie respectée.

Par parenthèse, cet exemple montre combien il y a de pragmatisme dans toute philosophie morale, puisque les plus grands sages de l'antiquité ont été esclavagistes ; mais il montre encore mieux le danger d'une philosophie qui, en se jugeant elle-même d'après les faits où elle conduit, au fond se soumet aux faits existants qui peuvent être des préjugés.

Qu'a-t-il fallu pour que l'esclavage disparût ? Il a fallu qu'une philosophie — ou religion — s'élevant au-dessus des faits approuvés et ne se jugeant pas d'après sa puissance à y pousser les hommes, mais d'après une vérité supérieure, trouvât ceci : tous les hommes sont frères, ce qu'aucun fait de l'antiquité ne *donnait*.

Excellente méthode pour ajuster les hommes à la civilisation qui les entoure — ce qui du reste est bon — le pragmatisme ne la perfectionnerait pas.

Il était intéressant de montrer comment de l'admirable doctrine kantienne, par une série de dérivations assez logiques, avait pu sortir une doctrine très respectable, mais un peu terre à terre et fermée, ou qui peut assez facilement se fermer du côté du progrès humain.

Suite des dérivations : il y a dans le bien une vérité plus contraignante que dans le vrai. — C'est le bien qui fonde le vrai. — La vérité d'une doctrine est dans les conséquences bonnes qu'elle contient. — La plus vraie sera celle qui rendra compte du plus grand nombre de faits jugés bons et qui y conduira. — Les faits seront donc juges de la doctrine. — C'est donc eux qui produiront la doctrine et *il n'y aura pas* de doctrine pour en produire.

La morale la plus intransigeante a abouti à une demi-démission de la morale.

CHAPITRE IV

LA MORALE SANS OBLIGATION NI SANCTION.

Et maintenant réaction contre Kant. Elle s'est marquée par beaucoup de manifestations intellectuelles en Angleterre, en France et en Allemagne, depuis 1850 environ. La plus forte et la plus intéressante pour le penseur est celle que l'on trouve dans le livre de Guyau (1785) *La morale sans obligation ni sanction*, une des plus grandes œuvres philosophiques que l'humanité ait produites et qui fait date et qui serait complètement satisfaisante, si l'auteur, ayant le beau défaut d'être un poète, ne mettait pas *toujours* une image à côté d'une idée et un mythe à côté d'un raisonnement, au risque, et l'on dirait avec le dessein, d'affaiblir ou de compromettre l'une par le voisinage de l'autre.

Voici, dépouillées de leurs splendeurs, les idées principales de Guyau, mêlées de celles qu'il me donne.

D'abord, comme relativement moins important,

ce qu'il faut penser de la sanction de la morale, peines et récompenses d'outre-tombe.

La sanction de la morale a pour grave inconvénient qu'elle la détruit. Si vous comptez être récompensé de votre bonne action, elle n'est plus bonne ; elle n'est plus qu'utile ; elle n'est plus qu'une chose qui vous est utile. Vous faites, et voilà tout, un bon placement. Le poète a dit : « Qui donne au pauvre prête à Dieu. » Il ne pouvait pas mieux, par la netteté même et la crudité concise de sa formule, montrer que la bonne action est le comble même de l'égoïsme. L'idée de mérite est destructrice du mérite même. Vous n'avez aucun mérite si vous agissez pour mériter et avec la pleine certitude que vous méritez et que vous méritez à l'égard d'un être qui paye toujours ses dettes. Il n'y a de mérite que si le mérite est méconnu. Et il faut qu'il le soit partout, aussi bien dans le ciel que sur la terre. La suprême immoralité est de croire que la moralité est profitable. On peut dire du croyant qui en même temps est satisfait de sa bonne action et sûr qu'un bienfait n'est jamais perdu :

> Ce mélange de gloire et de bien m'importune.

Cet homme est prêt à dire et il le dit dans son

for intérieur : « Quel intérêt aurais-je à être un juste s'il ne m'en revenait rien ? » et donc il n'a pas l'ombre de désintéressement.

L'idée du mérite et du démérite consiste à faire remonter son égoïsme à sa source la plus élevée et à lui donner aussi sa fin la plus élevée, et ce n'est pas autre chose que l'étendre jusqu'à l'infini. Plaisante morale que celle d'un prêteur qui prête un jour pour être remboursé éternellement !

On peut répondre que ceci serait très vrai si l'on était absolument sûr des peines et des récompenses d'outre-tombe. Mais on n'en est jamais absolument sûr et la distance qu'il y a entre l'absolue certitude du sacrifice que l'on fait pour le bien et la certitude relative des récompenses qui nous attendent, c'est ce qui constitue le mérite, c'est là où il se place et où il a une place encore très large.

— Réplique : mais le croyant, soit qu'il soit chrétien, soit qu'il soit kantiste, est *absolument sûr*.

— Je l'admets ; mais la distance entre l'actuel et le lointain équivaut parfaitement à la distance entre le certain et l'hypothétique. Ce qui est actuel, le sacrifice à faire, agit sur la sensibilité avec une force qui est incomparablement plus grande que la force avec laquelle agit l'espérance, cette espérance fût-elle certaine. Tout ce qui est futur est flottant, fût-il certain ; tout ce qui est lointain est indécis, fût-il réel. Et, pour la sensibilité, indécis égale douteux. La distance qu'il y a, je ne dis plus entre le certain et l'hypothétique, mais entre l'actuel et le lointain, et au point de vue de la sensibilité, je dis la même chose, c'est ce qui constitue le mérite, c'est où il se place et où il a une place encore très large.

Le croyant reste moral, quelque croyant qu'il soit et fait un acte moral, quelque certain qu'il soit qu'il en aura récompense. Son mérite diminue seulement à mesure qu'il croit davantage ; mais sa croyance, si forte qu'elle soit, ne peut jamais épuiser la distance qu'il y a entre l'actuel et le lointain, entre le tangible et l'indécis, et ne peut jamais même diminuer cette distance que d'une manière insensible.

Ajoutez que dans l'imprécision inévitable, salutaire, du reste, des pensées métaphysiques dans l'esprit de l'homme simple, de l'homme moyen, de l'homme qui n'analyse pas, la pensée du mérite et du démérite se confond avec l'idée même du bien, avec l'idée pure du bien. Elle se ramène à ceci : le bien est divin ; le bien est approuvé de Dieu; le bien fait corps avec Dieu ; le bien est consubstantiel avec Dieu et je suis avec Dieu en le faisant et c'est ce qu'il ferait à ma place.

Et, dans cette imprécision, cette pensée est absolument morale.

Il en est de ceci comme de l'amour de Dieu, et au fond c'est exactement la même question. Les uns disent comme François de Sales (confusément) et comme Fénelon : il faut aimer Dieu pour lui-même, sinon vous ne l'aimez pas ; si vous l'aimez par crainte ou par espérance, c'est vous, non lui, que vous aimez. Les autres répondent : l'aimer uniquement par crainte ou espérance, c'est un effet du paganisme ; mais l'aimer avec un mélange d'amour de lui, c'est-à-dire d'amour de la perfection, et d'espérance et de crainte, c'est l'aimer encore et c'est l'aimer autant sans doute que la faiblesse humaine peut le permettre et que les forces humaines peuvent le soutenir ; d'autant plus que mon espérance et ma crainte elles-mêmes sont une forme de ma croyance en Dieu, en sa justice, en sa bonté, en son excellence, en sa divinité, et que cette croyance, étant adhésion à lui, est encore amour de lui, est mêlée au moins d'amour de lui.

Celui qui a donné la formule la plus solide de ces

justes tempéraments, c'est *Fénelon lui-même* quand il écrit : « Le désintéressement du pur amour ne peut jamais exclure la volonté d'aimer Dieu sans bornes ni pour le degré ni pour la durée de l'amour ; [mais] il ne peut jamais exclure la conformité au bon plaisir de Dieu qui veut notre salut et qui veut que nous le voulions avec lui pour sa gloire. » — En langage philosophique : Il faut aimer le bien d'une manière désintéressée, sans bornes ni de degré ni de temps ; mais il entre dans l'idée du bien qu'il soit un mérite ; et la volonté du bien, pour ainsi parler, est que nous ne souffrions pas à cause de lui et que nous soyons heureux tôt ou tard à cause de lui ; et accepter l'idée du bien avec cette considération, ce n'est pas cesser de l'aimer pour lui-même et c'est l'aimer en tout lui-même.

— Contre-réplique : En tout cas l'idée de sanction détruit l'impératif catégorique. L'impératif catégorique c'est : « fais le bien, je le commande ; je ne donne pas de raisons de cet ordre ». Or, si à l'impératif catégorique vous ajoutez, à quelque moment que vous l'ajoutiez : « du reste, vous serez récompensé d'avoir fait le bien », l'impératif n'est plus catégorique ; il est conditionné ; et l'impératif n'est plus impératif ; il est persuasif ; il se ramène à dire :

« *si* vous faites le bien, vous serez récompensés ; *donc* faites le bien ; — faites le bien, *autrement* vous serez punis ; *donc* faites le bien ; — faites le bien, *moyennant* quoi vous serez heureux ; — *voulez-vous être heureux*? faites le bien. » L'impératif n'est plus celui qui ne donne pas de raisons ; il prodigue les raisons et les motifs et les mobiles ; il est aussi persuasif que la morale épicurienne disant : voulez-vous être heureux ? soyez vertueux ; il est beaucoup plus persuasif que la morale épicurienne, qui, comme récompense de la vertu, ne promettait qu'un bonheur éphémère, tandis que lui promet un bonheur éternel.

— Contre ceci je ne m'élèverai pas ; je le tiens pour incontestable. Toute morale qui parle de sanction est persuasive et n'est impérative qu'en apparence. Elle aura beau — ce sera son adresse — écarter, éloigner, tant qu'elle pourra, son impératif de son persuasif, se bien donner de garde de mettre dans la même page ou dans le même volume le texte où, hautaine, elle commande, et le texte où, câline, elle vous dit que dans votre intérêt vous ferez mieux de faire comme ceci, il n'en sera pas moins qu'elle dit les deux et que, disant le second, elle détruit radicalement le premier.

Cela, je l'accorde absolument. *Il n'y a pas* d'impératif catégorique dans Kant, du moment qu'il admet la sanction de la morale ; *il n'y a pas* d'impératif catégorique dans Kant, du moment que l'idée des peines et récompenses *y est*.

De sorte que l'homme qu'on s'attendrait à voir le plus enragé contre l'idée de sanction ce serait un homme qui serait fanatique de l'impératif, ce serait un kantiste intransigeant, un kantiste enthousiaste, un ultra-kantiste, un kantiste plus kantiste que Kant.

Guyau n'était pas du tout cet homme-là ; et si, d'une part il repoussait l'idée de sanction, d'autre part il repoussait l'idée d'impératif, l'idée d'obligation. L'idée d'obligation, l'idée de devoir, l'idée « tu dois » lui paraissent un « préjugé ». Il recueillait avec complaisance ce mot, très pénétrant du reste, de Vinet : « le but de l'éducation est de donner à l'homme *le préjugé du bien* », et, se rebellant, il disait : Eh bien, non ! « il ne doit pas y avoir dans la conduite un seul élément *dont la pensée ne cherche à se rendre compte*, une obligation *qui ne s'explique pas*, un devoir *qui ne donne pas ses raisons* ». Par question préalable l'impératif était éliminé. Contre ce miracle psychologique Guyau commençait par protester, d'entrée en matière protestait, comme les philosophes contre les miracles proprement dits, interventions du surnaturel à travers la nature ; et son effort fut de dissoudre l'impératif en l'analysant, de montrer ce qu'il y a dans l'impératif apparent et de faire voir que ce qu'il y a en lui quand on l'ouvre, ce sont précisément des raisons.

Il reconnaît d'abord que l'impératif catégorique est vrai psychologiquement, c'est-à-dire est vrai comme donnée immédiate de la conscience, tout de même que le libre arbitre. Il est incontestable que nous entendons une voix intérieure qui nous dit : « tu dois », et qui ne donne pas ses raisons. « La théorie de l'impératif catégorique est psychologiquement exacte et profonde comme expression d'un fait de conscience », comme le libre arbitre est incontestablement exact comme affirmation énergique et permanente du sens intérieur.

Seulement, n'y a-t-il que l'impératif — et le libre arbitre — qui soient des proclamations du sens intime ? Point du tout ! J'ai fait remarquer moi-même plus haut que le vrai a son impératif catégorique très net, que chercher le vrai et le dire est commandé par le moi au moi. J'ai fait remarquer, ici ou dans un autre essai, que le Beau a son impératif encore fort net et que réaliser le beau, tout au moins ne pas faire du laid par négligence, par désordre, par paresse, sur soi, chez soi, dans la rue, est commandé par le moi au moi, faire du beau étant commandé à l'artiste, ne pas faire du laid étant commandé à tout le monde.

Guyau va plus loin, un peu trop loin à mon gré. Selon lui, « les penchants naturels et la loi et la coutume » ont leurs impératifs catégoriques. Ils commandent sans donner de raisons. La coutume, comme le disait Pascal, est respectée et suivie « par cette seule raison qu'elle est reçue » ; l'autorité de la loi est parfois toute ramassée en soi, sans se rattacher à aucun principe, et la loi est loi et rien davantage ».

C'est aller trop loin, parce que ces impératifs sont des impulsions ou des contraintes. Les penchants naturels nous poussent et ne nous commandent pas ; ils ont de la force et non de l'autorité et nous sentons bien la différence.

La loi, la coutume sont des contraintes ; nous obéissons à la loi parce que nous ne pouvons pas faire autrement et à la coutume parce que nous ne pouvons guère faire autrement, sous peine de mille désagréments à souffrir parmi nos semblables. Le signe, très net, de la différence entre ces impulsions et contraintes d'une part et les impératifs d'autre part, c'est qu'à désobéir aux penchants naturels et aux contraintes nous éprouvons des regrets et non point des remords : nous n'avons aucun remords d'avoir désobéi au penchant sexuel ; nous n'éprouvons aucun remords, fussions-nous en prison, d'avoir désobéi à une loi que nous trouvions injuste, et au contraire ; nous n'éprouvons aucun remords, fussions-nous mis au ban de la société polie, d'être contrevenus à une coutume que nous jugions stupide (1). Au contraire, le remords nous point si nous avons fait une faute morale ; encore si nous n'avons pas cherché la vérité ; même si nous n'avons pas réalisé le beau que nous pouvions créer ou point respecté le beau que nous pouvions respecter (hiérarchie des impératifs, question qu'il sera intéressant de creuser).

Donc Guyau va trop loin ; mais on sent qu'il a parfaitement raison de prétendre que, de ce que l'impératif moral est un fait incontestable, Kant n'est pas autorisé « à considérer cet impératif comme trans-

(1) C'est précisément ce que je viens de faire. La coutume veut que l'on dise : « j'ai contrevenu » ; j'écris : « je suis contrevenu » ; et je n'en éprouve aucun remords, parce que je tiens la coutume pour stupide.

cendantal », c'est-à-dire à le tenir pour une chose au-dessus de toute discussion et impénétrable à toute analyse.

La vérité, selon moi, est, d'abord, il convient de le reconnaître, que l'impératif moral est de tous les impératifs vrais ou supposés le plus net et le plus énergique : « Convenez, me disait un ami, que c'est lui qui a la plus grosse voix. » Convenons-en, et que cela est certainement à considérer.

La vérité est ensuite que Kant, timide devant la morale, comme presque tous les philosophes, a, inconsciemment sans doute, *eu peur* d'analyser l'impératif et a voulu le laisser à l'état de mystère, pour que le culte qu'on aurait pour lui fût mystique, pour que le respect qu'on aurait à son égard fût une foi.

Il croyait savoir que tout instinct qu'on analyse tend à se détruire, ce qui veut dire que tout instinct qui devient conscient tend à se ruiner. On n'aime bien qu'aveuglément ; même on n'aime bien qu'en aimant sans savoir que l'on aime. « S'il y a un amour pur et exempt du mélange de nos autres passions, c'est celui qui est caché au fond du cœur et que nous ignorons nous-mêmes. » — Ainsi parlait La Roche=foucauld.

M. Gustave Le Bon, qui ne se plaindra pas du rapprochement, a une bonne formule sur l'éducation ; elle consiste, suivant lui, « à faire passer le conscient dans l'inconscient », à inspirer, par exemple, l'amour du travail et à y habituer de telle sorte que se jeter au travail et y rester devienne machinal et n'exige plus aucun effort ; à inspirer l'amour de la patrie et à y habituer de telle sorte qu'on finisse par l'aimer aveuglément et sans se faire de raisonnement à cet égard; s'éduquer c'est devenir impulsif ; l'éducation achevée, c'est une impulsivité acquise, etc.

Or, si l'homme a une impulsivité naturelle qui est excellente, celle de faire le bien (et supposez, si vous voulez, que cette impulsivité dite naturelle soit une impulsivité acquise par l'hérédité, cela nous sera égal), il faut bien se garder d'analyser cette impulsion et de la faire passer de l'inconscient dans le conscient; ce serait une éducation à rebours. Ce qui était force énorme parce qu'il était inconscient, nous l'énerverions peu à peu en le rendant conscient, et nous n'aurions réussi qu'à l'empêcher d'être impulsif.

Kant savait ou sentait cela. *Seulement ce n'est peut-être pas vrai*. C'est vrai et le contraire est vrai aussi. Nous affaiblissons un sentiment en l'analysant quand il est déjà faible ; nous le fortifions en l'analysant quand il est encore assez fort. L'amoureux qui n'est déjà plus amoureux se demande pourquoi il est amoureux, passe en revue les motifs et les trouve peu nombreux, pèse les motifs et les trouve légers. L'amoureux qui est encore assez amoureux fait de même et trouve les motifs nombreux et forts, et alors il ajoute à la force du sentiment la force de l'idée-force.

Une idée-force n'est jamais qu'une idée qui est devenue sentiment ou qui est née d'un sentiment ; mais à cette condition, elle est bien une force et une force qui pèse de plus en plus, parce qu'il est de sa nature d'insister sur elle-même, de se *développer* (sens de la langue de rhétorique et tous les sens) et de devenir idée fixe, de devenir *entretien* continuel de notre esprit.

Le patriote qui est encore patriote, s'il analyse l'idée de patrie, trouve toutes les raisons d'aimer son pays qui étaient contenues dans son sentiment, et parce qu'elles deviennent claires elles ne deviennent pas inconsistantes : elles répondent, seulement, aux objections, aux attaques ; nos idées sont les gardes avancées de nos sentiments ; impuissantes sans eux, quand ils y sont, elles les rendent plus sûrs.

Eternellement les croyants se demanderont si mieux ne vaut pas la foi toute seule et croire sans raisons, ou si mieux vaut ajouter à la foi les « raisons de croire ». La question n'est pas susceptible d'une réponse catégorique ; car, selon le plus ou moins de foi, les raisons confirmeront la foi ou détruiront ce qui en reste. De celui qui commence à analyser sa foi on est toujours dans le doute s'il s'achemine à l'augmenter ou s'il prend le chemin de la perdre.

Toujours est-il que les plus grands croyants ont passé leur vie entière à analyser leur croyance et ne se sont pas contentés de crier : « Je crois, je crois, je crois, je crois éperdument ».

— Mais l'idée seule d'examiner un de ses instincts n'est-elle pas un signe que déjà il n'est plus en nous à l'état d'instinct ? Qui diantre s'est avisé de se donner à soi-même des raisons de respirer ? On ne se donne des raisons de vivre que quand on songe, au moins un peu, au suicide.

— N'ai-je pas répondu tout à l'heure par l'exemple des grands croyants qui analysent leur foi et qui la confirment par leur foi ?

— Oh ! pas le moins du monde ; car ce n'est pas eux que les grands croyants ont voulu convaincre, mais ceux qui ne croyaient pas. A eux, leur foi suffisait ; pour d'autres ils collectionnaient les raisons de croire.

— En êtes-vous bien sûrs et qu'ils n'eussent pas autant le désir de se confirmer dans leur foi que celui d'y attirer les autres ? Certainement l'homme « se raisonne », comme dit si bien le peuple, pour s'assurer dans un sentiment qu'il croit juste ou pour s'écarter d'un sentiment qu'il estime faux ; et il ne fait en cela que « céder au sentiment », comme dit Pascal, et par conséquent il faut que le sentiment existe ; mais encore, en cédant au sentiment, il l'excite et il l'avive.

La lecture, cette autre méditation, a exactement les mêmes effets. On cherche, par une lecture, à se confirmer dans un sentiment que l'on a ; et les idées que l'on trouve dans l'auteur, fussent-elles faibles, fortifient ce sentiment si on l'a en effet, fussent-elles fortes, achèvent de le détruire s'il était bien en train de s'en aller.

Faire passer de l'inconscient au conscient est donc dangereux si le mal était déjà plus qu'à moitié fait, avantageux si le mal n'existait pas ou était faible. Que l'idée de la foi morale fût née chez Kant de la conviction que de son temps l'instinct moral était très faible et par conséquent ne pouvait que perdre à être analysé, cela ne m'étonnerait point et je dirai même que moralement j'en suis sûr.

Guyau, lui, soit qu'il estime que l'instinct moral est assez fort pour ne pas courir de risques à être analysé, soit simplement, comme il le dit, parce qu'il est philosophe et que pour le philosophe il ne doit rien y avoir dont la pensée ne cherche à se rendre compte et que le philosophe *ne doit pas avoir de foi*, Guyau veut analyser l'instinct moral et c'est-à-dire lui demander ses raisons, lui dire : pourquoi? et ne pas se contenter de la réponse célèbre : « le pourquoi, c'est qu'il n'y a pas de pourquoi ».

Un *credo*, comme Nietzsche le dit souvent, est toujours un *credo quia absurdum*, puisque, s'il n'était pas cela, il n'y aurait pas besoin de *credo*. Guyau ne veut pas d'*absurdum*, même implicite, et il fait l'analyse de ce qu'il croit voir dans l'idée du devoir.

Il y voit avant tout *la vie elle-même*, la vie s'affirmant comme puissante et féconde. Le devoir c'est le pouvoir. Pouvoir, vouloir et devoir c'est la même chose sous différents mots, parce que c'est même chose sous différents aspects. Quelque chose en nous, qui n'est pas autre chose que notre vie même sentie par nous, nous dit : tu peux, donc tu veux, donc tu dois.

Tu peux, donc tu veux : car si, pouvant, tu ne veux pas, tu sens que tu te diminues, que tu te rétrécis, que tu te refoules.

Tu veux, donc tu dois : car si, pouvant et voulant, tu n'agis pas, tu sens encore une diminution, un rétrécissement, une stérilisation de ton être; et c'est ce sentiment que dans la langue courante on appelle le remords préalable ou le remords proprement dit, le remords de ne pas faire ou le remords de n'avoir pas fait; et la voix du devoir n'est pas autre chose que le remords qui commence, devant l'acte à faire qu'on ne fait pas.

Ce qu'on appelle devoir c'est donc puissance, fécondité, expansion qui veut être, qui vous réjouit si elle est et qui vous gêne si elle n'est pas.

Le plaisir que vous éprouvez à faire ce qu'on appelle couramment le devoir, c'est le plaisir de la puissance en acte ; la peine que vous éprouvez quand vous vous dérobez à ce qu'on appelle le devoir, c'est votre moi diminué, c'est votre vie, que quelque chose que vous sentez qui dépendait de vous, restreint.

Pouvoir, vouloir et devoir, cela veut dire être porté par sa nature même à agir; s'opposer à son pouvoir, vouloir et devoir, c'est commencer de se tuer. Qui dit je vis, dit je peux, je veux, je dois, et je ne contrarie ma vie sous aucun de ses aspects.

— Fort bien ; mais sans aller plus loin, cette analyse, qui du reste est plutôt une synthèse, doit être incomplète, puisque nous n'y trouvons pas un atome de ce qu'on appelle couramment le moral. La voix intérieure ne nous dit pas, ce nous semble : « tu peux, tu veux, agis » ; elle nous dit : « tu peux *du bien*, veux *du bien*, fais *du bien*. » Le devoir tel qu'il est défini par vous, expansion de la vie, est accompli aussi bien par le grand bandit que par le saint. Tous les deux peuvent, veulent, agissent, tous les deux font expansion.

Votre « équivalent du devoir » est simplement la morale courante de Nietzsche : soyez fort et agissez dans toute l'étendue de votre force. Et cette formule n'est pas immorale, mais elle est amorale ; elle est indifférente à ce que les hommes appellent le bien et le mal, elle se réalise indifféremment dans l'écrasement des faibles ou dans le fait de les aider.

— Première réponse de Guyau : En faisant ce que tout le monde appelle le mal, je ne m'étends pas, je me refoule, je m'appauvris. Je supprime « toute la partie sympathique et intellectuelle de mon être ». De plus, si je rencontre une résistance ; il y a refoulement très sensible et douloureux ; si je n'en rencontre pas, il y a désorganisation de ma volonté, déséquilibrement, ataxie (cas des despotes), ce qui revient à une « impuissance subjective » qui est bien le contraire même du « pouvoir-vouloir ».

— Je réplique : On ne voit pas bien que le grand bandit supprime la partie intellectuelle de son être ; cela n'a pas de sens ; il ne supprime même pas sa partie sympathique ; car il peut avoir toutes les sympathies du monde par ses amis. D'autre part, s'il est refoulé par le monde extérieur, il ne l'est ni plus ni moins que le saint qui éprouve toujours, on le sait, tant de difficultés à faire le bien ; et enfin la désorganisation intérieure de celui qui ne rencontre pas de résistance extérieure n'est que le fait des imbéciles, n'existe pas chez les intelligents et n'a, en tout cas, aucun rapport avec la morale ni avec l'immoralité, c'est une simple maladie.

— Seconde réponse de Guyau, beaucoup meilleure : L'homme n'est pas un être isolé ; il est un être social. La *vie* dont je parle et dont il faut que tous nous parlions quand nous employons ce mot, c'est la vie sociale vécue par un et qu'il ne peut pas s'empêcher de vivre. Donc quand je dis expansion de la vie, j'entends et je ne puis pas ne pas entendre expansion, hors d'un homme, de la vie sociale qu'il contient en lui, et ce que j'entends par équivalent de devoir c'est cette impulsion qui nous porte à agir pour faire de la vie sociale.

Le tempérament humain, remarquez-le, simple tempérament, tend, de personnel, à devenir collectif et, de solitaire, à devenir solidaire. Le voleur souvent cité qui trouvait du plaisir à voler gratuitement et qui, millionnaire, aurait volé, est un phénomène d'atavisme. Nous nous acheminons tellement à vivre d'une vie qui dans *un* reflète *tous*, que nous tendons à réaliser en nous le type de l'homme *normal*, le type de l'homme qui sera reconnu par tous comme incontestablement un homme, qui *n'étonnera pas les autres*.

Or ce que je disais tout à l'heure, pour commencer par le plus simple, de la vie en nous, de la vie sans épithète, entendez-le de la vie sociale en nous et voyez bien que les exigences et les impulsions de la vie sociale en nous, ce qu'elle sollicite de notre pouvoir et de notre vouloir, c'est bien précisément ce que l'impératif de Kant commande : faire des choses que l'on voudrait qui fussent érigées en loi universelle de vie. Voilà la loi morale réintégrée.

— Je dis : oui bien ; avec cette réserve pourtant que la vie sociale en nous ne nous conseille guère, ce me semble, que de vivre comme tout le monde, normalement, comme vous dites très bien, et non pas *mieux* que tout le monde, non pas d'une façon supérieure, non pas d'une façon héroïque. Or une morale doit contenir l'héroïsme en la partie d'elle-même la plus élevée ; l'héroïsme doit y entrer, ressortir à elle, être indiqué par elle, non seulement comme ce qu'elle admet, mais, tout compte fait, comme ce à quoi, en définitive, elle tend. Je ne vois pas encore cela dans vos équivalents de devoir. Il est possible que nous y venions.

Poursuivant cette analyse de ce que l'instinct profond de la vie nous conseille et presque nous commande de faire, Guyau remarque que l'instinct de la vie nous pousse (indépendamment des suggestions de la vie sociale) à *lutter* et à *risquer*. L'homme a vécu longtemps dans une telle nécessité de lutte contre mille ennemis qu'il lui est resté un besoin de lutter toujours (comme je l'ai fait remarquer bien des fois, parce qu'il a fallu qu'il inventât pour pouvoir vivre, il lui est resté le besoin de changer sans cesse, même quand le changement ne comportait plus nécessairement progrès). Donc l'homme lutte encore, et par exemple il lutte contre ses passions, instinctivement; partie, il est bien vrai, parce qu'il sent que ses passions sont aussi des fauves ou reptiles dangereux; partie, et c'est cela qui est instinctif, parce que simplement elles sont fortes.

Ceci c'est le *courage*. Il a l'air ici de combattre contre la vie, puisque les passions aussi sont la vie, mais il est bien, au moins lui aussi, la vie, puisqu'il est un pouvoir qui se sent devenir vouloir et qui se donne le nom de devoir ; et l'on sait que la sensation de vivre est intense dans tous les cas où le courage a à se déployer et se déploie, ne fût-ce que contre nous-mêmes.

Guyau aurait pu citer le joli mot de Doudan : « L'homme ne se sent vivre que quand il se contrarie. »

Cette idée est si connue que je n'y insisterai pas. Je n'avais qu'à montrer comment Guyau l'avait *rattachée* à son système et à son principe, à l'idée d'expansion de la vie, à l'idée de la vie voulant s'étendre.

L'instinct de la vie nous pousse, de plus, et ce n'est guère qu'un autre aspect de la même idée, à *risquer*. Il y a plaisir à risquer. Pascal, dit Guyau, dans son pari, n'a envisagé que la crainte du risque, il n'a pas considéré le plaisir de risquer (1). Il y a plaisir à risquer, tout le monde le sent à cette sorte d'élargissement qui se fait en nous quand nous risquons ; et aussi, pour ainsi dire, hors de nous (phénomène de projection du moi sur le non-moi), le monde nous paraissant plus vaste quand nous risquons quelque chose.

La raison de ce sentiment, qui est presque une sensation, c'est que nous nous sentons plus grands, nous mettant nous-mêmes aux prises avec plus de choses. Ce plaisir du risque est une des suggestions de la puissance de la vie en nous, de la fécondité de

---

(1) Si ; ailleurs, et très bien : « Travailler pour l'incertain » — « Saint Augustin a vu qu'on travaille pour l'incertain, sur mer, en batailles ; il n'a pas vu la règle des partis qui démontre qu'on le doit » — « S'il ne fallait rien faire que pour le certain, on ne devrait rien faire pour la religion ; car elle n'est pas certaine ; mais combien de choses fait-on pour l'incertain, les voyages sur mer, les batailles... Quand on travaille pour demain et pour l'incertain, on agit avec raison. Car on doit travailler pour l'incertain, par la règle des partis, qui est démontrée. » — Il n'a pas parlé précisément du *plaisir* du risque, mais il n'a pas parlé uniquement de la *peur* du risque et il a parlé de la *raison* de risquer, qui est un *plaisir* intellectuel.

la vie en nous, de la surabondance de la vie et de l'avidité qu'a la vie d'être surabondante.

Par parenthèse — et cette parenthèse est chez Guyau un chapitre qui est digne de Platon — c'est ce même amour du risque qui est toute la métaphysique. La métaphysique est toujours une hypothèse hardie où nous risquons l'erreur et la confusion. Personne plus que le métaphysicien ne travaille pour l'incertain. Il y travaille cependant de tout son cœur et il sent que son œuvre est bonne et qu'elle est noble. Erreur peut-être, mais l'erreur eût été plus grande (erreur morale) à estimer puérile la recherche de cette erreur. De même que la vie proprement dite conseille le risque comme une condition d'élargissement de notre être, de même la vie intellectuelle conseille le risque métaphysique comme condition d'agrandissement de notre être intellectuel.

Notez que le brave homme qui consacre sa vie à la réalisation d'un idéal est un métaphysicien pratique aussi vénérable et plus encore que le métaphysicien proprement dit de tout à l'heure. Au fond, savez-vous ce qu'il fait ? Il travaille pour l'incertain, *afin* de le faire certain dans son cœur. Son besoin de certitude le porte, lui homme d'action, à accumuler les actions conformes à l'idéal, comme son besoin de certitude porte le philosophe à accumuler les arguments qui le démontrent. C'est sa manière de le prouver. Il le prouve en le créant. La vie lui dit par la bouche de Guyau, qui est très éloquente : « Je ne vous demande pas de croire aveuglément à un idéal, mais de travailler à le réaliser. — Sans y croire ? — Pour y croire ! Vous y croirez quand vous aurez travaillé à le produire. »

Tel saint prouve Dieu sans argument, mieux qu'un argument. Il remplit d'une réalité qui est lui ce qui n'était qu'une idée. Dieu se construit avec du divin.

Telle est la théorie de la lutte et du risque dans la doctrine morale de Guyau. Ici Guyau rejoint Nietzsche qu'il ne connaissait pas, mais qui le connaissait et qui a pu profiter de lui dans une certaine mesure (1). Ce que nous venons de voir est le « vivre dangereusement », qui est le point capital de la morale nietzschéenne. Vivre dangereusement c'est lutter et risquer, en vue précisément de la lutte et du risque et pour la beauté de l'une et de l'autre ; et c'est la marque même des âmes nobles.

(1) Voir Fouillée, *Nietzsche et l'Immoralisme.*

Mais encore on voit bien, à la rigueur, comment la vie intense et extensive, « la vie féconde » peut conduire jusqu'à l'amour de la lutte et du risque. Ceci est travailler pour l'incertain, pour le très incertain ; mais ce n'est travailler que pour l'incertain. Comment cet « équivalent du devoir » que vous avez trouvé peut-il conduire au sacrifice absolu, à l'acceptation de la mort certaine ? Car ici, selon vos données, c'est la vie se tournant contre la vie ; c'est la vie se détruisant pour s'étendre, c'est la vie poussant la passion de la vie jusqu'au suicide ; c'est une collection d'absurdités.

C'est ici, ce semble, que, pour commander le sacrifice et non pas moins pour l'expliquer, pour expliquer qu'il ait lieu, il faut bien une foi, soit la foi religieuse, soit la foi morale, la foi kantienne.

Guyau répond à cela d'abord, loyalement et modestement, qu'il ne s'est pas engagé à répondre à tout et que ce problème-ci « n'a peut-être pas de solution rationnelle et scientifique ». — Il répond ensuite que ce sacrifice est encore amour de la vie en ce sens que c'est préférer une minute de vie intense, supérieure et magnifique à une vie plate, morne et triste. « Il y a des heures où il est possible de dire à la fois : je vis, j'ai vécu... On peut concentrer une vie dans un moment d'amour et de sacrifice ».

Voilà qui est bien ; mais la raison qui fait que la vie se sacrifie ainsi, la raison qui persuade à la vie de se préférer infiniment courte et infiniment intense à elle-même longue et médiocre, voilà ce qui n'est pas indiqué clairement.

— Je le dis, c'est « l'amour » de quelque chose.

— Donc, ce n'est pas la vie elle-même, et vous abandonnez votre principe.

— C'est la vie transformée en vie sociale, transformée en vie sentimentale, transformée en vie passionnée, transformée en vie dangereuse et qui s'aime dangereuse ; c'est tout cela poussé à un tel degré que, non pas la mort, mais la vie magnifique en une minute mortelle est acceptée.

— Oui, en somme c'est l'égoïsme transformé en altruisme absolu. C'est cette transformation, quelque longue qu'en soit la préparation et l'évolution (héréditaire, séculaire, millénaire), qui sera toujours très difficile à comprendre. Dans le système de Guyau, les actes d'héroïsme restent toujours ce que Schopenhauer, d'un mot admirable, disait qu'ils sont, « des miracles, c'est-à-dire des choses impossibles et pourtant réelles. » J'ajoute que dans tous les systèmes, plus ou moins précisément, ils restent cela ; mais dans celui de Guyau ils restent cela d'une manière en quelque sorte plus paradoxale et plus provocante.

A la considérer en sa généralité, la morale de Guyau a, sans doute, ce beau mérite d'être un grand effort pour *substituer une réalité* à quelque chose qui pourrait bien être une illusion, une illusion salutaire, une illusion, même, nécessaire pour un temps, mais qui pourrait se dissiper, auquel cas il ne resterait plus rien pour diriger l'homme. Qui sait, en effet, si la morale telle que les hommes l'ont envisagée jusqu'à présent *n'est pas un art*, un art subtil — de qui ? on ne sait : du Dieu intérieur, ou de la nature poursuivant ses fins, ou de la société poursuivant ses fins aussi — mais un art qui nous séduit, qui nous trompe en nous charmant, qui nous fascine par sa beauté pour nous faire faire quelque chose que nous ne ferions pas de nous-mêmes ?

N'est-il pas vrai, en effet, que nous sommes trompés de tous les côtés? L'art nous trompe, la société est artificielle, la nature se joue de nous, les yeux nous trompent, les oreilles nous trompent...

Ainsi parlait Guyau en 1884. Vers 1868 Richard Wagner, dans un petit traité de métaphysique qu'il fit lire à Nietzsche et qui sans doute eut sur celui-ci une grande influence, et que Guyau ne connaissait pas, disait, rajeunissant Schopenhauer : « La nature trompe ses créatures. Elle met en elles l'espérance d'un bonheur immuable et toujours différé. Elle leur donne des instincts qui obligent les plus humbles bêtes aux longs sacrifices, aux peines volontaires. Elle crée le dévouement de la mère à l'enfant, de l'individu au troupeau. Elle enveloppe d'illusions tous les vivants et leur persuade ainsi de lutter et de souffrir. La société doit être entretenue par des artifices tout semblables... »

La morale, envisagée comme les hommes l'ont envisagée jusqu'à présent, pourrait donc être un art séduisant et fascinateur, une subtile et imposante duperie.

Or, si les hommes s'apercevaient un jour de cette tromperie dont ils sont l'objet, ils pourraient se révolter et secouer l'illusion, comme Diderot le leur conseillait, comme Nietzsche va le leur conseiller demain.

Mais si à cette illusion je substitue une réalité, et quelle réalité ! la vie elle-même ; si je montre que la morale, c'est la vie elle-même, que la vie c'est la morale, que c'est la vie qui nous pousse de toutes les façons, en tant que vie proprement dite, individuelle en tant que vie sociale, en tant que vie intellectuelle, en tant que vie métaphysique, si l'on peut dire ainsi, précisément à cela que l'on a appelé jusqu'à présent le devoir ; si je montre que désobéir à la morale c'est renoncer sa vie elle-même et commettre une espèce de suicide plus ou moins court, plus ou moins lent ; alors j'ai rattaché l'homme à la morale par des liens non seulement d'airain, mais de chair et qui sont indestructibles et qui seront éternels.

Ainsi raisonnait Guyau et cette idée au moins contenait un livre admirable. Seulement elle était trop vaste pour être très pertinente. Considérer l'instinct même de la vie comme étant la morale, c'est étendre tellement la morale qu'elle devient indistincte à force d'être compréhensive. Que me conseille l'instinct de la vie ? *Il me conseille tout.* Il me conseille d'être exubérant, d'être surabondant, de m'étendre, de me répandre.

Il me conseille de mettre en liberté et en jeu toutes mes passions ; car en toutes je me sens vivre et très énergiquement.

Il me conseille l'amour, l'ambition, l'avidité, la conquête, le vol, le meurtre, ceci peut-être surtout ;

car c'est là qu'il y a le plus de danger et le plus de risque, et vous me montrez fort bien que c'est surtout dans le danger et le risque qu'on se sent vivre.

Il me conseille la pitié, la miséricorde, la charité, le dévouement, le sacrifice ; car là aussi je me sens vivre et là aussi il y a danger et risque.

Il me conseille la prudence, l'abnégation, le retour à soi et en soi, le « *abstine, sustine* », l'égoïsme médiocre et mesquin, les vertus de troupeau et de bête battue ; car là aussi je me sens vivre, puisque là sont les moyens de conserver la vie.

Il me conseille la recherche des plaisirs modérés, délicats et gracieux, sans danger, non sans charme ; l'Epicurisme intelligent, l'Eudémonisme bien compris ; car cela aussi c'est vivre, goûter la vie, la savourer, la prolonger, et « *carpe diem* » ; et voilà que *nunc et Aristippi docte præcepta relabor.*

Tout compte fait, l'instinct de la vie a une morale qui consiste à conseiller toutes les façons de vivre. Ce n'est pas une morale précise. C'est une morale qui a du talent et qui trouve la formule d'elle-même où elle aura tout son talent et pourra le déployer tout entier ; ce n'est pas une morale qui ait la précision qu'on demande à une morale ; ce qu'on demande à une morale étant généralement quelle raison de vivre on doit choisir entre les innombrables raisons de vivre.

L'effort de Guyau, souvent dissimulé par son génie, apparent quelquefois, cependant, et sensible, a été précisément de montrer que, parmi les innombrables raisons de vivre, celle *surtout* que l'instinct de la vie conseille, c'est celle qu'a toujours conseillée la morale traditionnelle ; et je le veux bien ; mais il ne le prouve pas beaucoup ; et particulièrement il ne prouve point du tout, il ne peut pas prouver, qu'elle *ne* conseille *que* celle-là.

Aussi facile qu'il a été à Guyau de prouver que l'instinct de la vie se confond avec la morale ; aussi facile il serait, plus peut-être, de montrer que la morale est contre la vie et que, sinon tout ce que la vie conseille, la morale en dissuade, du moins la plupart des choses que la vie conseille, la morale supplie de ne pas les faire.

L'éternel cri des femmes dans le théâtre français de 1880-1910 : « Je veux *vivre* ! » c'est-à-dire : « Je veux avoir des amants », est certainement une des aspirations de la vie intense et extensive.

— Elle en a d'autres !

— Je n'en doute point ; mais la différence entre celle-ci et les autres et la raison de préférer les autres à celle-ci, c'est ce qui ne ressort pas expressément de l'admirable livre de Guyau et ce qui ne pouvait pas en sortir.

Se rendant compte, comme du reste c'est son dessein, qu'il efface l'impératif catégorique, la foi morale, de l'esprit de l'homme, et qu'il le remplace par *toute la vie* et qu'il met ainsi à la place d'un *rigidum quid*, quelque chose de souple et de multiforme, Guyau déclare avec fermeté : « Nous acceptons, pour notre compte, cette disparition, et au lieu de regretter [de déplorer] la *variabilité morale* qui en résulte dans certaines limites [et l'on ne voit pas ces limites], nous la considérons au contraire comme la caractéristique de la morale future ; celle-ci, sur certains points [et l'on ne voit pas ces points particuliers, et il semble bien que ce soit sur tous], ne sera pas seulement *autonomos*, mais *anomos*. »

Il me paraît bien que c'est cela même. Elle sera anarchique. Selon les natures d'hommes, selon les caractères, elle conseillera ceci, cela et autre chose, ce qu'on a appelé jusqu'ici le bien, ce qu'on a appelé jusqu'ici le mal et l'intermédiaire et tous les intermédiaires. *Anomos*, c'est bien cela. Dans la morale les hommes cherchaient une loi ; la morale *naturiste* n'enlève à la morale que son caractère de loi ; le gouvernement des hommes reste tout ce qu'il était excepté un gouvernement. Cette fois la morale, de l'aveu et de l'avis même de l'auteur, a bien donné sa démission.

CHAPITRE V

LA MORALE DE NIETZSCHE.

On sait qu'il est difficile de ramener à un système soit Nietzsche tout entier, soit une partie importante, quelle qu'elle soit, de la pensée de Nietzsche, puisqu'il fut le penseur le plus indépendant, même de lui-même. On sait comment il travaillait, tout au moins à partir de la trentième année. Exactement comme un journaliste qui aurait du génie. Il lisait, réfléchissait, se promenait et chaque matin écrivait un article bref ou long, c'est-à-dire rédigeait la pensée qui l'avait le plus intéressé la veille. Quand il y en avait de trois cents à six cents, mais la valeur d'un volume, il ramassait les feuillets, les relisait, leur donnait un titre général qui, quelquefois, répondait à l'objet le plus souvent visé dans ces écritures, faisait un court avant-propos pour justifier approximativement le titre ; et publiait. Il a fait ses livres comme Montaigne a fait le sien.

Il en résulte qu'il s'est souvent contredit et Dieu

merci, car s'il avait tenu à éviter de se contredire, il aurait retranché ou n'aurait pas rédigé une foule de pensées admirables ou intéressantes ; qu'il s'est souvent promené loin de lui-même ; qu'il s'est souvent fui ; qu'il s'est souvent dépassé et que ce qu'il était précisément n'est pas aisé à savoir, et que ce qu'il a pensé précisément n'est pas facile à saisir.

Toutefois, étant donné qu'on n'est jamais uniquement ce qu'on est surtout, mais qu'on est surtout ce qu'on est d'ordinaire, et qu'il n'y a pas de faculté maîtresse, excepté chez les bornés, mais qu'il y a le plus souvent une faculté prédominante ; et qu'il n'y a pas d'idée souveraine, excepté quand il y a idée fixe, mais qu'il y a le plus souvent une idée « soutien », une idée port d'attache, à laquelle on se ramène toujours après les explorations, les reconnaissances et les algarades ; on peut très bien, pour Nietzsche, comme pour Montaigne ou Renan, chercher, non à déterminer le système, mais à démêler le groupe des principales pensées habituelles et par conséquent dirigeantes.

Le fond de Nietzsche, comme de Guyau, et voici une première rencontre, mais avec beaucoup plus de passion que chez Guyau, c'est l'amour de la vie intense, abondante, féconde, déployée, magnifique et de la beauté qui réside dans cette magnificence et qui en résulte.

Le premier mot que Nietzsche eût écrit s'il avait eu accoutumé de mettre un mot avant les autres, cût été sa parodie du texte évangélique : « Je suis venu pour qu'ils aient la vie, pour qu'ils l'aient plus abondante. » De là son amour effréné pour la Grèce antique, pour une Grèce antique qu'il se forge du reste de toutes pièces et qui était Dionysiaque, c'est-à-dire éperdue du désir de vivre et de manifester la vie magnifique, ivre d'énergie créatrice et de beauté.

Or, ce qui constitue la vie et ce qui fait de la beauté, ce sont les instincts puissants : volonté de puissance, de conquête et de domination, volonté de force physique, volonté de santé, volonté d'allégresse, volonté de travail, volonté de prodigalité, volonté d'audace contre le malheur, résistance à la faiblesse, à la sensiblerie, à la pitié, à l'esprit d'égalité et de justice, à tout ce qui *arrête l'élan*, amollit, réprime ou déprime.

Or, de tous ces instincts puissants, depuis Socrate, si l'on veut une date très éloignée, depuis Jésus si l'on en veut une plus rapprochée, la morale tradi=

tionnelle est l'ennemie ; elle s'oppose à eux, elle les arrête, elle les refoule, elle en médit, elle les maudit et elle les condamne comme des vices, ou comme des tendances criminelles.

Elle a fait un premier renversement des valeurs, condamnant et humiliant tout ce qui élève, intronisant tout ce qui déprime, « *debellare superbos et exaltare humiles* ».

La morale n'est pas autre chose et donc c'est un crime de lèse-vie, de lèse-beauté et de lèse-humanité. Elle est essentiellement contre-nature. L'histoire naturelle et l'histoire humaine la démontrent fausse : l'histoire naturelle où domine et triomphe la force, l'histoire humaine où la force triomphe et domine ; si bien, comme vous l'avez remarqué, que les moralistes ne manquent pas, parce qu'ils y sont bien forcés, de dire que la beauté de la morale est précisément de distinguer et séparer l'homme de la nature et de changer le cours de l'histoire.

Cela étant donné, « il faut d'abord pendre tous les moralistes », car la morale rend l'homme préjudiciable à lui-même et elle ment, elle est « la forme la plus maligne de la volonté de mentir, la Circé de l'humanité », elle est, comme fait, ce fait épouvantable « que la contre-nature elle-même a été vénérée, avec les plus grands honneurs, sous le nom de morale et qu'elle est restée suspendue, comme une loi, au-dessus de l'humanité ».

Il n'est pas très difficile (et en effet cela est chose faite depuis les propos des contradicteurs de Socrate dans Paton) de démontrer, pour ainsi parler, le mécanisme intérieur de cette machine de guerre contre *la plus grande humanité*, comme diraient les Anglais. Ceux qui ont *exposé* la morale l'ont montrée comme ce à quoi toutes les puissances de l'homme doivent tendre comme à leur dernière fin ; ils l'ont montrée comme juge suprême de la connaissance, des arts, de l'action, politique, administrative, belliqueuse et autre ; et c'est-à-dire qu'ils ont subordonné, asservi à la morale toutes les puissances de l'homme.

Ceux qui ont *inventé* la morale, qui est-ce ? Ceux qui avaient intérêt à ce que toutes les puissances de l'homme fussent subordonnées et asservies à la morale.

Qui est-ce ? Le médiocre, que gênent ceux qui sont supérieurs et exceptionnels ; le souffrant, le déshérité, le disgracié que gênent et irritent ceux qui sont heureux ; la bête de troupeau que gênent, irritent et exaspèrent ceux qui sont indépendants, autonomes, forts et glorieux.

La morale c'est donc la révolte du plébeianisme contre l'aristocratie; mais contre l'aristocratie naturelle, celle de la force, de l'intelligence, de la volonté, de l'énergie, de la persévérance, des talents. C'est la révolte de la plèbe végétative contre la vie puissante, féconde et riche ; c'est la révolte de la plèbe contre l'humanité qui a été organisée aristocratiquement par la nature et contre la nature, laquelle a organisé aristocratiquement l'humanité.

Est-ce assez dire, encore une fois, que la morale est contre humanité et contre nature ? Et est-ce assez montrer (si l'on prend moralité dans le sens de conservation de ce qui est vrai, bon et beau) que « la lutte de la morale contre les instincts fondamentaux de l'humanité est la plus grande immoralité qu'il y ait eue jusqu'à présent sur la terre ? »

A le prendre ainsi, et c'est le bien prendre, on s'écrierait : « Je prie la morale qu'elle me fasse quitter la morale », comme maître Eckardt s'écriait : « Je prie Dieu qu'il me fasse quitte de Dieu ».

Du reste, cette morale immorale a ses séductions ; elle a su se donner des séductions. D'abord elle a su *intimider* les résistances ou les critiques ; on n'a pas osé discuter cette autorité qui se faisait elle-même et de sa grâce autorité suprême et même unique ;

ensuite elle a su *enthousiasmer* certains esprits et même un très grand nombre d'esprits. Elle est devenue la « Circé des philosophes », de telle sorte qu'ils ont construit leurs systèmes sous sa fascination, les uns *pour* aboutir à elle, les autres, comme Kant, en partant d'elle et en organisant tout selon ce qu'elle demandait, « postulait » et exigeait ; tous ayant au moins, de son côté, une préoccupation incessante et obsédante.

C'est que, aurait pu dire Nietzsche, et c'est la vraie raison, le vrai, le beau et le bien que la morale *combat*, elle a su adroitement *les mettre apparemment en elle*, les faire voir en elle. — Elle a introduit cette idée ou ce sentiment que le vrai est ce que pensent la plupart des hommes, et nous avons vu que la plupart des hommes, médiocres, souffrants, déshérités, disgraciés, bêtes de troupeau, croient à la morale parce qu'ils l'ont inventée et l'ont inventée parce qu'elle leur sert. — Elle a introduit cette idée ou ce sentiment que le bien ce n'est pas la vie abondante et surabondante, mais la vie réglée, disciplinée, contenue, réprimée, qui n'empiète pas, qui ne conquiert pas, qui ne fait pas de bruit et qui marche à petits pas tranquilles. « Vertu, c'est se tenir tranquilles dans le marécage. »

Elle a introduit cette idée ou ce sentiment, et ce fut sa plus grande adresse, que cela même, qui semble à Nietzsche d'une laideur ineffable, est d'une très grande *beauté*, que la lutte de l'homme contre ses « instincts fondamentaux » pour les réprimer et les dompter, demande une très grande énergie, et que cette énergie est tout ce qu'il y a de plus beau au monde, que c'est un héroïsme aussi ou plutôt que là seulement est l'héroïsme ; que c'est une sainteté et que cette vaillance a autour du front une auréole.

Ce sont les stoïciens qui ont inventé cela et les chrétiens qui l'ont perfectionné ; et écoutez le poète par excellence de la morale traditionnelle, le sublime poète des idées communes ; il s'écrie :

> Eh bien, non ! *Le sublime est en bas.* Le grand choix
> Est de choisir l'affront. De même que parfois
> La pourpre est déshonneur, souvent la fange est lustre.
> . . . .
> *La laideur de l'épreuve en devient la beauté.*
> C'est Samson à Gaza, c'est Epictète à Rome.
> L'abjection du sort fait la grandeur de l'homme.
> Plus de brume ne fait que couvrir plus d'azur.
> Ce que l'homme ici-bas peut avoir *de plus pur,*
> *De plus beau, de plus noble,* en ce monde où l'on pleure,
> C'est chute, abaissement, misère extérieure
> Acceptés pour garder la grandeur du dedans.
> . . . .
> *Même quand Prométhée est là, Job, tu suffis*
> *Pour faire le fumier plus haut que le Caucase.*

Et du moment que la morale a su attirer à elle, mettre en elle ce qui, avant elle, si l'on peut ainsi parler, était les grandes raisons de vivre ; du moment qu'elle a pipé l'homme en se donnant toutes les apparences des nobles buts et des grandes fins de l'humanité, elle avait partie gagnée.

Elle séduisait l'homme de tous côtés : elle flattait ses penchants à la modération, à la médiocrité, à la paresse, ses instincts de bête de troupeau, en donnant à tout cela de favorables noms ; elle flattait ses instincts de vaillance et de grandeur, ses sentiments du vrai, du beau et du bien en lui persuadant que tous ces instincts d'animal d'élite étaient en elle et susceptibles d'être satisfaits par l'obéissance qu'on aurait pour elle ; enfin elle tendait la main à l'hypocrisie, si fréquente chez l'homme, et qui consiste à se donner toutes les apparences de l'héroïsme quand on est un pleutre.

Sur ce dernier point remarquez ceci. La morale a pour principal office et pour but principal de réprimer l'homme de vie intense et surabondante et en même temps de le travestir aux yeux des hommes en le faisant passer, quelques restes d'héroïsme qui restent en lui, pour un homme de vie modérée et médiocre. Mais — et voyez comme elle rend des services, de honteux services, à tout le monde — elle travestit aussi les croquants et leur donne figure d'honnêtes gens, voire même, comme cela apparaissait plus haut, de demi-héros et de demi-surhommes : « L'homme nu est généralement un honteux spectacle, je veux parler de nous autres, Européens. Supposons que les plus joyeux convives, par le tour de malice d'un magicien, se voient soudain dévoilés et déshabillés, je crois que, du coup, non seulement leur bonne humeur disparaîtrait, mais encore l'appétit le plus féroce en serait découragé. Il paraît que nous autres Européens nous ne pouvons pas absolument nous passer de cette mascarade qui s'appelle l'habillement. Mais n'y aurait-il pas les mêmes bonnes raisons à préconiser le déguisement des hommes moraux, à demander qu'ils fussent enveloppés de formules morales et de notions de convenance et que nos actes fussent favorablement cachés sous les idées du devoir, de la vertu, du civisme, du désintéressement ? »

Ce n'est pas la bête de proie qui se maroufle ainsi : « c'est en tant que bêtes domestiques que nous sommes un spectacle honteux et que nous avons besoin d'un travestissement moral. L'homme intérieur en Europe n'est pas assez inquiétant pour pouvoir, à dessein d'être beau, se dévêtir. Tout au contraire l'Européen se travestit avec la morale, parce qu'il est devenu un animal infirme, malade, atrophié, estropié, un quasi-avorton. Ce n'est pas la férocité de la bête de proie qui éprouve le besoin d'un travestissement moral ; mais la bête de troupeau avec sa médiocrité profonde, et la peur et l'ennui qu'elle se cause à elle même. »

Donc, dans tous les sens et quel qu'il soit, la morale séduit l'homme et le séduit pour l'abâtardir et le caresse en le dégradant. « L'homme qui pense est un animal dépravé, » disait Rousseau ; non ; c'est l'homme moral qui est un animal dégénéré.

Il y a cinq points saillants dans l'évolution historique de cette morale. Socrate, qui, en donnant à toutes les choses humaines la morale comme leur dernière fin, subordonne toutes choses humaines à la morale et par conséquent les dégrade toutes ; — Jésus, qui, en disant : « Aimez votre prochain comme vous-même ; aimez vos ennemis », ne veut qu'une chose, détruire la volonté de puissance, déviriliser l'homme, supprimer le héros ; — le Stoïcisme, qui fait de l'homme un être qui s'abstient et qui supporte, donc un être passif, un quasi-mort ; lâcheté ; car c'est mourir par peur de la mort, accepter la mort pour ne pas mourir (« Tu t'éloignes toujours plus vite des vivants ; bientôt ils vont te rayer de leur liste ! — C'est le seul moyen de participer aux prérogatives des morts. — Quelles prérogatives ? — Ne plus mourir. ») ; — la Réforme, qui fut une révolte de la plèbe « en faveur des gens candides, intègres et superficiels », contre les hommes graves, profonds, contemplatifs, à fond pessimiste ; — la Révolution française avec son Rousseau, cette « tarentule morale », avec son Kant, disciple de Rousseau, et son « fanatisme moral », avec son Robespierre, disciple de Rousseau, et son dessein (discours du 7 juin 1794) « de fonder sur la terre l'empire de la sagesse, de la justice et de la vertu » ; la Révolution française qui plaça définitivement et solennellement le sceptre dans la main de « l'homme bon *id est* de la brebis, de l'âne, de l'oie, et de tout ce qui est incurablement plat et braillard, mûr pour la maison d'idiots des « *idées modernes* ».

Cette séduction de la morale sur l'homme, en tous les sens et quel qu'il soit, Nietzsche lui-même, peut-être sans s'en douter, ce que du reste je ne crois point, car il se doutait de tout, en offre un exemple. Il s'est demandé un jour pourquoi nous cherchons la vérité, la vérité, cette erreur, je veux dire cette chose qui est une erreur pratique, cette chose qui le plus souvent, dans la pratique, nous détourne de l'action ; la vérité, « *cette forme la moins efficace de la connaissance.* » Il s'est demandé pourquoi nous cherchions la vérité, et il s'est répondu que ce pourrait bien être *par moralité*.

Nous cherchons le vrai. Pourquoi ? Sans doute pour ne pas nous tromper nous-même ou pour ne pas tromper les autres. Dans le premier cas, qu'est-ce bien ? C'est la connaissance et la reconnaissance d'un devoir envers nous-même : il y va de ma dignité de ne pas être dupe, de ne pas me tromper moi-même ; cela est essentiellement sentiment moral.

Dans le second cas, qu'est-ce bien ? la connaissance et la reconnaissance d'un devoir envers les autres : je ne dois pas mentir ; quand j'ai trouvé la vérité, je dois la dire ; et c'est *déjà mentir* que de ne pas chercher la vérité, *de peur*, quand on l'aura trouvée, d'être obligé de la publier : il n'y a que des devoirs dans toutes ces idées et rien n'est plus nettement sentiment moral.

Voyez-vous cela, qui est du reste une merveilleuse page psychologique, voyez-vous cette réduction, ce *ramènement* du vrai au bien, de l'instinct du vrai à l'instinct du bien ? Nietzsche a subi, volontairement sans doute et en se jouant, mais enfin il a subi, si vous préférez il s'est permis à lui-même de subir un quart d'heure la séduction de la morale, la fascination de la morale, les prestiges de la morale. Il s'est dit : « quand je cherche le vrai, moi immoraliste, je suis un être moral. » La morale lui a persuadé, l'espace d'un matin, qu'il faisait acte de moralité en cherchant le vrai, ce qu'il faisait toute sa vie.

Or ce n'est pas démontré. La recherche du vrai ne semble pas dépendre d'un sentiment moral. La recherche du vrai se *propose* à l'homme comme un plaisir et *s'impose* à lui comme un impératif.

Elle se propose à lui comme un plaisir, et ici je ne me donnerai pas beaucoup de peine, puisque Nietzsche a dit lui-même que c'est une forme de la volonté de puissance. « Qu'est-ce qui fait que la connaissance est liée à du plaisir ? D'abord avant tout c'est qu'on y prend conscience de sa force, pour la même raison pour quoi les exercices gymnastiques, même sans spectateurs, donnent du plaisir. Secondement, c'est qu'au cours de la recherche on dépassé d'anciennes conceptions et leurs représentants et l'on est vainqueur, ou au moins on croit l'être ; troisièmement, c'est que par une connaissance nouvelle, si petite qu'elle soit, nous nous élevons au-dessus de tous et nous nous sentons les seuls qui sachions la vérité sur ce point... »

D'autre part, la recherche du vrai s'impose à l'homme comme un impératif dans le sens atténué, un peu atténué, que je donne à ce mot. Elle lui dit un : « tu dois », un « Δεῖ ». Elle lui dit : « N'y trouverais-tu pas de plaisir, et n'y trouverais-tu que de la peine, que des coups, il faut chercher le vrai et le dire quand tu l'as trouvé. »

La preuve, c'est qu'on trouve le contraire honteux ; la preuve c'est qu'on trouve cynique le propos de Fontenelle : « Si j'avais la main pleine de vérités, je la tiendrais fermée » ; la preuve et celle-ci me semble assez forte, c'est qu'on éprouve le besoin de mourir pour la vérité, comme pour le devoir, tout aussi bien que pour le devoir.

Quelle est cette folie de mourir pour ce que l'on croit la vérité ? Nietzsche lui-même l'explique quelque part : « Nous ne nous ferions pas brûler pour nos opinions, tant nous sommes peu sûrs d'elles ; mais peut-être pour le droit d'avoir nos opinions. »

Et c'est à dire que nous mourrions pour l'erreur, ou du moins pour affirmer le droit que nous avons de nous tromper. Or ceci c'est l'affirmation de notre droit de chercher la vérité, cette erreur qu'on nous reproche pouvant être la vérité et ayant été atteinte quand c'était la vérité que nous cherchions ; et c'est aussi l'affirmation de notre *devoir* de chercher la vérité, puisque nous acceptons la mort plutôt que d'avouer que nous avons eu tort de chercher le vrai. Le sacrifice est le criterium de l'Impératif.

On voit donc bien que c'est à un impératif qu'ici nous avons affaire. Et cela est si vrai, et sur ce qui suit Guyau et Nietzsche se rencontreraient, que Nietzsche, ailleurs, proclame que la recherche de la vérité c'est tout simplement le sens de la vie, ce n'est rien de moins que ce qui fait que la vie a un sens : « J'ai bondi de joie quand j'ai découvert que la vie est un instrument de la connaissance, est l'instrument de la connaissance » ; et c'est alors qu'il a reconnu que la vie est intelligible.

Devant cette double affirmation, qui semble bien être une double vérité, que le vrai est le sens de la vie et que le vrai nous commande la mort, Guyau serait bien contraint d'avouer, ce qui ne lui déplairait du reste nullement, que l'appel du vrai est un « équivalent du devoir ».

J'ai fait cette longue digression, du reste intéressante en soi, peut-être, pour montrer que Nietzsche lui-même est très capable de subir la fascination de la morale jusqu'à lui attribuer, dont elle doit être tout heureuse, telle chose qui ne lui appartient vraiment pas, qui ne ressortit pas à elle et qui est contenue dans un autre impératif que le sien. Reprenons.

La morale en soi n'est donc qu'une méprisable adresse qu'ont inventée les faibles pour paralyser les forts ; c'est la tête de Méduse aux mains des impuissants contre les bien doués et aux mains des quasi-morts contre les vivants.

Nietzsche, contre la morale, cette dernière religion, use de la même tactique que les philosophes du xviiie siècle (qu'il méprise tant) contre la religion. Pour ceux-ci la religion a été inventée par des puissants qui voulaient asservir les faibles, les rendre plus faibles encore ; pour Nietzsche, la morale a été inventée par les faibles contre les puissants pour leur enlever leur force en leur ôtant la confiance dans la légitimité de leur force. « Quand Zeus, dit Homère, fait d'un homme un esclave, il lui enlève la moitié de son âme. » En faisant les forts esclaves de la morale, les faibles leur ont enlevé leur âme tout entière.

Au cours de son évolution, la morale s'est donné comme des organes de sustentation et d'alimentation ; elle a *postulé* le libre arbitre et elle a *postulé* la sanction d'outre-tombe. Ce sont là des inventions logiques et du reste, étant donnée la situation, des inventions nécessaires ; mais ce ne sont que des inventions ingénieuses. Le libre arbitre n'existe pas. Il est, comme Spinoza l'a bien vu, l'illusion d'un être qui se saisit comme cause et qui ne saisit pas comme effet.

Creusons ceci : ceci veut dire l'illusion d'un être qui ne saisit pas dans ce qui le précède et qui se saisit dans ce qui le suit, qui ne saisit pas dans ce qu'il était avant le moment actuel et qui se saisit dans le passage de lui au moment présent à lui au moment d'après. Je me saisis voulant éteindre la lampe et l'éteignant ; non, ou très peu, comme amené par un certain nombre de faits à vouloir éteindre ma lampe.

Mais pourquoi ? Parce que nous sommes nés pour l'action et toujours jetés en avant, tournés *du côté d'en avant* et non retournés *du côté d'en arrière*. Nous vivons en avançant, non en rétrogradant, et c'est ainsi que l'illusion de la liberté n'est au fond que le sentiment de la vie et c'est pour cela qu'il est si naturel. Nous nous saisissons, à la vérité, dans ce qui précède, mais par effort de mémoire et de réflexion, ou plutôt de mémoire réfléchissante ; mais c'est un effort. L'homme qui croit, sans une hésitation, à tous les moments de sa vie, à son libre arbitre est un étourdi ; mais l'homme qui croirait sans cesse à lui comme déterminé, serait un être qui ne vivrait que de réflexion et ce serait proprement un monstre.

Le libre arbitre est tellement bien une illusion que, remarquez bien, nous n'y croyons pas du tout. Mais, non ! nous n'y croyons pas ! Nous n'y croyons que chacun pour nous et pas du tout pour les autres. Nous disons sans cesse : « un tel, étant donné son caractère, fera cela. » Et il le fait ; et quand il ne le fait pas, nous nous disons que : ou nous ne connaissions pas tout son caractère, ou nous ne connaissions pas telle ou telle circonstance qui ont dû peser sur sa détermination. Et c'est très probable et en tout cas nous ne croyons pas à son libre arbitre. La prétendue « preuve », tirée par les partisans du libre arbitre de la croyance même, indéracinable, *indiscussible*, que nous aurions au libre arbitre, s'évanouit.

Cela se voit bien par nos tractations avec les criminels en jugement. Pour trouver un coupable innocent l'avocat n'a qu'à connaître sa vie : il arrivera, par cette connaissance détaillée, à se convaincre absolument lui-même que l'acte criminel était complètement nécessité par tous ses antécédents et que toute culpabilité disparaît. Inversement le ministère public n'a qu'à ne rien connaître de la vie du criminel et, se plaçant devant le crime isolé, coupé de ses causes, il le trouvera ce qu'il est exactement considéré ainsi, une monstruosité dont la nature n'offre pas d'exemple.

Mais, même quand il s'agit des autres, à plus forte raison, ce que nous avons expliqué, quand il s'agit de soi, il faut pour dissiper l'illusion du libre arbitre être réfléchi. C'est ce qui faisait dire à Schopenhauer, si bien : « La connaissance de la sévère nécessité des actes humains est ce qui distingue les cerveaux philosophiques des autres ».

Pour tout cerveau vraiment philosophique « nous sommes en prison », nous ne pouvons que nous « rêver libres », et c'est ce que nous faisons tout le temps ; nous ne pouvons pas « nous faire libres ».
— Cela est dur à prendre ; mais il faut le prendre.

Cela est si dur que quelques-uns se retournent ; et

par une contorsion étrange, un « geste horrible », et une affreuse « grimace logique », pensent ainsi : « le mal est partout et personne n'est responsable ; donc c'est *tout* qui est coupable et responsable ; c'est Dieu qui est le pécheur ». Renversement des responsabilités ; « Christianisme la tête en bas ». Mais pourquoi penser cela ? Ni il n'est vrai que vous soyez responsables, ni il n'est vrai qu'il faille pour cela que ce soit quelqu'un. Il n'y a pas de responsabilité ; il n'y a que de la nécessité, et la dernière différence entre les cerveaux philosophiques et les autres c'est que ceux-là ne veulent pas juger et disent comme le Christ : « Vous ne jugerez pas ! »

Et il n'y a pas plus de « sanction » qu'il n'y a de libre arbitre. Singulière prétention des hommes, la récompense ! « C'est de vous, vertueux, que je riais aujourd'hui. *Ils veulent encore être payés* ! Vous voulez encore être payés, ô vertueux ! Et maintenant vous m'en voulez de ce que j'enseigne qu'il n'y a ni comptable ni rétributeur. Et en vérité je n'enseigne pas même que la vertu soit sa propre récompense. Que votre vertu soit identique à votre moi et non quelque chose d'étranger, de surajouté, un épiderme ou un vêtement. Vous aimez votre vertu comme une mère aime son enfant, soit ; mais *quand donc a-t-on entendu dire qu'une mère voulût être payée de son amour ? »*

La morale ne *demande* rien ; donc, aussi, ne *postule* rien. Différence encore des cerveaux philosophiques et des autres : « l'incrédulité de ceux-là pour ce qui est de *la signification métaphysique de la morale* ».

Voilà donc la morale détruite de fond en comble et rasée à pied-d'œuvre. Nietzsche est bien ce qu'il a dit si souvent qu'il était, un pur et simple immoraliste.

Non ! Il n'est pas immoraliste : 1° parce qu'il s'occupe sans cesse à analyser les différentes morales, marque qu'au moins il y voit autre chose qu'un effronté mensonge dont il suffirait d'avoir montré qu'il est mensonge ; — 2° parce qu'il s'occupe souvent, plus ou moins formellement, mais il s'y occupe, à établir une hiérarchie des différentes morales selon leur degré de noblesse, et c'est peut-être ici la clef de Nietzsche ; — 3° parce qu'enfin il admet comme pratique et nécessaire *une* certaine morale ; et en trace *une autre* que, personnellement, il admire, qu'il vénère et dont il est enthousiaste.

Il s'occupe sans cesse à analyser les différentes

morales ; c'est la partie *critique* et non plus seulement *discriminatrice* de son œuvre, et à cela il a une curiosité infatigable. — Il s'aperçoit que tous les hommes « croient avoir quelque part à la vertu » et que pour le moins « tous veulent se connaître en bien et en mal ».

Il y a la morale des enfants et par conséquent des temps primitifs de l'humanité ; elle est toute dans l'idée de punition et de récompense. Ils veulent être payés et ils veulent que ceux qui n'exécutent pas le commandement ne soient pas payés et payent.

Il y a la morale des paresseux, des nonchalants, des « âmes en bouillie », comme dit le président Roosevelt. Ils appellent vertu « l'indolence de leur vice » trop faible pour agir ; « quand leur haine et leur jalousie s'étirent les membres [ont une velléité d'agir], leur justice se réveille [pour les arrêter] et se frotte les yeux pleins de sommeil ». C'est la morale des « bêtes de marécage ». Au fond c'est la morale générale, telle que, depuis Socrate, les faibles la prêchent aux forts et l'attachent aux forts comme un remords. La Rochefoucauld a fait de la paresse une analyse à ce point de vue, si juste qu'une « bête de troupeau » trouvera certainement que cette paresse-là est toute une morale, et excellente.

Il y a une morale qui est coutume, habitude. « Il en est qui sont semblables à des pendules qu'on remonte : ils font leur tic-tac et ils veulent qu'on appelle le tic-tac vertu. » — Au fond ceci est la morale sociale : l'individu reçoit le mouvement de la société qui l'environne, il est remonté tous les jours par l'exemple, les conversations et les convenances ; « en toutes choses il est de l'avis qu'on lui donne » ; et il est très régulier. C'est une bonne montre.

Il est d'autres hommes pour qui la vertu est une « contrainte prolongée », une répression continuelle. « Il en est qui s'avancent lourdement et en grinçant comme des chariots qui portent des pierres vers la vallée... ils disent : nous ne mordons personne et nous évitons celui qui veut mordre ; ils parlent beaucoup de dignité et de vertu. C'est leur frein qu'ils appellent vertu. » — Ceux-ci, je pense ne point me tromper, sont les stoïciens. *Abstine, sustine.* Dignité humaine, le moins d'action possible.

Il y a une morale de peur et de tremblement, d'humilité mêlée de terreur : « Il en est de qui la vertu s'appelle un spasme sous le coup de fouet..... Ils disent : « Tout ce que je ne suis pas est pour moi Dieu et vertu. » — C'est la morale des religions étroites et de toutes les religions entendues étroitement. L'être humain y est comme écrasé sous son indignité et sous la terreur, et sa vertu est la conviction où il est qu'il lui est impossible d'avoir une vertu.

A l'inverse il y a une morale d'orgueil : « D'autres sont fiers d'une parcelle de justice ; et à cause de cette parcelle ils blasphèment toutes choses. Quand ils disent : je suis juste, cela sonne toujours comme : je suis vengé. Ils veulent crever les yeux de leurs ennemis avec leur vertu et ils ne s'élèvent que pour abaisser les autres. » — Morale des Pharisiens de tous les temps, dont la vertu se ravive de la contemplation et du mépris du vice des autres, si bien que sans ce vice elle ne serait point, qu'elle se nourrit du vice même et qu'elle a besoin de la criminalité générale et qu'elle *postule* la perversité universelle. Un humoriste dirait : « Il faut bien que je sois vicieux ; quel plaisir auraient les vertueux sur la terre, et quelle récompense, si je ne l'étais pas ? »

Il y a une morale, non pas même sociale, mais politique, la morale sociale s'inspirant au moins du bien ou du correct qu'elle voit autour d'elle, la morale politique ne voyant dans la morale qu'une mesure générale de bonne administration et de bon ordre : « Il en est encore qui croient qu'il est vertueux de dire : « la vertu est nécessaire » ; mais au ond ils ne croient qu'une chose, c'est que la police est nécessaire ». — Ceci est la morale de Voltaire et des Voltairiens, qui savent bien qu'il n'y a jamais assez de gendarmes ici-bas et qui postulent un Dieu vertueux, rémunérateur et vengeur pour compléter la maréchaussée.

Ailleurs, considérant les morales en face des passions, Nietzsche caractérise chacune selon sa manière propre de combattre les passions ou de composer avec elles. Les morales ne sont alors que des « conseils », mêlés de « sagacité et de bêtise », donnés à l'individu « par rapport au degré de péril où l'individu vit avec lui-même ».

Et voici la morale stoïcienne, qui « inocule comme un remède » une « froideur de marbre opposée à l'impétuosité des appétits ». Sorte de suggestion procurant une raideur cataleptique.

Voici la morale spinoziste, qui veut procurer « un état sans rire et sans larmes », une sorte d'ataraxie « en détruisant les passions par l'analyse et la vivisection » qu'on en fait. Grande « naïveté », dit

Nietzsche, qui ne laisse pas d'avoir tort partiellement; car c'est du moins *quelque chose*, pour émousser les passions, que de les manier, pour les domestiquer que de les regarder en face et, sans tant de métaphores, que de les analyser pour se donner du sang-froid. Le sang-froid acquis, il y aurait bataille gagnée. Incliner au sang-froid en donnant le goût de l'analyse est très adroit. On sait que celui qui s'observe au moment même où il cède à la passion n'a pas à en redouter les grands désastres. Le mot populaire : « observez-vous », est d'une psychologie excellente.

Voici la morale aristotélique — à vrai dire je ne reconnais pas très bien Aristote dans cette morale-là ; c'est ma faute sans doute — qui consiste à « abaisser les passions à un niveau inoffensif où elles pourront être satisfaites sans inconvénient. »

Voici la morale — bien plus aristotélique celle-ci, ce me semble, mais peu importe — qui consiste à *jouir des passions* en les transposant, en les « spiritualisant », en jouissant, par exemple, de l'amour dans « la musique », de la pitié et de la crainte dans la tragédie, de l'amour dans « l'amour de Dieu » ou dans « l'amour des hommes par amour de Dieu ».

Voici la morale plus qu'épicurienne, aristippique peut-être, celle de d'« Hafiz », d'Horace et de « Gœthe » qui veut qu'on jouisse vraiment, « spirituellement et corporellement des passions » — à l'usage seulement de ces « vieux originaux, ivres et sages, chez qui les dangers ne sont plus guère dangereux ».

Tout cela du reste ne « vaut pas grand'chose », ne vaut que par le talent qu'on met à en discourir et n'est guère, avec différents aspects, que « la morale sous forme de timidité. »

La morale chrétienne est bien autre chose. Sans doute elle est en son fond, comme la morale socratique, la révolte insidieuse des faibles contre les forts, le désarmement des forts par les faibles persuadant aux forts d'être comme les faibles, tant, devenus tels, ils seront beaux ; et comme vous voudrez selon votre humeur, c'est « *eritis sicut Dii* », ou c'est, mais qui réussirait, le renard ayant la queue coupée. Ceci est ce qu'il y a de commun à toutes les morales ; mais, par un « affinement du regard psychologique », le Christianisme a bien compris la vanité des instincts bons que la morale jusqu'à lui, et autour de lui, attribuait à l'homme. La morale niait la bonté des instincts égoïstes, empiétants, conquérants, dominateurs ; elle proclamait et clamait la bonté des instincts altruistes, doux, modérés, modestes et charitables. Le Christianisme a déclaré que, depuis la chute, l'homme est mauvais *tout entier*, que ses instincts égoïstes sont mauvais, mais que ses instincts altruistes sont faux ; que l'acte désintéressé n'est pas possible ; que par conséquent, en dernière analyse, tout se vaut. « Le Christianisme a compris l'identité complète des actions humaines et leur égalité de valeur dans les grandes lignes: elles sont toutes immorales. »

Nietzsche ici voit juste ; mais incomplètement ; il aurait fallu qu'il ajoutât : et, à cause de cela, le Christianisme a senti la nécessité de la grâce ; il a senti que l'homme, étant tout mauvais, ne pouvait avoir de bon que le désir d'être bon, qu'à ce désir répond le secours de Dieu, qu'avec ce secours l'homme échappe au mal ; et que ceci, bien plus que l'impératif catégorique postulant Dieu, établit entre Dieu et l'homme le lien étroit, toujours cherché. La signification métaphysique de la morale pour le chrétien, c'est ceci : incapable de bien et désirant le bien, je conclus de cela même que quelqu'un, qui m'a donné le désir du bien, m'aidera à en être capable, et quand j'en suis capable, parce que c'est un miracle, je sais bien à qui je dois d'en être capable.

Quand il se place en face du sens moral considéré comme morale sociale, Nietzsche le considère comme un apparent désintéressement, dont la genèse doit être celle-ci : deux peuplades sont en guerre perpétuelle ; une tierce puissance qui semble n'avoir rien à craindre des deux premières, en laissant à entendre à chacune de celles-ci qu'elle se mettra du côté de la première qui romprait la paix, les fait vivre en paix toutes les deux ; les deux peuplades autrefois belliqueuses retirent de la paix des avantages immenses ; elles en sont reconnaissantes à la tierce puissance et l'admirent de ce qu'elle a fait du bien sans intérêt ; elle avait un très grand intérêt à la chose, mais inapparent, parce qu'il était éloigné ; et c'est cet intérêt inapparent qui est un désintéressement apparent. Or ce qu'on suppose comme s'étant passé entre trois peuplades, peut être supposé comme s'étant passé entre trois parties d'une cité. La morale sociale c'est la pratique d'un égoïsme élargi et d'un égoïsme à long terme, qui, parce qu'il est élargi et à long terme, ne paraît pas et s'appelle désintéressement. Je suis bon citoyen, c'est-à-dire je sacrifie tous les jours quelque chose de mon intérêt actuel en vue d'un très grand intérêt futur qu'on ne voit pas parce qu'il est loin ; mais que je vois parce que je suis intelligent.

Autre genèse, très analogue à la précédente et qui s'est toujours confondue avec elle : la morale est d'abord et uniquement le moyen de conserver la communauté et de la conserver à un certain degré de cohésion et de force qu'elle a atteint. Pour cela espérance et crainte, espérance du ciel, crainte de l'enfer ; plus tard surélévation du gouvernement de la cité, superposition, au gouvernement de la cité, d'un gouvernement céleste, Dieu ou Dieux, qui commande ou qui commandent ceci et cela. — Plus tard (simple transposition) commandements d'un Dieu intérieur qui est la conscience (« tu dois ») avec accord, si l'on y tient, de ce Dieu intérieur avec le Dieu céleste. — *Peuvent venir* ensuite, affinements et probablement aussi alanguissements des conceptions précédentes, une morale de *penchant* et de *goût*, d'où l'idée de commandement a disparu ; et enfin « parfum du vase vide », dirait Renan, une morale d'*intelligence*, c'est-à-dire l'état d'un homme qui « est au dessus » [ou qui est dégagé] « des motifs illusionnaires de la morale, mais qui s'est rendu compte que longtemps il n'a pas été possible à l'humanité d'en avoir d'autres » ; et qui, par respect de la portion de l'humanité qui les a encore, fait comme s'il les avait et se conduit exactement comme s'ils l'inspiraient, ce qui est une manière, dans la pratique, de leur obéir.

Tout cela, sous des formes si diverses et des aspects si différents, c'est toujours le désintéressement apparent, l'intérêt de la cité s'imposant à l'individu et lui montrant plus ou moins brutalement, plus ou moins délicatement, qu'il est le sien ; l'intérêt de la cité senti par l'individu comme intérêt personnel.

Voilà ce que j'appelais Nietszche analysant objectivement les différentes morales. Il est déjà évidemment moins objectif quand il *hiérarchise* les morales et c'est ce qu'il fait très souvent ; c'est déjà ce qu'il s'acheminait à faire dans la dernière analyse que nous avons rapportée de lui ; c'est ce que nous allons le voir faire très nettement.

Tout au bas il y a la morale des animaux. Les animaux ont une morale très nette et assez complexe. En quoi consiste la morale élémentaire ? Se connaître pour se conduire. Se conduire, qu'est-ce ? Ne pas vivre dans le moment présent ; calculer ce que l'acte ou le non-acte d'à présent aura de conséquences pour tout à l'heure et moments suivants, pour demain et jours suivants. « Gouverner c'est prévoir », disent les hommes d'État ; *se gouverner c'est prévoir*, dit le moraliste. Or les animaux se connaissent pour se conduire et se conduisent avec calcul. « L'animal observe les effets qu'il exerce sur l'imagination des autres animaux et apprend ainsi à faire un retour sur lui-même, *à se considérer objectivement*, à posséder en une certaine mesure la connaissance du moi. » — Qu'est-ce (par suite) que la morale élémentaire ? C'est ne pas se laisser tromper par soi-même, c'est lutter contre soi-même en vue de la sécurité, c'est se dominer. L'animal connaît cela : « ne pas se laisser égarer par soi-même, écouter avec méfiance les incitations de ses appétits, demeurer méfiant à l'égard de soi, [comme un stoïcien], tirer la domination de soi du sens de la réalité, ce qui est la sagesse même, tout cela l'animal l'entend à l'égal de l'homme ».

Qu'est-ce que la morale sociale élémentaire et même plus qu'élémentaire ? S'ajuster, s'accommoder au milieu, s'assimiler aux entours. Pourquoi ? Pour ne pas heurter et c'est-à-dire pour ne pas se heurter. L'animal le fait : « ils apprennent à se dominer et à se déguiser, au point que certains d'entre eux parviennent à assimiler leur couleur à la couleur de leur entourage, à simuler la mort, à adopter les formes et les couleurs d'autres animaux, ou encore l'aspect du sable, des feuilles, des lichens ou des éponges... » Morale sociale, et poussée très loin.

Et Nietzsche ne parle que des animaux qui ne vivent *pas* en sociétés animales. Chez ceux qui vivent en société, on trouve non seulement des instincts moraux, mais des vertus. Et il ne parle pas des animaux domestiques qui, non seulement s'adaptent à une société *qui n'est pas la leur*, mais encore acquièrent, et à l'égard d'une espèce qui n'est pas la leur, des vertus extraordinaires.

Donc au bas la morale des animaux, esquisse déjà précise de toute une grande partie de la morale de l'homme.

Plus haut est cette morale humaine, qui consiste — la remarque est très fine — simplement à se considérer comme supérieur aux animaux. Elle est vague, elle est flottante ; elle est forte cependant et est peut-être l'origine et le germe de toute morale humaine. « La bête qui est en nous a besoin d'être trompée ; la morale est un mensonge nécessaire pour que nous ne soyons pas déchirés par elle. Sans les erreurs qui résident dans les données de la morale, l'homme serait resté animal [ou plutôt s'il n'y avait pas d'animaux l'homme serait un animal]. Mais de cette façon il s'est pris pour quelque chose de supérieur et s'est imposé des lois plus sévères. » En un mot, l'animalité est une condition de la moralité humaine.

Il est regrettable que Nietzsche n'ait nulle part, à ma connaissance, déployé toute cette idée qui est d'une importance incomparable.

Sont représentants parmi nous de cette première moralité élémentaire qu'on pourrait appeler l'extra-bestialité, les hommes violents, cruels, mais susceptibles d'avoir honte quelquefois de leur violence et de leur cruauté, ceux dont Nietzsche dit qu'ils sont « des gradins des civilisations antérieures qui ont subsisté, des arriérés, qui nous montrent ce que nous fûmes tous » et de quoi nous sommes partis.

Au-dessus de la morale qui n'est qu'extra-bestialité, vient la morale qui consiste à sacrifier le moment présent au moment futur et prévu et à se gouverner en conséquence : « Le premier signe que l'animal est devenu homme est quand ses actes ne se rapportent plus au bien-être momentané, mais à des choses durables, lorsque par conséquent l'homme recherche l'utilité [générale], l'appropriation à une fin ; c'est la première éclosion du libre gouvernement de la raison (1). »

A un degré supérieur nous trouvons la morale qui consiste à agir selon les séductions de l'honorabilité : « L'homme veut être honoré, et il honore et c'est-à-dire qu'il conçoit l'utile [d'autrui] comme dépendant de son opinion sur autrui et [l'utile sien comme dépendant] de l'opinion d'autrui sur lui. » Dans cette pensée « il se discipline » ; il « se soumet à des sentiments communs », non seulement il s'adapte au milieu, mais il le considère comme un juge dont il veut être estimé et il se considère comme juge qui doit être tel que les autres tiennent à être estimés par lui. Il y a une sorte de mutualité de recherche de l'estime. En cet état commence ce que les hommes appellent désintéressement, c'est-à-dire l'acte par lequel l'homme fait remonter son intérêt à une source très élevée, l'acte par lequel l'homme voit son intérêt

---

(1) Nietzsche écrit ceci en 1877 (*Humain, trop humain*). Quelques années plus tard, en 1880 (*Aurore*), il écrit ce que nous avons cité plus haut, que les animaux *eux-mêmes* ont cette morale ; et il est bien plus dans le vrai. Mais sa *gradation* reste d'ailleurs la même : il suffit de lire ici : « le premier signe que l'animal *tend* vers l'homme... ».

en retour : je sacrifie mon plaisir au plaisir qui me reviendra de l'estime que me montreront les hommes pour avoir sacrifié mon plaisir.

Au-dessus encore il y a, par certitude acquise de l'honnête, suppression de la considération de l'estime publique. L'homme moral « agit d'après *sa propre mesure des choses* » ; c'est lui qui « décide ce qui est honorable et ce qui est utile » ; il est une sorte de « législateur » moral (1). Au fond il s'est substitué à la cité et il la sent et il la porte en lui. Ce que la société posait en maxime, c'est lui qui le pose. Il vit et agit « en individu collectif ». Son degré de désintéressement (n'y ayant pas de désintéressement absolu) est très haut. Lui aussi voit son intérêt en retour ; mais par un court circuit : je sacrifie mon plaisir au plaisir de sacrifier mon plaisir.

Enfin plus haut encore se placerait une morale *sans intention*, qui ne se raisonnerait pas et qui n'aurait pas conscience d'elle-même.

---

(1) Nietzsche a-t-il su que ceci est de l'Aristote ? « Si un citoyen a une telle supériorité de mérite qu'on ne le puisse comparer à personne il ne faudra plus le regarder comme faisant partie de la cité... On voit bien que les lois ne sont nécessaires que pour les hommes égaux par leur naissance et leurs facultés ; pour ceux qui s'élèvent à ce point au-dessus des autres, il n'y a point de loi ; ils sont eux-mêmes leur propre loi » (*Politique*, III, 8).

Trois stades dans l'évolution de la morale : *Il y a eu* une morale qui jugeait les actes par leurs conséquences. Etait *bien* ce qui avait eu un bon résultat, quelle qu'eût été l'intention de cet acte ; effet rétroactif du succès ou de l'insuccès sur le jugement à porter et porté sur l'action.

Il y a — « renversement de la perspective » — une morale qui juge des actes, non en eux-mêmes, non par leur effet, mais par leur origine, par l'intention d'où il paraît qu'ils sont sortis.

Il y aura peut-être une morale qui ne tiendra compte ni de l'effet ni de l'intention, considérant l'intention comme un signe qui ne signifie rien.

Qui ne signifie rien, parce qu'il a un trop grand nombre de sens, et différents, tous susceptibles d'interprétations multiples et douteuses.

Qui ne signifie rien, aussi, peut-être, parce que dans intention il y a toujours espérance et que ce qui est intentionnel ne peut pas être désintéressé.

On s'apercevra peut-être que l'acte intentionnel est un acte essentiellement conscient et que l'acte conscient n'est pas d'une moralité pure. Tout ce qui est intentionnel, tout ce qui est « prémédité, tout ce qui dans l'acte est sensible, vu, su, tout ce qui en vient à la conscience, fait encore partie de la surface, de sa peau, qui, comme toute peau, cache bien plus de choses qu'elle n'en révèle ». On soupçonnera que « c'est justement ce qu'il y a de non intentionnel », de naïf, d'ingénu, de spontané dans l'acte « qui lui prête une valeur décisive », qui lui laisse sa valeur pure. Ce par-delà la morale, cette morale dépassée et surmontée va peut-être être demain la vraie morale, celle où s'adonneront « les consciences les plus loyales et les plus délicates. »

Il est très curieux que Nietzsche ici, dans une des plus belles pages qu'il ait écrites et des plus profondes, rejoint Kant, à moins que je n'entende rien du tout, ce qui est possible, à ce passage. Car enfin l'acte moral spontané, naïf, ingénu, non intentionnel, l'acte moral impulsif, l'impulsivité morale, qu'est-ce autre chose que la morale qui ne donne pas ses raisons et qui n'en demande pas, qu'est-ce autre chose que le « Tu dois » ? L'acte moral inspiré par le « Tu dois » est conscient, je le reconnais ; mais il n'est conscient qu'à se reconnaître naïf, ingénu et impulsif. Il n'est conscient qu'à se reconnaître spontané. Il n'est conscient qu'à se voir jaillir de l'inconscient. Il ne sait pas et il ne veut pas savoir ses *pourquoi*, ses *de quoi*, ses *comment* et ses *en vue de quoi*. Il est parce qu'il est et parce qu'il doit être. C'est bien l'acte à qui précisément son non intentionnel et son non délibéré prêtent, donnent sa valeur. C'est bien l'acte surmoral de Nietzsche. L'impératif en lui-même (sans tenir compte de la sanction que Kant a dit plus tard qu'il postule) est exactement, ou, l'on en conviendra, à bien peu près, le surmoral de Nietzsche. Celui-ci en conviendrait sans doute et que c'est ce qui fait que l'invention éthique de Kant est à une très grande hauteur et le commencement au moins du troisième stade. *Il y a eu, il y a, il y aura...* Kant tout au moins a inauguré le *Il y aura*.

Toujours est-il que Nietzsche, à le considérer seulement quand il esquisse, ici ou là, une hiérarchie des morales, semble rêver une morale *sans obligation, sans sanction* et *sans intention*.

Et enfin Nietzsche, d'une façon malheureusement très incomplète, a tracé le plan d'une morale à deux étages en quelque sorte, il a indiqué deux morales, dont il abandonne l'une à ceux qui ne peuvent pas se hausser jusqu'à l'autre, celle-ci restant évidemment la sienne.

La morale du rez-de-chaussée, c'est précisément cette morale traditionnelle depuis Socrate, qu'il a criblée de tant d'épigrammes et qu'il a écrasée de tant de mépris ; c'est la morale des « esclaves », la morale des « bêtes de troupeau », la morale des « tarentules » ; c'est la morale de la modération dans les désirs, de la patience, de la douceur, de la résignation, de l'acceptation, de la tranquillité, du labeur régulier et mou ; c'est la morale de l'engourdissement de toutes les passions vives ; c'est la morale du « marécage », moins la grenouille qui se veut faire aussi grosse que le bœuf.

Cette morale pour Nietzsche est nauséabonde ; mais, non seulement il convient qu'elle siéd à la majorité des hommes, mais il affirme qu'ils *doivent* la pratiquer. L'impératif de la plupart des hommes c'est la *volonté d'impuissance*. L'impératif de la plupart des hommes c'est un *stoïcisme passif*. Ecoutez le « pédant moraliste » que Nietzsche met en scène et qui n'est autre, révérence parler, que lui-même. Il vous enseignera *qu'il est moral qu'il y ait plusieurs morales* et tout au moins qu'il y en ait deux ; que les morales, en quelque nombre qu'elles soient, doivent s'accommoder de la *hiérarchie*, et c'est-à-dire non pas de la hiérarchie sociale, mais de la hiérarchie naturelle ; que, puisqu'il y a plusieurs natures humaines, contrairement à l'opinion de ces philosophes qui ont connu l'*homme* au singulier, ce qui faisait rire de

Maistre, lequel avait connu des hommes, mais l'homme jamais, il faut aussi qu'il y ait plusieurs morales, c'est-à-dire plusieurs règles de conduite appropriées à la pluralité des natures ; que, puisque, malheureusement peut-être, la nature a organisé l'humanité aristocratiquement, faisant des hommes forts et des hommes faibles et des intelligents et des imbéciles, il est expédient qu'il y ait une règle pour les uns, très respectable, et une règle pour les autres, respectable également :

« En un mot, disait un pédant moraliste, marchand de futilités,.. il s'agit toujours de savoir qui est celui-ci et qui est celui-là. Pour celui, par exemple, qui aurait été destiné et créé en vue du commandement, l'humble effacement et l'abnégation ne seraient pas des vertus, mais seraient, à ce qu'il me sembla, le gaspillage d'une vertu. Toute morale exterminatrice de l'égoïsme qui se croit absolue et s'applique à tout le monde ne pèche pas seulement contre le bon goût; elle est une excitation aux péchés d'omission et un dommage à l'égard des hommes supérieurs, rares et privilégiés. Il faut contraindre les morales à s'incliner tout d'abord devant la hiérarchie, il faut les faire réfléchir sur leur impertinence jusqu'à ce qu'elles comprennent enfin qu'*il est immoral de dire : Ce qui est juste pour l'un l'est aussi pour l'autre.* Ainsi parlait mon bonhomme de pédant moraliste. Méritait-il qu'on se moquât de lui lorsqu'ainsi il rappelait les morales à la moralité ? »

Ainsi une morale pour le « *servum pecus* » et une autre pour les animaux supérieurs de l'humanité.

— Cela ressemble bien au mot de Voltaire, si souvent répété depuis : « Il faut une religion pour le peuple. »

— Point du tout, s'il vous plaît ; car, par son : « Il faut une religion pour le peuple », Voltaire entend qu'il faut une contrainte métaphysique pour brider les volontés de puissance du peuple. Au contraire, ou presque au contraire, Nietzsche veut que le peuple, en obéissant à la morale qu'il lui assigne, obéisse à sa nature même, se conforme à l'idéal de ses désirs, et, seulement, ne prétende pas y asservir ceux qui sont d'une autre nature que lui.

Cette part faite aux petits et aux médiocres, Nietzsche institue pour les autres une morale qui n'est point du tout celle d'un immoraliste, quelque sotte affectation qu'il ait toujours mise à se donner ce titre, qui n'est point du tout le contraire de la morale qu'il assigne aux petits, qui est *autre chose*, qui est d'un autre degré, d'une autre nature, et d'une autre destination. C'est la morale des forts, c'est la morale de ceux qui, à cause de leur force, ont *plus* de droits, mais *beaucoup plus* de devoirs que les faibles et des devoirs proportionnés à leurs forces.

Cette morale, il est curieux de voir Nietzsche d'abord l'élaborant pour lui-même, exactement comme un Marc-Aurèle. Il y a un *eis eauton* de Nietzsche, qu'il est extrêmement intéressant de reconstituer d'après ses notes et carnets (1), quoiqu'il ne soit aucunement cohérent et encore moins systématique, mais parce qu'il indique les tendances profondes et aussi parce qu'il montre que Nietzsche, tout en *posant* toujours deux morales, en *voyait* certainement toujours d'autres, intermédiaires entre les deux qu'il posait. En 1876 (trente-deux ans) il écrivait pour lui : « Tu ne dois aimer ni haïr le peuple. — Tu ne dois point t'occuper de politique. — Tu ne dois être ni riche ni indigent. — Tu dois éviter le chemin de ceux qui sont illustres et puissants. — Tu dois prendre femme en dehors de ton peuple. — Tu dois laisser à tes amis le soin d'élever tes enfants. — Tu dois n'accepter aucune des cérémonies de l'Eglise ». — Morale (ou plutôt quelques

---

(1) Voir surtout la *Vie de Frédéric Nietzsche*, par Daniel Halévy.

traits de morale parmi une foule d'autres non consignés ce jour-là) s'appliquant, non aux grands, non aux petits, plutôt aux petits qu'aux grands, mais surtout à un homme de moyen état qui serait philosophe. *Abstention* à l'égard de la puissance, de la richesse, de l'ambition (morale des petits) ; libre pensée (morale de supérieur indépendant et de philosophe), mariage avec une étrangère (morale de supérieur qui veut assurer par le mélange du sang la force et la distinction de sa race) ; enfants élevés par autres que soi, mais par d'autres dont on est sûr (morale de supérieur, qui, se défiant de la faiblesse paternelle, veut greffer sa race sur des intelligences et des volontés étrangères, mais du reste amies).

En 1880 il écrivait pour lui : « Une indépendance qui n'offusque personne ; un orgueil doux, voilé, qui ne gêne pas les autres, n'enviant pas les hommes ni leurs bonheurs et s'abstenant de moquerie ; un sommeil léger, une allure libre et paisible, pas d'alcool, pas d'amitiés illustres ni princières, pas de femmes ni de journaux, pas d'honneurs, pas de société, si ce n'est avec les esprits supérieurs ; à leur défaut le petit peuple, dont on ne peut se passer non plus que de contempler une végétation puissante et saine ; les mets les plus aisément prêts, autant que possible les préparer soi-même. » — Morale (ou plutôt quelques traits de morale) s'appliquant, non aux grands, non aux petits, mais à un homme supérieur de moyen état social. *Abstention* à l'égard de la puissance, de la vanité, de la gourmandise, de la curiosité, de la sensualité, de la causticité (morale de petits) ; indépendance, fierté, solitude, commerce seulement avec l'élite intellectuelle et morale dont on est ; et — d'étude et de contemplation — avec cette autre force, mais physique et physiologique, le peuple (morale des forts).

Complétez ceci par cette confidence philosophique qu'il a imprimée (*Vol. de puiss.* II) : « Se faire objectif. Indifférence à l'égard de soi-même, [indifférence à l'égard des conséquences favorables ou fatales de ses pensées], une profonde indifférence à l'égard de moi-même ; je ne veux pas tirer avantage de mes recherches de la connaissance ni échapper aux préjudices qu'elles me peuvent causer. Parmi ceux-ci, il y a ce que l'on pourrait appeler l'altération du caractère ; j'envisage froidement cette perspective ; je me tire hors de mon caractère, mais je ne songe pas à le comprendre ni à le changer... On se ferme les portes de la connaissance dès que l'on s'intéresse à son

cas particulier, ou même au salut de son âme... »
(Morale des forts, le philosophe étant placé parmi
les forts et ayant pour devoir d'obéir à l'Impératif du vrai, et avec désintéressement, et en sacrifiant au vrai ses intérêts matériels et même *moraux.*)

Enfin, sans songer plus à lui, même pour s'avertir qu'il se faut oublier, Nietzsche trace la morale des forts, des supérieurs, des êtres d'élite.

D'abord (quoi qu'il en ait dit) cette morale, sa morale, la morale, il affirme qu'elle existe : « Je ne nie pas, ainsi qu'il va de soi, en admettant que je ne suis pas fou, qu'il faut éviter et combattre beaucoup d'actions que l'on dit immorales, de même qu'il faut faire et qu'il faut encourager beaucoup de celles que l'on dit morales ; mais je crois qu'il faut faire l'une et l'autre chose pour *d'autres raisons* qu'on a fait jusqu'à présent. Il faut que nous changions notre façon de voir pour arriver enfin, peut-être très tard, à changer notre façon de sentir. » — Donc il a une morale, autre seulement que la traditionnelle. Voyons-la ; nous sommes autorisés à la chercher chez lui. Voyons sa nouvelle façon de voir et sa nouvelle façon de sentir.

Cette nouvelle morale, bien entendu applicable

seulement aux forts, a trois maximes fondamentales, trois impératifs, si l'on veut : Il faut *se surmonter* ; il faut *devenir ce que nous sommes* ; il faut *vivre dangereusement*.

Il faut se surmonter. On a remarqué partout « qu'on ne risque guère de se tromper en attribuant les petites actions à la peur, les moyennes à l'habitude et les grandes à la vanité. » Voilà une indication. Qu'est-ce que la vanité ? Une tendance à surmonter la peur, condition primitive de l'homme, et l'habitude, sa condition sociale, en les sacrifiant à une certaine soif de considération. L'homme, dans la vanité, surmonte déjà son bas étage et sa moyenne. Qu'il poursuive. Il en viendra à surmonter peur, habitude et vanité aussi, en les sacrifiant à une certaine soif de considération de soi-même.

En 1885, à Venise, Nietzsche a démêlé l'essence des sentiments aristocratiques : maîtrise de soi-même, dissimulation des sentiments intimes, politesse, gaîté, exactitude dans l'obéissance et le commandement, déférence et exigence du respect, goût des responsabilités, et des périls. » — Maîtrise de soi, pudeur, respectabilité, non-familiarité — nous verrons le reste plus tard — voilà des pratiques qui en leur fond consistent à se résister, à réprimer la tendance à l'abandon, à ne pas *se livrer* ; c'est surmonter le moi impulsif, le moi confiant, le moi mou, c'est se surmonter, c'est se dépasser déjà.

Mais, quand nous essayons de nous surpasser ainsi, qui nous retient ? Un certain nombre de passions que nous connaissons bien, amour, ambition, avidité des biens appréciés par la foule, gourmandise, sensualité, paresse, goût du confort... Se surmonter c'est dompter tout cela. C'est ici que la fameuse « lutte contre les passions » reprend ses droits et reprend place avec un nouveau sens. La morale est, en sa partie réprimante, qui est nécessaire, une « contrainte prolongée », par opposition au laisser-aller et par conséquent « une sorte de tyrannie contre la nature et aussi [partiellement] contre la raison. Mais ceci n'est pas une objection contre elle, à moins que l'on ne veuille décréter, de par une autre morale, que toute espèce de tyrannie et de déraison est interdite. »

Cette contrainte, ce *obéir longtemps*, vous le trouvez partout, en art, en discipline sociale, pour aboutir à quelque chose qui vaille la peine de vivre sur la terre. En morale c'est la première *condition*.

La souffrance « volontaire » est la même chose à

un degré de plus. C'est un exercice de la volonté et un exercice du sacrifice, c'est un exercice de la volonté de se surmonter. Voici Dühring qui, dans sa « Valeur de la vie », écrit : « L'ascétisme est maladif et la suite d'une erreur... » — « Mais non, écrit Nietzsche sur son carnet en 1875, l'ascétisme est un instinct que les plus nobles, les plus forts d'entre les hommes ont senti ; c'est un fait, il faut en tenir compte si on veut apprécier la valeur de la vie... » C'est le fait de l'homme qui sent le besoin de se dompter pour... ; mais qui peut-être ne sait pour quelle fin, comme quelquefois les héros de Corneille broient leurs passions pour le plaisir de les broyer, et alors c'est une erreur ; mais cette erreur même est un signe, a un sens, révèle une tendance dont, seulement, certains, qui l'ont, ne comprennent pas le but.

« Il y a une bravade de soi-même aux manifestations les plus sublimes de laquelle appartiennent nombre des formes de l'ascétisme. Certains hommes ont en effet un besoin si grand d'*exercer leur force* et leur tendance à la domination, qu'à défaut d'autres objets ils tombent enfin à tyranniser certaines parties de leur être propre... Plus d'un penseur [il songe sans doute à lui] professe des doctrines qui visiblement ne servent pas à accroître ou améliorer sa réputation ; plus d'un évoque expressément la déconsidération des autres sur lui, tandis qu'il lui serait aisé de rester par le silence un homme honoré ; d'autres rappellent des opinions antérieures et ne s'effraient pas d'être convaincus de contradiction ; au contraire ils s'y efforcent. Cette torture de soi-même est proprement un très haut degré de vanité... L'homme éprouve une véritable volupté à se faire violence par des exigences excessives et à déifier ensuite ce quelque chose qui commande tyranniquement dans son âme. . »

Sans aller jusqu'à l'ascétisme, ou plutôt en allant jusqu'à lui, mais en sachant pourquoi, en sachant que c'est pour développer en soi la volonté de puissance, on devra livrer aux passions une guerre à la fois rude et habile. Nietzsche, comme aurait fait un philosophe grec, se plaît à tracer une méthode pour combattre les passions. Il ne « trouve pas moins » — et je crois qu'il aurait pu en trouver davantage — de six procédés sensiblement différents pour lutter contre la violence d'un instinct.

Premièrement « on peut se faire une loi d'un ordre sévère et régulier dans l'asservissement de ses appétits ; on les soumet ainsi à une règle, on circonscrit leur flux dans des limites stables, pour gagner sur eux les intervalles pendant lesquels ils vous laissent tranquilles. »

Deuxièmement — ce qui peut venir à la suite de ce qui précède — on peut comme « dessécher cet instinct en s'abstenant de le satisfaire pendant des périodes *de plus en plus longues.* »

Troisièmement « on peut s'abandonner avec intention à la satisfaction d'un instinct sauvage et effréné jusqu'à en avoir le dégoût pour obtenir, par ce dégoût, domination sur cet instinct », procédé que Nietzsche a considéré comme pouvant réussir quelquefois puisqu'il l'a inscrit, mais où il n'a pas grande confiance puisqu'il ajoute : « en admettant que l'on ne fasse pas comme le cavalier qui, en voulant éreinter son cheval, se casse le cou, *ce qui est malheureusement la règle* en pareilles tentatives. »

Quatrièmement : « associer à l'idée de satisfaction une idée pénible (le chrétien qui, caressant une femme, songe au ricanement du diable ; songer au mépris des gens dont on aime à être estimé quand on est sur le point de commettre un vol ; songer à ceci qu'en satisfaisant un appétit en lui *obéit*, chose humiliante : « Je ne veux pas, disait Byron, être l'esclave d'un appétit quelconque ».)

Cinquièmement : « entreprendre une sorte de dislocation de ses puissances instinctives » en les combattant, soit par le travail (s'imposer une tâche), soit les unes par les autres, celle qui est lésée par la triomphante obtenant de vous encouragement et faveur.

Ici il aurait fallu des exemples. J'en connais surtout un : favoriser la paresse, à qui toutes les passions font tort. La paresse a été donnée à l'homme comme un auxiliaire contre les passions, lequel, bien dirigé, les énerve toutes.

Sixièmement : affaiblir et déprimer *toute* son organisation physique et psychique, pour affaiblir un ou plusieurs instincts violents, et c'est l'ascétisme, moyen dangereux, dont il faut être sûr de bien savoir user.

Ne vous dissimulez pas du reste que quand vous combattez un instinct c'est toujours un autre instinct qui *en vous* combat celui-là. Seulement cet instinct peut être un instinct très différent de ce qui s'appelle instincts dans la langue de toute l'humanité. Ce peut être la volonté de puissance sous forme de volonté de puissance sur soi-même. Les hommes qui combattent leurs passions sont des hommes chez qui la volonté de puissance se plaint des autres instincts et vous sollicite à les combattre ou plutôt les combat elle-même. Comme je le dis si souvent, l'art de la morale consiste à faire de la volonté une passion, s'il est vrai que cela nous soit donné, et de ne conserver de passion que la passion qui a horreur des passions. — Telle est la loi de se surmonter et tel est l'art de se surmonter.

Mais il y a sagesse, intelligence, bon goût aussi, comme aime à dire Nietzsche, qui, sans faire rentrer la morale dans l'esthétique, se plaît à faire entrer de l'esthétique dans la morale ; il y a bon goût, intelligence et sagesse à ne pas dompter complètement les passions et à n'être pas tout à fait maître de soi. La maîtrise de soi, prenez garde, c'est l'emprisonnement de soi par soi-même, et un prisonnier est un être bien morose, surtout quand il est à la fois prisonnier et geôlier. « Ces professeurs de morale qui recommandent d'abord et avant tout à l'homme de se posséder soi-même, le gratifient ainsi d'une maladie bien singulière, je veux dire une irritabilité constante devant toutes les impulsions et les penchants naturels et en quelque sorte une espèce de démangeaison. Quoi qu'il leur advienne du dedans ou du dehors, une pensée, une attraction, une incitation, toujours cet homme irritable s'imagine que maintenant son empire sur soi-même peut être en danger... Il fait sans cesse un geste contre lui-même, l'œil perçant et méfiant, lui qui s'est institué l'éternel gardien de sa tour. Oui, avec cela il peut être *grand*. Mais combien il est devenu insupportable pour les autres, difficile à supporter ; et par lui-même, comme il s'est appauvri et éliminé des plus beaux hasards de l'âme ! Car il faut savoir *se perdre pour un temps*, si l'on veut apprendre quelque chose des êtres qui ne sont pas nous-mêmes. » — « Je voudrais être ce monsieur qui passe », dit Fantasio. L'absolu geôlier de soi-même ne sera jamais ce monsieur qui passe et n'aura même jamais la moindre communication avec lui.

Que faire donc ? « Ne pas extirper les passions, ne pas même les affaiblir à proprement parler ; les *dominer*. » Ce que l'ascète ou le stoïcien doit chercher en domptant ses passions, ce n'est pas leur affaiblissement, c'est sa force. Elles ne doivent pas être affaiblies en elles-mêmes, elles doivent être affaiblies par rapport à lui ; ce n'est pas elles qui doivent être brisées, c'est lui qui doit devenir assez fort pour *pouvoir* les briser. Mais précisément parce qu'il le peut, il n'a plus besoin de le faire, et il ne le fera pas. Au contraire. « Plus est grande la maîtrise de la volonté, plus on peut accorder de liberté aux passions. Un grand homme est grand par le jeu qu'il laisse à ses désirs » et par sa puissance à les arrêter juste où il lui plaît. Un ambitieux ne doit pas tuer en lui l'ambition ; il doit être sûr de pouvoir la tuer, de telle manière qu'il la laisse agir de tout son élan tant qu'elle lui paraît bonne ou pour ce qui est des fins poursuivies, ou même comme jeu ; et qu'il l'arrête net, soit comme mauvaise en ses fins, soit comme fastidieuse. Les puissances du désir doivent être conservées, non respectées ; gardées intactes, mais subalternisées. « Possédez-les, seigneur, sans qu'elles vous possèdent », et l'exercice du dompteur des passions doit être seulement l'effort pour qu'elles soient dessous et lui dessus.

Voilà, ce me semble, ce que Nietzsche entend par sa maxime fameuse, tant de fois répétée : « l'homme est un être qui est fait pour se surmonter. »

Jusqu'ici il n'est qu'un stoïcien à peu près pur et simple, avec cette différence assez légère qu'il veut que les passions subsistent, mais seulement que l'on en soit maître. Or, comme elles subsistent toujours et que le stoïcien ne songe guère à autre chose qu'à les dominer, Nietzsche jusqu'ici n'est guère qu'un stoïcien pur et simple.

Mais il ajoute : « Nous voulons devenir ce que nous sommes. — Sais-tu ce que te dit ta conscience ? Elle te dit : deviens celui que tu es. » Ceci c'est proprement l'Impératif de Nietzsche et il a trouvé, du même coup, l'impératif de l'individualiste. Il faut se surmonter ; mais pourquoi ? Non pas pour se quitter, non pas pour donner sa démission de soi-même, mais pour être davantage, pour être au maximum ce que l'on est.

Par parenthèse, il est étrange qu'ayant cette idée, Nietzsche ait quelque part déclaré absurde la maxime « Connais-toi toi-même », qui est absolument impliquée dans celle-ci : « Deviens ce que tu es » ; car pour se faire ce qu'on est, il faut d'abord se bien connaître. — Quoi qu'il en soit, voilà l'Impératif : se développer dans le sens de sa nature, se faire en réalisation tout ce qu'on est en puissance. Il convient de remarquer que c'est encore ici du stoïcisme avec une nuance. C'est le « vivre conformément à sa nature », avec cette correction : non pas simplement *vivre* conformément à sa nature ; mais *se développer* conformément à sa nature ; mais *s'agrandir* conformément à sa nature ; vivre sa vie, mais la vivre d'une vie plus abondante. — On a exagéré quand on a dit du stoïcisme que son idéal était de rapprocher autant que possible le vivant d'un mort, quand on a dit — Nietzsche lui-même — : ils se tuent pour avoir cette prérogative des morts qui est de ne plus mourir. Il faut reconnaître qu'ils veulent qu'on vive ; mais enfin ils veulent *seulement* qu'on vive, non pas qu'on vive abondamment, non pas qu'on vive de façon intense. Or c'est précisément cela qui est le devoir : se connaître, se mesurer, voir de quelle nature on est et quelles sont les puissances de cette nature et se développer dans ce sens.

— Mais alors c'est dans le sens de nos passions !

— Certainement, mais bien comprises. Pourquoi ne comprendrait-on pas bien ses passions ? Pourquoi n'aurait-on pas l'intelligence de ses passions comme on a l'intelligence de ses muscles, de leur destination et de la mesure dans laquelle on peut les développer ? Comprendre ses passions ; et parce qu'on les comprend les diriger ; c'est là tout l'homme qui commence à être supérieur.

Or toutes les passions sont des forces qui sont des faiblesses. Elles sont des forces, puisqu'elles sont des impulsions vigoureuses qui nous poussent en avant, au dehors, à une possession, à une conquête. Elles sont des faiblesses en ce sens qu'elles rompent et font basculer notre équilibre ; en ce sens aussi qu'elles ont toutes une manière lâche de se satisfaire : l'amour peut se repaître de rêveries énervantes et amollissantes ; l'ambition, de petites victoires de clocher et de conseil municipal ; le jeu (cette passion si belle puisqu'elle est l'amour du risque), des émotions de baccara ou du bridge ; l'orgueil, des satisfactions ridicules de la vanité, etc. Se développer, s'agrandir dans le sens de ce qu'on est, c'est, d'après ce qui précède : 1° *dominer* ses passions de manière qu'elles ne rompent jamais notre équilibre ; 2° les considérer, les prendre, les saisir en tant que forces et non en tant que faiblesses et en quelque sorte ne pas les reconnaître quand elles se présentent à nous sous leur aspect de faiblesse.

Nous nous sommes connus comme ambitieux ; il faut nous développer dans ce sens en nous disant que, parce que nous sommes ambitieux, rien n'est plus indigne de nous, rien n'est plus contre nous-mêmes qu'une ambition de sous-préfecture. Nous nous sommes connus comme amoureux ; il faut nous développer dans ce sens en nous disant que, parce que nous sommes amoureux, rien n'est plus indigne de nous, rien n'est plus contre nous-mêmes que les frêles amours élégiaques et que nous devons sentir ces « belles passions » généreuses qui font « l'honnête homme » et qui inspirent une foule de sentiments nobles et magnanimes. Ainsi de suite.

Vouloir devenir ce que l'on est, formule essentiellement optimiste, c'est croire la nature humaine très bonne en son fond, ce qui est possible ; et croire qu'en allant au fond de nous-mêmes nous trouverons quelque chose d'excellent ; et croire enfin qu'en développant chacun ce fond de nous-mêmes nous ne pouvons arriver qu'à un état qui tend au parfait.

Mais si ce fond de moi était mauvais, comme, aussi, il est possible ? Je ne crois pas mal interpréter Nietzsche en lui faisant répondre : « Encore vaudrait-il mieux, étant mauvais, devenir ce que vous êtes, c'est-à-dire devenir plus mauvais. » Le fond — sentimental, non intellectuel — de Nietzsche, c'est l'horreur de la médiocrité, de l'état moyen, de l'état neutre, de l'état petit bourgeois, du « marais » ou du « marécage », de sorte qu'il n'est pas loin de sa pensée, ou plutôt de ses sentiments, d'estimer que mieux vaut se développer en mauvais, en méchant, en malfaisant, que ne point se développer du tout. L'humanité est peut-être faite pour lui de ceux qui deviennent ce qu'ils sont et de ceux qui sont sans jamais rien devenir. Et parmi ceux qui deviennent ce qu'ils sont il y a ceux qui se développent en beauté et en grandeur, et il y a ceux qui se développent en laideur et en atrocité; mais ceux-ci pouvaient se développer autrement; ils ont bien fait, en tout cas et à tout risque, de se développer; et il n'y a de méprisables que ceux du milieu, que ceux qui n'ont pas fait un pas, que les stagnants.

Quoi qu'il en soit, devenir celui qu'on est, c'est-à-dire se connaître, prendre conscience de soi, prendre direction de soi et se promouvoir dans le sens de sa nature, voilà la seconde maxime.

Vivre dangereusement est la troisième. Vivre dangereusement est le grand, le vrai, l'essentiel et définitif signe de noblesse. C'est d'abord n'avoir pas peur, et la peur est un rétrécissement au lieu d'un agrandissement de la personnalité ; elle est donc exactement le contraire du « devenir ce que nous sommes » ; elle est ensuite une « tristesse, comme dit Spinoza, née de l'image d'une chose douteuse ». Or l'image d'une chose douteuse, le risque, exalte l'âme généreuse et la rend joyeuse au lieu de la rendre triste. « **Je me rappelle toujours, dit Charlemagne à un de ses compagnons :**

> L'air joyeux qui parut dans ton œil hasardeux,
> Un jour que nous étions en marche, seuls tous deux,
> Et que nous entendions dans les plaines voisines
> Le cliquetis confus des lances sarrasines.

Vivre dangereusement c'est ensuite être noble, parce que c'est s'offrir à la sélection : c'est la vie dangereuse qui sépare les forts des faibles en écrasant ceux-ci et en mettant à part ceux-là ; c'est donc s'offrir à la sélection que d'adopter la vie dangereuse ; or, s'offrir à la sélection c'est montrer qu'au moins on est digne d'être choisi. Celui-là seul tente le sort qui mérite que le sort le favorise. Si je ne suis pas le plus fort, du moins j'ai été fort en tentant d'être le plus fort ; et le respect du vainqueur pour le vaincu héroïque n'est pas autre chose, chez le vainqueur, que le sentiment que, quoi qu'il soit arrivé, il se trouve devant un égal.

Et enfin dans la vie dangereuse il y a cette autre égalité ou quasi-égalité, que le chagrin d'échouer est un plaisir qui égale à peu près le plaisir de réussir. Celui qui a dit « qu'au jeu il y a deux plaisirs, dont le premier est de gagner et le second de perdre », était un fin psychologue. Nietzsche dit exactement la même chose : « Vraiment cet homme s'entend à l'improvisation de la vie et étonne même les observateurs les plus experts ; car il semble qu'il ne se méprenne jamais, quoiqu'il joue toujours aux jeux dangereux... Voici un tout autre homme : il fait manquer en somme tout ce qu'il entreprend... Croyez-vous qu'il soit malheureux ? Il y a longtemps qu'il a décidé à part soi de ne pas prendre autrement au sérieux des désirs et des projets personnels : « Si ceci ne me réussit pas, se dit-il à lui-même, cela me réussira peut-être et au fond je ne sais pas si je dois avoir plus de reconnaissance à l'égard de mes insuccès ou à l'égard de mes réussites. Ce qui fait pour moi la valeur et le résultat de la vie se trouve ailleurs ; ma fierté, ainsi que ma misère, se trouvent ailleurs. *Je connais davantage la vie parce que j'ai été si souvent sur le point de la perdre ; voilà pourquoi la vie me procure plus de joie qu'à vous tous.* »

Se surmonter, se développer en beauté — dernière beauté, le danger — voilà toute la morale de Nietzsche. C'est un stoïcisme qui commence par être le stoïcisme connu, à très peu près, et qui finit par être un stoïcisme supérieur. Du stoïcisme surtout passif, tel qu'il était chez les anciens, Nietzsche fait un stoïcisme actif. Le stoïcisme nous exhortait à nous dompter et à être maîtres de nous-mêmes. Pourquoi? Pour cela. Nietzsche nous exhorte à nous dominer et à être maîtres de nous-mêmes pour nous jeter dans l'action énergique, hardie et aventureuse et pour en goûter les âpres et violentes jouissances. C'est un stoïcisme héroïque, c'est un stoïcisme dionysiaque. C'est un stoïcisme qui ferait l'homme si fort, s'il était possible, que l'homme ne dirait pas : « J'ai dompté mes passions » ; mais : « je les ai laissées vivre pour le plaisir de les dominer toujours et de les faire servir à leurs plus belles fins ; » et que l'homme ne dirait pas au malheur: « Tu n'es pas un mal » ; mais : « Tu es un bien, puisque tu me donnes l'occasion de déployer mon énergie ; et vive le malheur où j'ai tout l'emploi de ma force ! »

Et c'est ainsi que se trace d'elle-même dans l'esprit de Nietzsche l'image du héros ou du « surhomme » ou du candidat à la surhumanité. Signes de noblesse : maîtrise de soi-même, pudeur relativement à la révélation de ses sentiments intimes ; politesse ; ne pas vouloir renoncer à sa propre responsabilité et ne pas vouloir la partager ; compter ses privilèges et leurs exercices au nombre de ses devoirs (je suis plus fort qu'un autre ; c'est un devoir de plus) ; *ne jamais songer à rabaisser ses devoir à être les devoirs de tout le monde* ; respect des vieillards, ce qui est respect de la tradition, goût du péril.

Ces vertus pourraient être pratiquées par un petit nombre d'hommes qui se sentiraient la force de les pratiquer et qui voudraient devenir de plus en plus ce qu'ils seraient. Ils les cultiveraient chez leurs enfants par une éducation qui serait juste à l'inverse de l'éducation ordinaire. L'éducation ordinaire se donne pour but « d'étouffer l'exceptionnel en faveur de la règle », de diriger les esprits « loin de l'exception, du côté de la moyenne ». L'éducation des supérieurs, « tenant à son service un excédent de forces », serait une « serre chaude pour la culture du luxe, de l'exception, de la nuance, de la tentative, du danger. »

Ils seraient très durs pour eux-mêmes, comme ces « prêtres », ces « jésuites » même, que Nietzsche n'aime point, mais dont il fait remarquer que, si indulgente que puisse être leur morale pour les autres, elle est terrible pour eux-mêmes : « Aucune puissance ne peut se soutenir si elle n'a pour représentants que des hypocrites ; l'Eglise catholique a beau posséder encore bien des éléments *séculiers*, sa force réside dans ces natures de prêtres, encore nombreuses aujourd'hui, qui se font une vie pénible et de portée profonde et dont l'aspect et le corps miné parlent de veilles, de jeûnes, de prières ardentes, peut-être même de flagellations ; ce sont ces natures qui ébranlent les hommes et leur causent une inquiétude : « Eh ! quoi ? S'il était nécessaire de vivre de la sorte ! » telle est l'affreuse question que leur vue met sur la langue. En répandant ce doute, ils ne cessent d'établir de nouveaux appuis de leur puissance. Même les libres penseurs n'osent pas répliquer à un de ces détachés d'eux-mêmes avec un rude sens de la vérité et lui dire : « Pauvre dupe, ne cherche pas à duper ». Seule la différence des points de vue les sépare de lui, nullement une différence morale, de bonté ou de méchanceté ; mais ce que l'on n'aime pas, on a coutume aussi de le traiter sans justice. C'est ainsi qu'on parle de la malice et de l'art exécrable des Jésuites, sans considérer quelle violence contre soi-même s'impose individuellement chaque jésuite et que la pratique de vie aisée, prêchée par les manuels jésuitiques, doit être considérée comme s'appliquant, non à eux, mais à la société laïque ».

Ces surhommes peuvent être au moins « préparés » par des hommes qui mettent au-dessus de tout *la vaillance, l'intrépidité* : « Je salue tous les indices [ne lui demandez pas trop où il les voit] de la venue d'une époque plus virile et plus grossière, qui mettra de nouveau en honneur *la bravoure avant tout*... Pour cela il faut, dès maintenant, des hommes vaillants qui préparent le terrain, hommes qui ne pourront certainement pas sortir du sable et de l'écume de la civilisation d'aujourd'hui et de l'éducation des grandes villes ; des hommes qui, silencieux et solitaires et décidés, s'entendent à se contenter de l'activité invisible qu'ils poursuivent ; des hommes qui, avec une disposition à la vie intérieure, cherchent, pour toutes choses, ce qu'il y a à surmonter en elles ; des hommes qui aient en propre la sérénité, la patience, la simplicité et la mépris des grandes vanités, tout aussi bien que la générosité dans la victoire et l'indulgence à l'égard des petites vanités de tous les vaincus ; des hommes qui aient un jugement précis et libre sur toutes les victoires et sur la part de hasard qu'il y a dans toute victoire et dans toute gloire ; des hommes qui aient leurs propres fêtes, leurs propres jours de travail et de deuil, habitués à commander avec la sûreté du commandement, également prêts à obéir lorsque cela est nécessaire, également fiers dans l'un comme dans l'autre cas, comme s'ils suivaient leur propre cause ; des hommes *plus exposés, plus terribles, plus heureux*. Car, croyez-m'en, le secret pour moissonner l'existence la plus féconde et la plus grande jouissance de la vie, c'est de vivre dangereusement. Envoyez vos vaisseaux dans les mers inexplorées ! Construisez vos villes auprès du Vésuve !... »

Et nous voilà bien au point : Nietzsche a toujours l'idée d'une société où une élite, un peu dans son intérêt, un peu et beaucoup parce que telle est la nature des choses, à laquelle il faut bien se conformer, *laisserait* aux bêtes de troupeau leur morale, une morale douce, facile, point mauvaise, mais point vigoureuse, prendrait même quelque soin d'encourager cette morale ; *aurait* pour elle-même une morale virile, stoïque, ascétique, héroïque, décuplant l'énergie naturelle.

« Même on peut se demander, si nous, les amis des lumières, dans une tactique et une organisation *toute semblable* [celle qu'il rêve], nous ferions d'aussi bons instruments, aussi admirables, de victoire sur nous-mêmes, d'infatigabilité, de dévouement » [que les prêtres et les jésuites cités plus haut].

Les hommes de la haute morale seraient donc

très impérieux pour les autres, quoique beaucoup moins que pour eux, et ils en auraient le droit, ne se ménageant point eux-mêmes, et on leur en reconnaîtrait le droit, en voyant bien qu'ils aiment le prochain comme ils s'aiment et même avec plus de condescendance ; ils seraient d'une loyauté absolue et d'une solidarité absolue entre eux, et grâce à cette cohésion, ils gouverneraient l'humanité, reconnaissante ou soumise, et c'est un souvenir, chez un antiplatonicien, de la République de Platon.

Cette morale que Nietszche n'a pas achevée ; car il se cherchait encore au moment où il a sombré (voir sa *Vie* par M. Daniel Halévy) et il se préparait à se contredire une fois de plus ; cette morale est bien une morale. C'est humeur batailleuse et paradoxale et désir de scandaliser qui ont fait si souvent dire à Nietzsche qu'il était un immoraliste. Il l'a bien senti quand il a écrit sur son carnet : « J'ai dit que je me place au delà du bien et du mal. Est-ce à dire que je veuille m'affranchir de toute catégorie morale ? Non pas ! Je repousse ceux qui exaltent la douceur en l'appelant le bien et ceux qui diffament l'énergie en l'appelant le mal [c'est bien son fond] ; mais l'histoire de la conscience humaine nous découvre une multitude d'autres valeurs morales, d'autres manières d'être bons, d'autres manières d'être mauvais. »

Nietzsche est donc bien un moraliste, et qui a voulu l'être, et sa morale, quoique inachevée, comme il le reconnaît, est bien une morale. Elle est même très haute, puisque j'ai cru montrer qu'elle est un stoïcisme dépassé. Mais elle est sombre, désespérante et, si éloigné que je sois, en morale, d'approuver la manière douce, elle est trop rude pour le commun et même pour la moyenne honorable des hommes. On voit trop qu'elle est inspirée constamment par une pensée violemment aristocratique, et si je crois qu'une morale doit tendre à l'aristocratisme, je ne crois pas qu'il soit très bon qu'elle *en vienne.* Il est trop certain que Nietzsche n'espère rien des bêtes de troupeau et leur laisse leur morale médiocre et tenue par lui pour une immoralité, au lieu de chercher une morale qui conviendrait aux forts et aussi aux faibles, aux supérieurs et aussi aux humbles.

Et je n'entends point par là une morale moyenne et à mi-côte et d'entre-sol, de quoi précisément j'ai horreur, mais une morale assez embrassante, au contraire, et compréhensive, pour susciter et encourager toute la force des forts et le peu de force des faibles ; et j'entends non pas qu'on trouve l'entre-deux, mais que l'on comble l'entre-deux.

Il était bien sur la voie, puisque, quand, pour un moment, il n'est plus féru de son antithèse des deux morales aux antipodes l'une de l'autre, il en indique sept ou huit qui vont du plus bas au plus haut. Ceci est, non seulement très pratique, mais fondé en bonne raison, et il y aura toujours nécessairement une demi-douzaine de morales parmi les hommes ; mais restait à trouver un principe général inspirant plus ou moins, mais inspirant toutes, ces morales différentes, plus intense chez l'une, moins chez l'autre, présent dans toutes et qui ferait en somme de toutes ces morales une seule à différents degrés.

Et cela aurait répondu à ces deux idées contradictoires et très vraies toutes deux, qu'il y a plusieurs morales et qu'il n'y en a qu'une ; qu'on ne peut exiger de l'un ce qu'on exige de l'autre et qu'on doit exiger du plus bas un peu de ce qu'on exige du plus haut ; et cela aurait respecté et affirmé, au lieu de la briser ou de la nier, l'unité, relative, mais réelle, de l'humanité.

Et ce principe commun était-il si difficile à trouver ? Je ne crois pas.

Quant aux questions d'école, cette morale est-elle normative ou hypothétique, impérative ou persuasive? Il est évident qu'elle est persuasive seulement, puisqu'elle n'est pas une religion et puisqu'elle ne fait pas du devoir une religion. Elle dit à l'homme : sois tel et tel ; fais ceci et cela ; *autrement* tu seras une bête de troupeau, tu seras très vil. Par ce seul « autrement » — Nietzsche a raisonné ainsi quelque part — tout impératif est détruit. Mais, comme la morale de Guyau du reste, cette morale est bien dans le sens de la vie. Elle prend pour mobile, elle prend pour levier, non pas, comme Guyau, le goût de vivre lui-même, mais *une* des raisons de vivre les plus fortes, la volonté de puissance sur les autres et sur soi-même ; et si la vie n'est pas seulement volonté de puissance, il faut convenir qu'elle est cela plus que tout autre chose.

La morale de Nietzsche dit à l'homme : veux-tu être fort ? Si tu n'y tiens pas, je n'ai rien à te dire et il y a pour toi d'autres guides. Si tu veux l'être, sois tel et tel ; fais ceci et cela. Or la volonté de puissance est partout dans la nature et elle existe chez l'homme à un degré extraordinaire en raison même de sa faiblesse primitive qui a exigé de lui un déploiement formidable d'énergie. Nietzsche lui-même a bien senti cela par lui-même : faible, chétif, toujours malade, il a dit que sa philosophie lui avait été inspirée par son état et que plus il a été terrassé, plus l'énergie « surhumaine » lui est apparue et comme le remède et comme la vérité ; et l'optimisme-bravade comme la solution. La morale de Nietzsche est une sombre leçon d'énergie donnée par un débile et d'optimisme donnée par un malheureux. Ne fût-elle que cela, elle est d'abord un beau spectacle et ensuite elle est un cordial, un tonique et un viatique.

Sa racine profonde et aussi le but où elle tend toujours, à travers tant de détours et aussi d'erreurs, c'est le sentiment du beau. C'est *parce que* Nietzsche est un artiste dilettante, dans le sens le plus élevé du mot, qu'il a admiré avec frénésie la beauté dans tous les arts et dans tous les aspects de la nature et qu'il a admiré avec fanatisme cette beauté humaine, la force ; c'est parce qu'il est un artiste dilettante qu'il a détesté tout ce qui fait l'homme laid, tout ce qui le déprime et le refoule, tout ce qui le rapetisse, la timidité, la crainte, le scrupule, la modération, l'abstinence, la tempérance et la morale des petits et des moyens, qui recommande toutes ces vertus des moyens et des petits. C'est pour cela qu'élevé dans le pessimisme et pessimiste en son fond par son

tempérament et son caractère, il a fait comme un
« rétablissement », de tous ses muscles, pour se
jeter à corps perdu dans un ultra-optimisme, dans
un optimisme par delà la confiance et l'espoir, par delà
l'acceptation, en pleine affirmation du bien, même
dans le mal, et du bonheur, même dans le malheur.
Pourquoi ? Parce que le pessimisme fait l'homme
petit, faible, mince, ramassé et rétréci en lui-même,
laid ; et parce que l'attitude dionysiaque en face du
monde accepté tout entier, du bonheur accueilli, du
malheur bravé, est très belle, très imposante, très
radieuse, et met l'homme, comme dit son cher Corneille, « en posture d'un Dieu ».

Et c'est parce que Nietzsche est un artiste actif,
parce qu'il veut sculpter l'humanité en beauté, qu'il
a dit à l'homme : sois fort, fort de tout ton courage, de
toute ta résistance, de toute ton endurance, de toute
ton audace ; sois véritablement *audax Iapeti genus ;*
dépasse-toi, surmonte-toi, vis dangereusement, pour
arriver au mépris du danger, c'est-à-dire de toute
faiblesse ; tire de toi tous les éléments de force que
tu contiens pour devenir tout ce que tu es et pour
ainsi dire plus encore ; car, comme a dit La Rochefoucauld : « Nous avons plus de force que de volonté
et c'est souvent pour nous excuser à nous-mêmes que

nous nous imaginons que les choses sont impossibles », et comme il a dit encore : « Rien n'est impossible ; il y a des voies qui conduisent à toutes choses, et si nous avions assez de volonté nous aurions toujours assez de moyens » ; et comme il a dit encore : *Il s'en faut bien que nous connaissions toutes nos volontés.* » Agis d'après ces maximes et tu seras beau, ce qui est le souverain bien, tant cherché. C'est ainsi que tu comprendras toi-même et que tu comprendras le monde ; car *le « monde et l'existence ne peuvent paraître justifiés »*, n'ont un sens, ne cessent d'être incriminables « *qu'en tant que phénomène esthétique* » et dessein esthétique, volonté de beau. — Ceci est le fond et presque le tout de Nietzsche: Il y a trois impératifs : du bien, du vrai et du beau. Nietzsche a senti fortement l'impératif du vrai, profondément celui du beau ; et la conception du bien où il est arrivé a été postulée en son esprit par l'impératif du vrai et surtout par l'impératif du beau.

Mais, par suite de sotte démangeaison de scandaliser, par suite d'humeur provocatrice, par suite de lourd antiphilistinisme et c'est-à-dire de philistinisme à rebours, il a tant affecté l'immoralisme, tant répété, lui le très grand moraliste et très pur, l'éloge du « crime », du « vice », de la « méchanceté », de la

« cruauté », comme s'il eût été un vulgaire Stendhal, qu'il s'est ruiné comme moraliste, qu'il n'aura aucune autorité parmi les hommes, et que sa haute morale ne sera accessible et profitable qu'à ceux, évidemment rares, qui sauront la dégager patiemment de toutes ses scories, qui sont propos querelleurs, boutades, incartades et paradoxes.

CHAPITRE VI

LA MORALE SCIENCE-DES-MŒURS

D'autres moralistes, parmi lesquels comme précurseurs on peut et l'on doit compter Hobbes, Saint-Simon et aussi Auguste Comte, en ce sens qu'il a voulu faire rentrer la morale dans la sociologie, à la tête desquels on doit mettre M. Lévy-Bruhl, pour son livre, d'un incomparable talent, intitulé *la Morale et la science des mœurs*, se sont demandé ceci : la morale ne serait-elle pas, comme la physique, *tout simplement une science* ?

Qu'est-ce qu'une science ? C'est : 1º la *connaissance* d'un certain nombre de faits : 2º le ramènement de ces faits à un petit nombre de *lois* ou à une seule loi. La morale ne serait-elle pas la science des faits moraux à telle date, dans telle civilisation, et la réduction de ces faits à un certain nombre de lois générales ou à une seule loi ?

Est-ce que, la *morale*, ce ne serait pas *les mœurs*, les mœurs étudiées avec précision et avec plénitude, et puis ramenées à quelques formules indiquant leur état général et le sens dans lequel elles se dirigent ?

Ce serait étudier la « *réalité morale* ». Remarquez qu'il n'y a que cela de scientifique, et c'est à dire qu'il n'y a que cela qui soit sûr. Remarquez que toute formule de morale théorique et normative est une imagination, une construction idéale, une œuvre, si l'on veut, de la raison spontanée ; et raison spontanée ne veut rien dire que raison intuitive, donc une révélation dans une extase ; et il n'y a rien là de scientifique, la science ne s'appuyant que sur des faits et ne voulant et ne devant partir que des faits.

Les « révélateurs » nous diront : « Mais nous aussi nous partons au moins *d'un fait* ; nous partons du fait moral, du « tu dois » que la conscience dit à chaque homme ; et cela est bien un fait.

— Oui ; mais un fait qui ne contient rien, un fait qui ne contient pas de faits, un fait qui ne contient que lui, et que, en tant que fait, nous ne pouvons enregistrer que comme une impulsion. Nous en tiendrons compte ; mais nous disons qu'il n'est pas scientifique de fonder quoi que ce soit sur un seul fait, fût-il universel, qui n'est qu'une tendance de l'âme humaine et qui ne renseigne pas sur la morale, qui ne donne d'autre renseignement sur la morale que ceci que l'âme humaine tend à ce qu'il y en ait une.

Remarquez de plus que ce qui vient d'être dit *n'est pas vrai*; que les morales théoriques, normatives, qui révèlent et qui commandent, au fond ne font pas autre chose que ce que nous voulons qu'on fasse, ne font pas autre chose que rationaliser la pratique morale existante, que mettre en une loi ce qu'elles observent comme *faits moraux* autour d'elles.

D'où vient, en effet, que ces morales théoriques divergent par leurs théories et convergent admirablement par les préceptes qu'elles enseignent, une fois qu'elles en arrivent à ces préceptes? Le fait n'est pas niable. Epicure et Zénon sont aux antipodes pour ce qui est des théories; ils s'accordent si bien pour ce qui est des préceptes que Sénèque emprunte indifféremment ses formules à Epicure et à Zénon. Leibniz montrait sans difficulté que sa morale, toute rationnelle, était parfaitement d'accord en ses conclusions avec la morale religieuse. John Stuart Mill fait remarquer que sa morale, tout utilitaire, finit parfaitement par se confondre avec le fond même de l'Evangile : « Aime ton prochain comme toi-même ». Et c'est ce qui faisait dire, très spirituellement, à Schopenhauer : « Il est difficile de fonder la morale, il est aisé de la prêcher. »

Que conclure de cette coïncidence qui ne peut pas être fortuite ? Que les théoriciens de la morale ont, quoi qu'ils en aient, les yeux fixés sur la moralité commune et y conforment leurs préceptes ; qu'ils ne peuvent pas « s'écarter de la conscience commune de leur temps » ; qu'ils ne déduisent pas, quoi qu'ils en puissent croire, leur pratique de la théorie, mais qu'ils déduisent leur théorie de la pratique. Bon gré, mal gré, la théorie est « assujettie à rationaliser la pratique existante ». Seulement ce qu'ils font là, ils le font inconsciemment, machinalement, subissant la pression des entours, et avec cette erreur qu'ils croient tirer de leurs principes leurs préceptes, alors qu'ils accommodent leurs préceptes, inspirés par la morale courante, aux principes d'où ils sont partis, ce qui, pour des hommes ingénieux, et du reste en toute bonne foi, est toujours possible.

Or, ce qu'ils font inconsciemment, faisons-le en nous en rendant compte, méthodiquement, scientifiquement, réellement. Etudions la réalité morale, c'est-à-dire les mœurs qui nous entourent, et les classant, les ramassant, les formulant, ramenons-les à des lois générales.

Ces lois générales seront la morale, la *morale réelle*, de notre temps. C'est tout ce qu'un esprit scientifique peut faire et doit faire.

Sans doute, la morale a toujours eu pour caractère d'être idéalisatrice, de *s'éloigner des faits*, et même nous ne la *sentons* comme quelque chose à quoi nous sommes forcés de donner un nom qu'en tant qu'elle s'éloigne des faits et veut énergiquement les dépasser ; sans cela elle s'appellerait la réalité ou la nature. Rien de plus certain; mais la morale, quand on y regarde de près, ne s'éloigne pas des faits ambiants ; elle *semble s'en éloigner*. En fait cet « idéal » n'est que « la projection » de la réalité sociale d'à présent, soit dans un passé lointain, soit dans un avenir lointain aussi. C'est l'âge d'or de derrière nous ou de devant nous. Mais il n'en reste pas moins que la plus belle morale théorique est inspirée par les mœurs ambiantes, que, seulement, elle transfigure. Les « Paradis » sont très instructifs à cet égard. Ils sont la projection brillante des mœurs mêmes du peuple à qui appartiennent ceux qui les rêvent. Le paradis de Virgile est un cap Sunium ou un Tibur, un lieu où des sages conversent éternellement de choses élevées et belles ; le paradis de Dante est une église catholique où les élus se repaissent de la connaissance de Dieu ; le paradis de Mahomet est un jardin d'Armide et le paradis d'Odin un merveilleux pays de chasse. Voyez-vous Virgile décrivant un paradis où tous les élus travailleraient dans la plus stricte égalité et, dans une égalité pareille, recevraient chacun leur part des fruits recueillis ? Non, ce paradis-là n'aurait pu être peint que par un Jésuite du Paraguay ou ne pourrait l'être que par M. Jaurès.

La morale la plus théorique n'est donc que le reflet en beau, mais un reflet très exact, des mœurs qui environnent le théoricien.

Revenons et reprenons : ce que font inconsciemment les morales théoriques, nous devons le faire méthodiquement et scientifiquement ; et elles-mêmes nous enseignent que nous n'avons pas autre chose à faire.

Ceci est-il — car nous voyons bien qu'on va nous en accuser — détruire la morale courante, la morale qui nous entoure ; les aspirations morales de nos contemporains ?

— Non, puisque c'est s'en inspirer, puisque c'est les consulter constamment ; non seulement les consulter, mais les prendre en mains tout entières pour opérer sur elle une sorte de clivage méthodique, scrupuleux, donc le plus respectueux du monde.

— Pardon ! Ce n'est pas la *morale* de vos contemporains que vous clivez ; ce sont leurs mœurs, et cela fait une différence.

— Les mœurs oui ; mais la morale aussi ; la morale pour nous fait partie des mœurs ; les aspirations morales les plus élevées font essentiellement partie des mœurs ; la foi morale d'un Kant, le monde comme volonté d'un Schopenhauer, la volonté de puissance d'un Nietzsche, sont des faits moraux d'une extrême importance et que nous mettons sur nos fiches ; la *métamorale* fait partie des mœurs comme fait éthique ; mais notre métier de savant n'est que d'étudier *toutes les mœurs* et de les ramener à leurs lois générales ou à leur loi générale. Quelles sont les mœurs du monde civilisé, *y compris* ses rêveries éthologiques, au xxe siècle, voilà ce que nous avons à savoir ; à quelle pensée générale ou à quel groupe de pensées générales peuvent-elles raisonnablement se ramener : voilà ce que nous avons à chercher.

Cette morale science-des-mœurs a soulevé et soulève de nombreuses et fortes objections. *Prévue* par Renouvier, elle lui faisait dire, dans sa *Science de la morale* : « L'inévitable considération de l'état de moralité des autres pour décider de la possibilité des actes moraux de chaque homme, supposé moral en principe, est une espèce de solidarité humaine [rappel de la solidarité du mal que nous avons exposée plus haut]... C'est pour cette raison que les moralistes les plus rigides sont réduits à distinguer les devoirs en larges et stricts, parfaits et imparfaits [d'où toute une casuistique]... Kant lui-même, concession et faiblesse trop peu remarquées, admet des devoirs larges et ne sait comment marquer la limite des devoirs stricts... [De là] une sorte de coexistence de deux morales dans l'esprit de la plupart des hommes de notre temps [et de tous les temps]. L'une de ces morales s'attache à un *idéal* de bonté, de pardon et de sacrifice à réaliser en chaque personne... et prend la raison et la liberté pour les coefficients uniques des actes moraux. Mais, à côté de celle-ci, on trouve une autre morale qui parle de justice matériellement obligatoire, de devoirs imposés par contrainte... On s'explique cela sans peine, une fois remarqué, par l'influence d'une passion de l'homme qui *veut à la fois envisager son idéal dans les faits*, se flatter de l'y retrouver et *porter dans l'idéal, afin de le rendre mieux applicable, des maximes des notions nées des faits mêmes où l'idéal se trouve renversé.* »

Réduire la morale à être le résumé, le ramassé et l'extrait des mœurs contemporaines et environnantes, c'est se faire un idéal des notions nées des faits mêmes où l'idéal est renversé ; c'est, des deux morales, l'une qui se fait un idéal elle-même et l'autre qui en cherche un dans les faits qui le renversent, écarter la première et conserver précieusement la seconde, écarter l'excellente et garder la médiocre.

Car enfin que m'apprendront les mœurs des hommes ? Elles sont surtout mauvaises. A être mauvais.

— Non, elles sont surtout médiocres.

— A être médiocre. On ne se trompera guère, dit Nietzsche, en attribuant les petites actions à la peur, les moyennes à l'habitude et les grandes à la vanité. Que m'enseignera le clivage ? A vivre moitié selon la peur, moitié selon la coutume ; car les grandes actions, étant rares, n'entreront pour ainsi dire point comme coefficient de la moyenne.

La morale science-des-mœurs est analogue à ce qu'on a dit de la morale de La Fontaine : « La Fontaine est moral comme l'expérience. » Or ceci est une sottise. Est-ce que l'expérience est morale ? Elle est surtout démoralisante.

La morale science-des-mœurs est analogue encore à la religion de l'humanité de Comte : « Adorez l'humanité », dit Comte.

— Mais elle n'est pas adorable du tout. Elle est surtout méprisable. Comment voulez-vous que je l'adore ?

— Que faites-vous donc ?

— J'adore Dieu.

— Mais ne voyez-vous pas que Dieu, c'est l'humanité projetée dans l'infini, avec une transfiguration plus ou moins adroite ?

— Il est possible ; mais Dieu, c'est un idéal que je puis adorer, et comme il me commande d'aimer les hommes, je les aime par ce détour qui, je l'avoue, m'est nécessaire ; Dieu me disant : « Aime les hommes », moi répondant : « Ah ! bien ! oui ! » Dieu me répliquant : « Je les aime bien, moi ! » et moi n'ayant plus rien à dire.

Oui il y a analogie entre une morale se passant d'idéal et tirant le devoir de l'étude des hommes qui ne le pratiquent pas, et une religion se passant de Dieu et commandant d'aimer les hommes qui ne le méritent point.

Morale résultant de la science des mœurs ! Je vis au xviie siècle et je lis La Bruyère. Voilà bien, avec de l'esprit tout autour, la science des mœurs. Remarquez que La Bruyère peint très souvent les bonnes mœurs et ne se borne pas à peindre les mauvaises. C'est un tableau complet du temps. Eh bien ! C'est d'après le résumé ou la moyenne de ces mœurs que je vais me conduire ? Je suis damné.

Comme je l'ai fait remarquer, dans ce traité ou dans un autre, la morale science-des-mœurs a pour maxime fondamentale le critérium de Kant, altéré, adultéré, tel qu'il serait s'il était mal compris. Kant dit : Agis toujours comme *si tu voulais* que ton action *fût* érigée en règle universelle de conduite. » La morale science-des-mœurs dit, ou semble bien dire : « Agis toujours selon ce qui *est* érigé en règle universelle de conduite. » C'est le critérium de Kant, *moins* l'idéal, l'idéalisme, l'élan vers le mieux, qui est contenu dans le conditionnel : « ce que tu voudrais qui fût. » Un ancien, d'après Kant, aurait pu affranchir ses esclaves ; d'après la morale science-des-mœurs il n'aurait pas cru pouvoir le faire. Un patron, d'après Kant, peut admettre ses ouvriers à la participation aux bénéfices ; suivant la morale science-des-mœurs il ne croira pas pouvoir le faire.

L'étude des mœurs, tendances, inclination des hommes, même non seulement de notre temps, mais de tous les temps, ne peut, selon l'expression de M. Delbos, qui me paraît excellente, que « décrire une volonté voulue, non expliquer une volonté voulante » ni, à plus forte raison, « faire vouloir ». Je puis considérer toutes les actions des hommes, les connaître toutes, et certes j'en serai plus éclairé ; mais, quand il s'agira de me décider, ce sera par un mouvement intérieur qui, soit approuvera, soit désapprouvera la moyenne de ces actions, et dans les deux cas ce n'est pas cette moyenne elle-même qui m'aura décidé.

— A moins que vous n'agissiez selon la coutume !

— Mais non pas même ! Quand on agit sans réflexion, on agit par imitation de la coutume, oui ; mais muni de la science des mœurs et ayant réfléchi sur elle, quand on agit par coutume on n'agit pas par coutume ; on agit par approbation de la coutume ; et ceci même est un mouvement intérieur. Donc, dans tous les cas, ce n'est pas la science des mœurs qui me fera agir, mais quelque chose de moi qui s'y sera ajouté. Ce quelque chose de moi, c'est mon idéal, et nous voilà ramenés à la morale théorique.

« La science objective des mœurs ne peut produire, dit encore M. Delbos, aucune règle définie qui prescrive à la volonté des fins à choisir — *sinon par addition arbitraire.* » Cette addition arbitraire, c'est l'inspiration de mon idéal particulier. Je l'ajoute au *donné* que j'ai tiré de ma science des hommes ; mais, sans cette addition, il n'y aurait rien du tout de déterminant. Ma volonté s'appuie sur toute la science éthique que je puis avoir, pour y trouver « le moment » où mon action est opportune, « la matière » dont mon action sera remplie, la manière aussi (je puis imiter un homme que j'approuve) dont mon action sera faite, les « moyens » aussi de mon action ; mais « de toute ma science éthique ma volonté ne saurait tirer sa loi propre. »

Singulier renversement des valeurs. Avec la science des mœurs c'est l'homme libre, ce me semble, qui est immoral. Supposons forme actuelle de la morale ce que Nietzsche assure avoir été la première forme de la morale : « La moralité n'est pas autre chose que l'obéissance aux mœurs ; mais les mœurs c'est la façon traditionnelle d'agir... [Donc] l'homme libre est immoral, puisque, en toutes choses, il veut dépendre de lui-même et non d'un usage établi. *Mal* est équivalent d'intellectuel, de libre, d'arbitraire, d'imprévu... Si une action est exécutée, non parce que la tradition le commande, mais pour d'autres raisons et même pour les raisons mêmes qui ont autrefois établi la coutume, elle est qualifiée d'immorale et considérée comme telle... »

Notez que même de nos jours, il en est à peu près ainsi, à cause de cette *sous-morale* dont nous parlait si bien Renouvier. Mais enfin les choses sont telles. En morale science-des-mœurs l'homme original est immoral, l'homme individuel est immoral ; la liberté est une immoralité. La seule moralité est la moralité animale, et encore la moralité animale élémentaire : se conformer au milieu. Pour une fourmi ou une abeille, la moralité telle qu'elle apparaît dans la science des mœurs est — non pas absolue ; car encore un individu fourmi ou un individu abeille a de l'initiative — mais tout près d'être absolue. Or, malgré tout le respect que l'on doit à ces animaux prodigieusement doués de l'instinct social, ne sent-on pas que l'homme tout au moins est constitué autrement et né... pour beaucoup de choses, mais en particulier pour chercher individuellement ses motifs d'agir.

Nietzsche semble avoir souvent rencontré sur le chemin de sa pensée la morale science-des-mœurs ou quelque chose de bien approchant. Il dit un jour :

« *Digne de réflexion* — accepter une croyance simplement parce qu'il est d'usage de l'accepter, ne serait-ce pas être de mauvaise foi [envers soi-même] être lâche, être paresseux ? Et donc la mauvaise foi, la lâcheté, la paresse, seraient-elles donc la condition première de la moralité ? »

— Oui, ce semble, si la moralité, c'est connaître les mœurs et y adhérer. Et ici revient le mot, que je ferai revenir encore, le mot maître de la morale de Nietzsche : « Ne jamais songer à rabaisser nos devoirs à être les devoirs de tout le monde. »

Remarquez : même les devoirs. Les devoirs ne sont pas la moyenne des mœurs ; ils en sont le meilleur ; ils sont ce que nous avons tiré de la science des mœurs en y ajoutant (« addition arbitraire » de M. Delbos) en y ajoutant de notre grâce, une *préférence* à l'égard de telle ou telle coutume parmi les cent mille ; les devoirs sont telle action que nous avons vu faire, érigée par nous en exemple, en modèle, en type de loi. Or, même ces actions d'élite, même ces devoirs, quand nous songeons aux nôtres, nous ne devons pas vouloir qu'ils soient des devoirs suffisants ; nous devons les dépasser, les surmonter, les laisser loin derrière nous et nous privilégier dans le devoir.

Or ces devoirs supérieurs, ces *surdevoirs*, où en prendrons-nous l'idée ? Dans la science des mœurs, je le veux bien, mais — toujours — en y ajoutant quelque chose. Quoi ? Quelque chose qui, sans doute, ne nous serait jamais venu à l'idée si nous ne connaissions pas les mœurs, mais qui nous est inspiré, comme désir, comme aspiration, comme élan vers un mieux, par un mouvement intérieur.

En tout cas, comme on l'a fait remarquer à M. Lévy-Bruhl, cette morale tirée de la science des mœurs serait terriblement *conservatrice*. Elle empêcherait, elle interdirait tout progrès. Si la moralité consiste à connaître les mœurs de ses contemporains et à s'y conformer, on n'inventera jamais une manière meilleure d'être moral ; on piétinera toujours ; on tournera toujours dans le même cercle.

Mon Dieu, a répondu spirituellement M. Lévy-Bruhl, je ne sais à qui entendre. Les uns me reprochent de détruire la morale, les autres me reprochent de la trop conserver !

On peut lui répliquer : mais, précisément ! Conserver la morale c'est la détruire, puisqu'elle est en son essence un désir d'amélioration ; puisqu'elle est une aspiration vers un mieux; puisqu'elle contient essentiellement non un être, mais un *devenir*. Je suis moral, surtout, presque exclusivement, en ceci que je veux être *plus moral*. M'assigner pour tâche seulement de ressembler à tout le monde, c'est me prescrire d'être ce que je suis et non pas, comme Nietzsche, de devenir celui que je suis ; et non pas, comme la plupart des philosophes, de devenir autre que je ne suis. On peut donc indifféremment vous reprocher de « démolir » la morale et de la conserver ; car, si ce n'est pas la même chose, ce sont choses très analogues.

Votre doctrine conduit à une sorte d'obéissance apathique à la coutume, à l'impossibilité « de procurer *ou même de concevoir* aucun progrès social, à moins que l'on ne compte sur la « *vis medicatrix naturæ* », sur la nature faisant toute seule le progrès et l'amélioration, ce qui n'est pas chose démontrée, ni très probable. Il ne peut pas ne pas y avoir un certain fatalisme dans l'homme dominé par la science des mœurs. Il sera toujours l'homme, assez répandu dans le monde, du reste, qui, quand on lui dit : « Que faut-il faire ? » répond : « Il y en a qui font ainsi, d'autres de telle sorte ».

— Mais que faut-il faire ?

— La plupart font comme ceci.

— Mais encore ?

— Il y en a presque autant, du reste, qui font autrement.

— Ah ! quel homme ! » — C'est l'homme de la science des mœurs.

On pense bien, si l'on connaît M. Lévy-Bruhl, qu'il a prévu *toutes* les objections que soulevait son système et qu'il y a répondu très spécieusement. Il a commencé par répondre, même par avance : Remarquez bien que je laisse intacte *toute la morale*. Cette morale telle que vous la suivez, soit chrétienne, soit stoïcienne, soit kantienne, soit sentimentale, elle reste tout entière ; je serais du reste bien empêché à la vouloir détruire ; et elle continue à vous inspirer. Seulement, à côté d'elle, loin d'elle, même, si vous voulez, j'institue une *science des mœurs* (et non pas *une morale*) comme il existe une physique pour étudier la nature. Il n'y a pas substitution d'une chose à une autre, il y a une chose nouvelle et qui manquait, qui est créée et qui en elle-même est éminemment intéressante et qui pourra peut-être, un jour, être utile à la première. La Bruyère ne se substitue pas à Bourdaloue, ni n'en a la prétention. Il fait de la science des mœurs, pendant que Bourdaloue fait de la morale.

M. Lévy-Bruhl a dit cela très souvent au cours de son volume ; mais ici il y a chez lui un peu de flottement. S'il dit cela et vingt fois, il dit aussi : « La science des mœurs ne détruit pas les systèmes de morale... mais elle les *remplace* ; » il dit aussi : « Une science des mœurs *substituée* à la morale théorique... » — Et si la science des mœurs, sans détruire la morale théorique, s'y substitue et la remplace, je ne vois pas trop comment elle ne la détruit pas ; elle ne la détruit peut-être pas ; mais ou elle l'élimine, ou elle l'absorbe, et l'on conviendra que c'est à peu près détruire. Non, M. Lévy-Bruhl et ses disciples ont bien dans l'idée que la science des mœurs jouera — au moins un jour — le rôle que jusqu'ici la morale a joué et ils devraient tout simplement en convenir. Un procureur de la République à Dijon, concluant dans une affaire de publications pornographiques, disait, en 1907 : « Les bonnes mœurs sont les mœurs de l'époque où l'on vit. » (Voir *La Gangrène pornographique*, 1908.) Voilà la morale science-des-mœurs. — Dans une composition de candidate à un brevet pédagogique on a relevé la ligne suivante : « La morale est ce qu'enseignent les mœurs générales d'une époque. « Voilà la morale science-des-mœurs.

M. Lévy-Bruhl a si bien *et* l'intention de fonder une morale, mettons si vous voulez une règle des mœurs, sur la science des mœurs, *et* de répondre à l'objection qu'avec cette morale il n'y a pas d'amélioration morale possible, que tout ce que nous venons d'exposer n'*est que la moitié de son système* et qu'il y a une seconde partie de sa tâche, comme on dit, où il n'est pas moins brillant que dans la première et où nous allons le suivre.

A la science des mœurs il y aura à ajouter, quand le temps en sera venu, quand la science des mœurs sera assez sûre et assez riche, *un art de la moralité*, et c'est cet art, fondé sur la science, éclairé par elle, qui permettra et qui donnera les améliorations, le progrès dont on nous parle tant et que l'on nous accuse si fort de ne pouvoir ni procurer ni concevoir.

Cet *art* qui sera un art *rationnel*, se servant des données de la science des mœurs, comparera les mœurs entre elles, verra celles qui sont bonnes et celles qui sont meilleures, « modifiera, par des procédés rationnels, *la réalité morale donnée,* comme la mécanique et la médecine interviennent, en vue de ces mêmes intérêts, dans les phénomènes physiques et biologiques »; suscitera et imposera, au nom de la science sûre où elle s'appuiera, des améliorations diverses et constituera ainsi le progrès moral. « Un art rationnel sera substitué à des pratiques plus ou moins empiriques et illusoires. » Peut-on douter que si nous avions une connaissance scientifique de notre société, c'est-à-dire, d'une part des lois qui régissent les rapports entre les phénomènes, et d'autre part des conditions antérieures dont chacune des séries de phénomènes est le résultat, si nous en possédions en un mot les lois statiques et dynamiques; peut-on douter que cette science ne nous permît de résoudre la plupart des conflits de conscience et d'agir, de la façon la plus économique à la fois et la plus efficace sur la réalité sociale où nous serons plongés ?.... Et grâce à cet art rationnel, la réalité morale pourra être améliorée entre des limites qu'il est impossible de fixer d'avance. »

Par cet « art de la moralité » ajouté à la « science des mœurs », M. Lévy-Bruhl *remplit toute la place* occupée autrefois par la morale théorique. Il a inventé d'abord une science morale qui par elle-même ne donnait rien, qui ne donnait rien qu'elle-même, c'est-à-dire une chose intéressante, mais sans aucune utilité pratique. Mais dès qu'il y ajoute l'art de la moralité, voilà que la morale théorique, avec tous les préceptes qu'elle tirait de ses axiomes, est remplacée, cette fois elle l'est; et *aussi* la science sociale se trouve utilisable et utilisée par les données certaines, par les matériaux sûrs et riches qu'elle donnera à l'art de la moralité. La morale théorique n'a plus à arguer de son utilité pour vouloir rester dans la place. Elle est éliminée parce qu'elle est dûment remplacée ; elle est éliminée parce que deux personnages prennent son office, le remplissent tout entier et le remplissent mieux. Grâce à cet auxiliaire qui s'appelle l'art de la moralité, la morale science-des-mœurs a bataille gagnée. Blücher apparaissant, de vaincu Wellington passe vainqueur.

A cela deux objections, la première de peu d'importance : Vous reconnaissez vous-même que la science des mœurs est encore à faire et qu'il se passera beaucoup de temps avant qu'elle soit à moitié faite. Vous reconnaissez d'autre part que l'art de la moralité ne peut entrer en fonctions que quand la science des mœurs sera faite, ou à très peu près. D'ici ce temps éloigné, quelle sera la règle des mœurs ou quelles seront les règles des mœurs ? Nous voilà immobilisés en l'attente d'un Messie. Heureux seront nos neveux : ils sauront ce qu'ils doivent faire ; malheureux nous sommes, qui savons seulement que d'autres sauront ce qu'ils doivent faire.

Réponse : Ce serait déjà très beau, peut dire M. Lévy-Bruhl, de savoir qu'en nous appliquant à la science des mœurs nous travaillons à permettre à l'art moral de naître, qu'en nous appliquant à la science des mœurs nous travaillons aux soubassements du « majestueux édifice moral », comme dit Kant. Ensuite vous avez pour vous conduire la morale telle qu'elle existe en ce moment et que l'on doit considérer comme une morale provisoire : « Là où la science ne peut pas encore diriger notre action et où la nécessité d'agir s'impose, il faut s'arrêter à la décision qui paraît aujourd'hui la plus raisonnable d'après l'expérience passée et l'ensemble de ce que nous savons... Nous ne vous disons pas : « Abstenez-vous tant que la science ne sera pas faite, » nous vous disons : « Le mieux serait, ici comme ailleurs, de posséder la science de la nature pour intervenir dans les phénomènes à coup sûr, quand il le faut et dans la mesure où il faut ; mais, jusqu'à ce que cet idéal soit atteint, s'il doit jamais l'être, que chacun agisse selon les règles provisoires les plus raisonnables possibles. » — Accordé.

Seconde objection : Nous sommes au XXIIIe siècle. La science morale est constituée, l'art moral a commencé à fonctionner. La science des mœurs constate les mœurs, l'art moral les juge, les dirige et les améliore. Mais *comment* les juge-t-il pour les diriger et les améliorer ? Dans quel esprit ? Avec quel critérium ? Sur quel principe ? Car la science des mœurs ne lui fournit ni principe, ni critérium, ni esprit. Elle ne connaît que des faits et des rapports entre les faits, et elle ne fournit à l'art de la moralité que des faits et des rapports entre des faits, absolument rien de plus. *Avec quoi* l'art moral va-t-il juger les mœurs pour les diriger et les faire meilleures ? Même, comment saura-t-il ce que c'est que le meilleur ? Quel sens ce mot aura-t-il pour lui ? Ce mot n'aura un sens que si l'art moral *a en lui-même*, puisée en lui-même, une notion du bon, du mauvais, du meilleur, du pire. Mais alors il *a lui-même* un esprit, un critérium, un principe ! Mais alors il est une morale théorique, tout simplement ! Du moment que vous instituez un art de la moralité, c'est une morale théorique que vous instituez. Du moment que vous instituez *quelque chose* qui estime, qui juge, qui préfère, qui décide de la valeur des actes, qui couronne les uns, qui condamne les autres, qui élimine les uns, qui conserve les autres et qui, par cet ensemble d'opérations, améliore l'état général des mœurs ou prétend l'améliorer, ce *quelque chose,* quelque nom que vous lui donniez, et vous avez beau l'appeler art et non dogme, est une morale théorique comme celle de Zénon ou d'Epicure, ou de Kant.

Et, comme la morale la plus authentiquement du monde morale théorique, ce quelque chose est forcé d'avoir son principe, son idée générale d'après laquelle il établit tous ses jugements particuliers, toutes ses leçons, tous ses préceptes.

— Il ne donnera ni leçons, ni préceptes !

— La belle affaire ! Qu'importe ? Il ne prescrira pas, mais il proscrira. Or proscrire c'est prescrire. Il ne dira pas : « il faut faire cela », mais il décidera que telle coutume est mauvaise ; c'est prescrire l'autre, celle qui remplacera celle-là.

— Il y a pourtant une différence entre un art et un dogme, sans cela il n'y aurait pas deux mots. Notre art ne commandera pas ; il n'intimera pas des ordres ; il n'organisera pas autour de lui une religion ou quasi-religion, comme font toutes les morales qui réussissent, et même les autres ; il procédera par lentes pressions sur l'opinion publique, par propagande, par exhortations et conseils...

— Autrement dit ce sera une morale persuasive et non une morale impérative, je le reconnais parfaitement ; effaçons l'assimilation que j'en faisais à la morale de Kant ; maintenons l'assimilation que j'en faisais à la morale de Zénon ou d'Epicure. Ce sera une morale persuasive ; mais ce sera une morale théorique et elle ne pourra pas ne pas être une morale théorique. Art tant que l'on voudra ; mais est-ce que les arts n'ont pas et ne sont pas obligés d'avoir leur théorie et leurs idées générales et leurs principes ? Est-ce que la médecine, à laquelle vous comparez très souvent, et avec raison, votre art de la moralité, n'a pas ses théories et ses idées générales et ses principes ? L'art moral sera une morale persuasive comme toutes les morales de l'antiquité, mais ce sera très bien et forcément une morale, toute une morale, avec son principe qu'elle aura tiré d'elle-même, tout comme le stoïcisme, sa voisine, la science des mœurs, étant absolument incapable de lui en fournir aucun.

Je dirai même que, quoique persuasive et ne

pouvant pas être plus, cette morale sera amenée à, du moins, se donner des airs très normatifs, à cause de ce voisinage de la science des mœurs. La science des mœurs ne lui fournira point ses principes et ne pourra lui en fournir aucun ; mais elle l'instruira, elle lui donnera des faits et des statistiques et, à cause de cela, l'art moral se déclarera scientifique, prétendra avoir reçu de la science son principe, ses idées directrices — le croira, du reste, très naturellement — et se déclarera scientifique elle-même, se nommera art-moral-scientifique et se donnera toute l'autorité un peu insolente que se donne tout ce qui est scientifique ou qui croit l'être. L'art moral ne sera pas impératif ; mais pour rébarbatif, je gagerais qu'il le sera.

En tout cas, en appelant un art de moralité à la suite — et au secours — de la science des mœurs, c'est nécessairement une morale théorique que vous provoquez à naître.

M. Lévy-Bruhl a prévu cette objection, comme il les a prévues toutes, et y répond très fortement, comme toujours : « Améliorer les mœurs, me dira-t-on? Quel sens peut avoir ce terme dans une doctrine telle que la vôtre? Vous jugez donc de la valeur des règles d'action au nom d'un principe qui leur est extérieur et supérieur ? Vous revenez donc au point de vue de ceux qui, au nom de *la morale*, distinguent de ce qui est ce qui doit être ? — Point du tout... On conçoit très bien que la réalité donnée puisse être *améliorée* sans qu'il soit nécessaire d'invoquer un idéal absolu... Le sociologue peut constater dans la réalité sociale actuelle telle ou telle « *imperfection* » sans recourir pour cela à aucun principe indépendant de l'expérience. Il lui suffit de montrer que telle croyance par exemple ou telle institution sont surannées, hors d'usage et de véritables *impedimenta* pour la vie sociale... Prenons, par exemple, la répression des actes criminels. Il y a cinquante ans, la théorie la plus répandue voyait dans la peine surtout une réparation du dommage apporté à l'ordre social. Aujourd'hui les théories utilitaires prédominent. Mais supposons que les sciences de la réalité sociale aient fait des progrès suffisants et que nous connaissions d'une façon positive les conditions physiologiques, psychologiques et sociales des différentes sortes de délits et crimes : cette connaissance ne fournira-t-elle pas des moyens rationnels et qui ne seront plus en discussion, non pas, sans doute, de faire disparaître les crimes, mais de prendre les mesures, soit répressives, soit préventives, les plus propres à les réduire à leur minimum ?... »

Voilà qui est raisonné, si bien que j'apporterai un autre exemple à l'appui de ce raisonnement. L'esclavage aurait pu être aboli sans aucune considération morale. Il aurait suffi qu'un économiste démontrât aux propriétaires d'esclaves, ou que les propriétaires d'esclaves comprissent d'eux-mêmes, que le travail libre rapporte plus et coûte moins que le travail esclave, ce qui est la vérité même et ce qui est chose où n'entre pas un atome de moralité et ce qui est chose qui, même, contient une immoralité de premier ordre. Et par parenthèse un historien me montrerait que c'est précisément sur des considérations de ce genre qu'en réalité l'esclavage a été aboli, que je n'en serais pas autrement surpris. L'intelligence d'un mieux matériel, amenée par des statistiques et par une interprétation sensée des statistiques, suffit donc pour réaliser une amélioration matérielle, je le reconnais, et une amélioration matérielle qui peut coïncider et se confondre avec une amélioration morale, je le reconnais encore.

Mais une amélioration purement morale, celle-ci par exemple : se sacrifier pour son pays ; celle-ci par exemple, moins ambitieuse : préférer sa dignité à son bénéfice ; celle-ci par exemple : dire, avec risques, ce qu'on croit vrai ; celle-ci par exemple : préférer n'avoir pas une place que la devoir à l'intrigue ; je voudrais bien savoir quelles statistiques très bien faites et très intelligemment interprétées pourront l'inspirer à l'art de la moralité. Absolument aucune. Les statistiques intelligemment interprétées inspireront à l'art moral rationnel des vérités sociologiques et des améliorations sociologiques, des vérités de bonne police et des améliorations de bonne police ; des vérités morales jamais, des améliorations morales, jamais ; ou du moins elles lui inspireront les vérités morales *déjà pratiquées* ; mais des vérités morales nouvelles, jamais, et par conséquent des améliorations morales, jamais.

Par exemple elles lui enseigneront très bien qu'il ne faut pas tuer son père et sa mère ; car le nombre des gens qui tuent leur père et leur mère est sensiblement moins grand que celui des gens qui ne les tuent pas, et voilà de la statistique qui, intelligemment interprétée, peut amener à ce précepte: ne tuez ni votre père ni votre mère.

Mais les statistiques de la science des mœurs n'enseigneront jamais à l'art moral rationnel de recommander de se sacrifier pour la vérité ou pour l'honneur; car le nombre des gens qui ne se sacrifient point pour telles choses est un peu supérieur à celui des gens qui se sacrifient pour elles.

L'erreur de M. Lévy-Bruhl, qu'il a parfaitement aperçue, n'en doutez pas, est d'avoir confondu les améliorations sociologiques, lesquelles peuvent être parfaitement réalisées par science et intelligence, par savoir et comprendre, avec les améliorations morales qui ne peuvent pas être *dictées* par les faits, qui ne peuvent être qu'*éclairées* par les faits et l'intelligence des faits.

Voilà pourquoi il a raison dans ses exemples qu'il choisit dans l'ordre des faits sociologiques, et même dans le mien que je choisis dans l'ordre des faits économiques, et tort cependant dans ses raisonnements. Il dit : « la réalité donnée peut être améliorée sans qu'il soit nécessaire d'invoquer un idéal absolu... » Un idéal absolu, non ; mais un idéal, si, et absolument ; car la réalité donnée ne porte pas en soi son amélioration et de rien on ne tire rien. Il faut bien, quand il s'agit, non de la valeur économique de quelque chose, mais de sa valeur morale, le comparer, non à lui, qui ne donne rien, mais à *un autre quelque chose* qui le dépasse ou que nous trouvons qui le dépasse : idéal, non pas idéal absolu, mais idéal; pensée qui est pensée à propos des faits, mais par delà les faits.

« Le sociologue peut constater dans la réalité sociale actuelle telle ou telle « imperfection, sans recourir pour cela à aucun principe indépendant de l'expérience ». — « Imperfection. « Alors votre sociologue reconnaîtra une imperfection sans avoir idée du parfait? Comment fera-t-il? Sans avoir l'idée du meilleur, qui ne lui est pas, sans doute, suggéré par la chose à améliorer? Comment fera-t-il? — « Aucun principe indépendant de l'expérience. » Comment prendra-t-il dans l'expérience un principe destiné à surmonter l'expérience et capable de la surmonter? En vérité, je ne comprends plus du tout. — « Il lui suffira de montrer que telle coutume est surannée... » A quoi voit-on qu'une coutume est surannée? En voilà un critérium! A ce qu'elle est antique? L'habitude de nourrir ses enfants est tellement antique qu'elle doit être surannée. — Eh! non! A ce qu'elle est en désaccord avec les autres coutumes, incohérentes avec elles et par conséquent faisant *impedimentum*. — A la bonne heure; mais entre deux coutumes incohérentes et *impedimenta* l'une de l'autre, laquelle est l'*impedimentum* à supprimer? Il y a de nos jours le suffrage universel; sens du suffrage universel : les chefs doivent être choisis par les inférieurs ; et il y a l'administration, la magistrature, l'armée, toutes les hiérarchies ; sens des hiérarchies : les chefs sont nommés par les chefs supérieurs. Ces deux institutions sont incohérentes, sont *impedimenta* l'une de l'autre. Lequel des deux *impedimenta* est à supprimer ?

Non, la réalité sociologique *elle-même* n'a pas en elle de quoi indiquer *toutes* les améliorations dont elle est susceptible ; et la réalité morale n'a rien en elle qui puisse indiquer les améliorations dont elle est susceptible ; et il est nécessaire, si l'on se fait fort d'améliorer, d'avoir recours à quelque principe, que je ne dis nullement qui doive être absolu, que je ne dis nullement qui doive être séparé et coupé de l'expérience, mais qui doit en être « *indépendant* » pour qu'il la dépasse.

L'art moral rationnel aura son principe à lui, ou il ne sera pas ; l'art moral rationnel sera autonome ou il ne sera pas ; l'art moral rationnel sera rationnel, précisément, ou il ne sera pas. Et s'il a son principe à lui, s'il est autonome, s'il est rationnel et non uniquement expérimental, il sera une morale théorique comme toutes celles auxquelles nous sommes habitués.

M. Lévy-Bruhl a si bien compris cela lui-même, subconsciemment, qu'il assimile quelque part « la conscience commune » à son « art moral rationnel », *ce qui équivaut à assimiler son « art moral rationnel » à la conscience commune.* Il dit : « La conscience commune de chaque époque ne considère pas la morale pratique comme une réalité donnée, mais comme une expression de ce qui doit être. Le fait même qu'elle se manifeste sous la forme de commandements et de devoirs prouve assez qu'elle ne croit pas simplement *traduire* la réalité naturelle ; mais qu'elle prétend la modifier. *Par cette prétention elle semble vraiment tenir la place de l'art moral que nous cherchons.* Et ce n'est pas une pure illusion ; elle en tient en effet quelque peu la place, dans la mesure où elle exerce sur cette réalité une action qui la modifie. »

Donc votre art moral, c'est reconnu, ne sera pas autre chose que la conscience commune telle que nous la voyons fonctionner dans son double rôle de greffier des mœurs et de juge des mœurs, de personnage qui connaît les mœurs et qui aussi prétend les juger pour les faire plus belles.

— Certainement, répond M. Lévy-Bruhl ; seulement mon art moral sera un greffier informé et un juge éclairé. La conscience commune actuelle est un art préscientique et mon art moral sera un art post-scientifique.

— J'entends bien ; mais croyez-vous que la conscience morale actuelle ne s'éclaire aucunement, sinon de la science des mœurs qui n'est pas encore constituée, du moins de la connaissance des mœurs ? Elle s'en sert tout autant qu'elle peut et par conséquent elle est juste, en son temps, ce que votre art moral sera au sien. — Et d'autre part, croyez-vous qu'à votre art moral il suffira d'être plus éclairé que n'est la conscience commune actuelle pour n'avoir besoin que d'être éclairée en effet, par la réalité ? Il sera, proportions gardées, à un degré supérieur de connaissances, exactement dans la position de la conscience commune d'à présent par rapport à la science des mœurs d'à présent. La commune conscience d'à présent *connaît* et, pour dépasser ce qu'elle connaît, elle a besoin d'inventer. L'art moral connaîtra davantage ; mais pour dépasser ce qu'il connaîtra il aura besoin d'inventer lui aussi. Votre assimilation, très fine et très juste, de la conscience commune à l'art moral, assimilant l'art moral à la conscience commune, ne sert qu'à éclairer d'une vive lumière ce que sera l'art moral futur. Il sera une morale théorique, ayant plus ou moins le caractère et la *couleur* théorique, selon le tour d'esprit de ceux qui le formuleront, mais il sera une morale théorique se renseignant auprès de la science des mœurs pour savoir, y ajoutant quelque chose qu'elle inventera, pour juger, pour préférer, pour améliorer.

C'est qu'il y a une lacune dans la conception très belle et très large déjà de M. Lévy-Bruhl. C'est que la morale est une science, et un art, *et un sentiment*. Elle est une science. Elle doit connaître; elle doit connaître le plus grand nombre possible de faits moraux, et c'est à dire de faits humains. Si elle ne connaissait rien, elle ne serait pas. Je ne développerais pas ce *truisme*.

Elle doit être un art; elle doit guérir l'humanité; elle doit la faire plus saine, plus forte, plus grande et plus belle; elle doit la sculpter dans le sens du beau :

> Et dans l'informe bloc des sombres multitudes
> La pensée en rêvant sculpte des nations.

Mais avec quoi sculptera-t-elle? Qu'est-ce qui dirigera son ciseau, ses mains ? Ce qu'elle sait ? Mais ce qu'elle sait, c'est le bloc informe lui-même; elle ne sait que cela ; elle n'a que cela devant elle ; comment le bloc lui mettra-il dans la pensée la forme de ce qu'il doit devenir, la forme de la statue ? D'aucune manière. La voilà impuissante. La morale-science est impuissante ; elle n'est que la réalité sue ; elle ne peut rien, qu'être satisfaite de savoir. La morale-art est impuissante ; elle n'est qu'un désir que la réalité soit autre. La morale-science et la morale-art peuvent rester éternellement l'une en face de l'autre à se regarder. Pour qu'elles aient prise l'une sur l'autre, il faut qu'un sentiment intervienne qui mette dans la pensée de la morale-art ce qu'elle veut faire du bloc, l'idée de l'amélioration qu'elle veut poursuivre, la forme de la statue.

Je dis pour qu'elles aient prise *l'une sur l'autre*. Car non seulement la morale-art n'aura aucune prise sur la morale-science si un sentiment n'intervient pas dans la morale-art ; mais, même, dans ce même cas, la morale-science n'aura aucune prise sur la morale-art. Je veux dire que la morale-art ne s'intéressera aucunement à la morale-science, à la réalité morale. Supposez — car cela ne s'est jamais vu — que la morale-art soit en face de la réalité morale, avec un désir qu'elle soit autre, mais sans aucun sentiment la poussant à vouloir que la réalité morale soit autre *de telle façon ou de telle autre.* La morale-art ne s'occupera pas le moins du monde de la réalité morale ; elle la constatera laide et voilà tout. La morale-art ne s'intéresse à la réalité morale qu'autant qu'elle est poussée, par tel ou tel sentiment, à la transformer. Le sculpteur qui n'aurait pas l'idée de faire une Vénus, à cause de son sentiment du beau, ne s'occuperait jamais de la terre glaise. Pour mieux dire, sans un sentiment que la réalité ne peut pas lui donner, qu'elle ne peut qu'*exciter* en elle, la morale-art n'existerait pas du tout. Donc sans un certain sentiment, très puissant, très énergique, très suggestif et très impérieux, s'interposant en quelque sorte entre la morale-science et la morale-art, la morale-science ne sert à rien et la morale-art n'existe pas.

Ce sentiment peut être celui-ci ou celui-là. Ce peut être le sentiment de la dignité humaine comme chez les stoïciens, le sentiment de l'ordre et de la modération comme chez les académistes, le sentiment du bonheur, du souverain bonheur, comme chez les épicuriens, le sentiment de la charité, de l'amour comme chez les chrétiens, le sentiment de *quelque chose à respecter* comme chez les kantistes ; mais il faut qu'il y en ait un.

Dès lors tout se tient. La science morale sert à quelque chose de plus qu'à la satisfaction de la curiosité; elle devient utilisable: l'art moral s'intéresse à la réalité morale et même en est furieusement avide, car il veut savoir tout ce qu'il a à réparer et l'art moral a une œuvre à faire, modifier la réalité morale dans le sens du sentiment qui le possède; la morale est science, art et sentiment, c'est-à-dire tout ce qu'il faut qu'elle soit pour qu'elle soit.

Mon avis sur l'art moral, c'est qu'il est à faire, presque tout entier, je le reconnais, n'étant qu'ébauché ou esquissé soit dans la conscience commune, soit dans les morales théoriques, qui ne sont guère que des systématisations, à un point de vue ou à un autre, de la conscience commune elle-même. Mon avis est donc qu'il est à faire, comme M. Lévy-Bruhl le dit; mais il se fera sur la science des mœurs constituée *et* sur un sentiment qui sera venu dans le cœur de l'homme, non pas *du* spectacle, mais *au* spectacle de la réalité morale, *et* sur une théorie nette que les penseurs auront tirée de ce sentiment, autrement dit sur ce sentiment traduit en formules précises.

Superposer l'art moral à une théorie, qui se sera

superposée à un sentiment, lequel travaillera sur les données de la science des mœurs, voilà la pyramide.

L'art, qui est habileté, adresse, inventions de détail, a besoin d'une théorie très nette qui le guide ; c'est sa ligne ; c'est son axe ; la théorie, en choses morales, n'est que la réduction d'un sentiment à son essentiel précis (*abstine*, *sustine*) ; la science n'est que le *donné* des faits à élaborer, la présentation des matériaux.

Telle est mon opinion sur cette morale science-des-mœurs. Cette morale est volontairement incomplète. Elle élimine de l'éthique un élément si essentiel qu'il me paraît en être le cœur ; elle élimine de l'éthique ce qui fait de l'éthique une morale et c'est-à-dire ce qui la fait vivante.

Je lis dans le *Traité d'éducation* de Schwartz cette remarque très terre à terre, mais très juste à mon avis : « Pour l'homme peu éclairé, *ce qui convient* est la mesure de ce qui est bon. Il distingue le bien et le mal d'après les mœurs et l'opinion d'autrui ; un sentiment confus lui rend cette habitude sacrée, et quand il l'a une fois contractée, la vertu consiste pour lui dans la soumission aux règles établies. C'est lorsqu'il commence à réfléchir lui-même sur la morale qu'il ramène ses idées de vertu à des principes immuables et qu'il rectifie peu à peu les décisions de ce sentiment intérieur [le respect des règles établies par autrui] et il ne laisse pas d'éprouver toujours une certaine répugnance quand il faut en venir à une action extraordinaire et désapprouvée du public ».

C'est pour cela que, malgré toutes les précautions prises par M. Lévy-Bruhl ; et ne disons pas précautions, ce qui serait injurieux et une injure bien injuste ; c'est pour cela que malgré le complément, jugé par lui indispensable, que M. Lévy-Bruhl, par son art de la moralité, donne à la morale science-des-mœurs, cette morale a semblé à tous, partisans et adversaires, un simple retour à Hobbes, dont pourtant elle diffère très fort. Cela tient à ce que l'insuffisance radicale de l'art moral pour remplacer les morales théoriques a éclaté si évidente que de l'art moral on n'a point tenu compte et qu'on a réduit la doctrine à n'être que l'intronisation pure et simple de la science des mœurs pure et seule. Le livre de M. Lévy-Bruhl est intitulé *la Morale* ET *la science des mœurs*; et ce *et* est bien important; tout le monde a traduit par la *morale-science-des-mœurs* ou par morale = science des mœurs. C'est un contresens;

mais le contresens était facile. Il était même plus facile après avoir lu le livre qu'après avoir lu le titre. Le livre par l'importance, je ne dis pas exagérée, mais prédominante, qu'il donne à la science des mœurs et surtout par son impuissance à montrer l'art moral comme capable de remplacer, même dans un avenir éloigné, les morales théoriques, menait le lecteur à cette conclusion à accepter ou à rejeter : il n'y a que la science des mœurs ; et par conséquent la morale réelle c'est la morale tirée de la réalité, connaître les mœurs, en noter la moyenne et se conformer à cette moyenne.

C'est *aussi peu que possible* l'opinion de l'auteur ; mais son livre mal compris y mène et il ne pouvait guère être que mal compris.

Et c'est ainsi qu'une doctrine pleine de respect pour la morale telle qu'elle existe sous ses différentes formes, *et* pleine d'aspirations à une morale plus élevée et plus parfaite, a paru généralement une démission de la morale. Elle n'est qu'une façon de comprendre la morale qui prête à douter qu'il soit possible de la constituer solide, vivace, efficace et féconde.

CHAPITRE VII

LA MORALE DE L'HONNEUR

Telles sont, depuis Kant, les principales philosophies morales qui se sont proposées aux hommes pour leur apprendre en quel sens ils doivent diriger leur activité ou en quel sens il est bon qu'ils la dirigent. Elles sont toutes en réaction plus ou moins vive, plus ou moins respectueuse ou irrespectueuse contre la doctrine de Kant. Toutes elles ont trouvé cette doctrine ou trop dure ou trop mystique.

Les néo-kantiens, pour commencer par ceux qui sont le moins réacteurs, ont voulu adoucir la rigidité de l'impératif kantien en faisant entrer en lui ou en y ajoutant des mobiles de sensibilité.

Les pragmatistes ont fait appel aux faits pour juger de la doctrine et par conséquent ont réduit la doctrine, l'ont circonscrite, lui ont ôté sa vertu indéfiniment productrice et féconde.

Les penseurs de l'école de Guyau, en confondant la morale avec *toute la vie*, l'ont diluée et comme noyée ; pour avoir trouvé que Kant l'isolait trop, ils l'ont étendue et dispersée de manière à la rendre indistincte et insaisissable, et c'est pour eux probablement que M. Delbos a écrit : « Il y a *un élément proprement moral* des actions humaines qui doit être défini pour lui-même ; faute de cette définition rigoureuse, on risque d'*élargir confusément* et d'altérer le sens de la moralité, de prendre pour elle ce qui n'en est que l'accompagnement plus ou moins accidentel, la suite extérieure, de mal représenter la direction de la volonté dans laquelle elle consiste. »

Nietzsche a poursuivi impitoyablement dans Kant l'esprit religieux, l'esprit mystique, l'esprit de commandement pour rien, l'esprit de prescription absolue et sacrée ; et aussi ce qui lui a semblé un stoïcisme sec, condamnant l'expansion de la vie ardente et fière ; digne pourtant, lui, de comprendre Kant et qui plutôt n'a pas voulu l'entendre qu'il ne l'a pas entendu ; digne de comprendre que « tu dois te surmonter » est une formule aussi mystique que l'impératif kantien et contient au fond le même sens qui est celui-ci : il y a un idéal où tu dois te hausser coûte que coûte. — Et pourquoi ? — Parce qu'il y a un idéal.

Les penseurs qui ont conçu ou renouvelé la doctrine de la morale science-des-mœurs ont été encore plus blessés du mysticisme kantien et, pour avoir une morale « positive », ont cherché à la tirer des faits eux-mêmes sans théorie préalable, se réservant d'améliorer les faits et par conséquent de donner eux aussi une règle de conduite, mais par des idées tirées elles-mêmes, ce qu'ils croient possible, des faits eux-mêmes.

J'ai fait la critique aussi vigoureuse que j'ai pu la faire, aussi impartiale aussi qu'il m'a été donné de la faire, de ces différentes conceptions. Il me reste à dire brièvement comment j'essaye d'entendre moi-même la position du problème moral.

Il est incontestable, et exactement tous les philosophes modernes le reconnaissent, même Nietzsche confusément, que, comme fait, l'impératif, le Δεῖ, est une vérité. C'est un fait psychologique vrai. En nous quelque chose nous dit : « Il y a une façon d'agir qui est bonne, et tu dois agir de cette façon-là. »

Que, pour affaiblir l'autorité singulière de ce commandement intérieur, on nous dise qu'il n'est qu'une habitude que nous avons prise, qu'il résulte de l'éducation qu'on nous a donnée et, avant l'éducation, qu'il résulte d'une lointaine hérédité, on n'a rien dit ; car il faut bien que ce commandement ait commencé, et à supposer que tous ses ordres actuels et tous ses ordres depuis vingt mille ans soient les résultats de l'éducation et de l'hérédité, il faut bien qu'un premier ordre n'ait été le résultat ni de l'une ni de l'autre et qu'il ait été spontané. Et ce sera quelque chose comme ce que dit Gœthe quelque part : « le premier acte est libre ; mais le second est déjà conditionné par le premier ». Oui, mais le premier est libre. De même le premier commandement du devoir est spontané, tous les autres peuvent être la suite du premier transmis par l'éducation et l'hérédité. Oui, mais le premier était spontané. Or, pour que toutes les éducations et toutes les hérédités aient accepté la suite des affaires du premier commandement, il fallait bien que l'humanité tout entière fût faite pour être sensible à ce commandement et pour lui obéir ; et cela revient à dire que par une disposition naturelle, par constitution naturelle, elle est toujours sous ce commandement, comme si ce commandement se faisait entendre pour la première fois.

Que l'éducation, l'hérédité et en un mot l'habitude ajoutent beaucoup, *labentibus annis*, à la force de ce commandement, c'est à quoi nous ne contredirons point ; mais sous cette forme ajoutée il existe nécessairement en soi.

Disons donc simplement que le commandement intérieur est un élément constitutif de l'humanité.

Maintenant quel est précisément, si nous pouvons arriver à quelque précision en pareil sujet, le caractère de ce commandement ? Est-il catégorique, c'est-à-dire est-il le commandement qui ne donne pas de raison, aucune raison, de l'ordre qu'il donne ; est-il immotivé, *im-mobile*, et, sinon paradoxal, du moins *métalogique* ? Tout à fait, je ne crois pas. Il se présente bien, à vrai dire, à très peu près, au moins, avec ce caractère. Quand le devoir nous parle, il semble *affecter* de ne pas donner de motifs ; il écarte tous les motifs et il semble mettre son point d'honneur à n'en pas donner. Vous lui dites :

« J'ai toutes sortes de raisons de ne pas faire ce que tu me commandes ; mon intérêt...

— Je sais bien ; mais tu dois.

— Mon repos...

— Je sais bien ; mais tu dois.

— Ma considération...

— Je sais bien ; mais tu dois.

— L'intérêt même de mes concitoyens, de mon pays...

— Je sais bien ; mais tu dois.

— Je te donne mes raisons ; donne-moi les tiennes.

— Je suis celui qui ne les donne pas ; qui peut-être n'en a pas. Tu dois, coûte que coûte. Pourquoi ? Parce qu'il n'y a pas à demander pourquoi. »

C'est bien, véritablement, comme cela qu'il parle. On dirait qu'il ne veut pas descendre à plaider. Nous plaidons contre lui ; il n'admet pas qu'il puisse plaider contre nous. Plaider contre nous, ce serait nous faire juge de la valeur de sa plaidoirie. Or c'est lui qui est le juge et qui veut rester juge ; et un juge, même, qui ne veut pas donner de considérants, les considérants étant encore un plaidoyer, parfaitement destiné à *démontrer* qu'on a raison.

On me dira : « Si ! Le devoir donne ses raisons, il donne *sa* raison. Il nous dit, — n'est-ce pas vrai, n'est-ce pas très net ? — il nous dit : « Fais ceci ; *si* tu ne le fais pas, tu auras des remords, et déjà, parce que tu hésites, ton remords commence. »

— Très exact ; mais ceci n'est pas une *raison*. C'est *le fait même* du commandement impératif. Le remords, c'est l'impératif rétroactif. Le remords, c'est le devoir commandant en arrière et disant non plus : fais cela ; mais : tu aurais dû faire cela ; et qui le dit rétroactivement, sans donner plus de raisons et motifs que quand il le disait *actuellement*. Et si, actuellement, au moment où vous hésitez à faire quelque chose que le devoir commande, vous entendez le devoir vous dire : « Tu auras des remords », ceci n'est qu'un souvenir des remords que vous avez eus autrefois pour un ordre semblable non exécuté. Par conséquent, en paraissant vous dire : « Tu auras des remords », le devoir ne vous donne pas de raison. Il vous enjoint d'agir, simplement, et *c'est vous qui vous dites* : « Je sais bien ce qui m'attend ; *il* me commandera cela rétroactivement, comme il me le commande actuellement, et cela me sera pénible comme un ordre qu'on ne peut pas exécuter. »

Donc dans aucun cas le devoir ne donne de raison.

Il semble bien, en effet, qu'il en soit ainsi ; et ceci même que le devoir, selon toutes les apparences et selon toutes nos sensations intérieures, nous commande ainsi d'ordinaire, le caractérise très nettement et lui donne un caractère véritablement à part, de quoi il faudra que nous nous souvenions toujours avec grand soin dans tout ce que nous écrirons ci-dessous.

Toutefois il faut faire attention à ceci. Le devoir

proprement dit, le devoir d'action, le « agis de telle ou telle façon » n'est pas le seul impératif dont nous entendions la voix. Il n'est — peut-être, encore — enfin il n'est, selon les apparences les plus sensibles, que le plus fort, que le plus impérieux ; mais il est très certain, selon moi, qu'il y a au moins trois impératifs dont l'homme entend le commandement et qui ne donnent pas plus de raisons, pas sensiblement plus de raisons l'un que l'autre ; et donc ceux dont nous allons parler pas sensiblement plus que l'impératif d'action.

Il y a l'impératif du bien ; il y a l'impératif du vrai ; il y a l'impératif du beau.

Il y a l'impératif du bien qui est proprement l'impératif d'action et dont nous venons de parler.

Il y a l'impératif du vrai qui nous commande très rigoureusement de chercher le vrai et de le dire, coûte que coûte, dût-il nous en arriver malheur. Cet impératif est très impérieux et, ce me semble, ne donne guère plus ses raisons que l'impératif d'action. Il nous dit que le vrai est sacré, comme l'impératif d'action nous dit que le bien est sacré. D'où vient que l'on trouve cynique le mot de Fontenelle : « Si j'avais la main pleine de vérités, je la tiendrais soigneusement fermée ? » D'où vient qu'un certain discrédit s'est toujours attaché à l'œuvre du poète et du romancier ? D'où vient que Platon veut exiler les poètes de la République ? D'où vient l'horreur de Kant pour le mensonge ? D'où vient l'animadversion au moins de la société pour le mensonge sans lequel pourtant — et elle le sait — elle ne pourrait pas vivre ? Tout cela vient d'un commandement, très abstrait : Il faut être vrai ; il faut chercher le vrai ; il faut dire le vrai.

— Oh ! cependant ! Il y a *des raisons* pour dire le vrai ; il y a cette raison que l'association des hommes, sinon la société mondaine, a besoin de vérité, d'exactitude, en politique, en administration, en commerce, en sciences, en sciences appliquées, en statistique, en histoire, en géographie, en une foule de choses, sans quoi elle serait à chaque instant en grand danger, en plus de dangers qu'elle n'y est naturellement et par la seule force des choses.

— Oui, oui ; mais la vérité philosophique, à quoi sert-elle ? La vérité qui détruit un préjugé salutaire, la vérité qui détruit une religion salutaire, à quoi sert-elle ? Plutôt elle nuit. Or celui-là même qui sent qu'elle ne sert de rien et qui sent qu'elle nuit, celui-là même, non pas Fontenelle, mais un autre et plus d'un autre, a conscience du devoir de chercher la vérité et de la dire. Renan a passé toute sa vie à détruire, à regretter ce qu'il détruisait et à se féliciter d'avoir obéi à la nécessité intellectuelle qui l'avait forcé à détruire ce qu'il regrettait d'avoir détruit. Il y a là une impulsion invincible. « Et pourtant elle tourne. » Et pourtant il faut dire la vérité et, puisque la terre tourne, dire qu'elle tourne.

On a vu que Nietzsche a essayé de ramener l'impératif du vrai à l'impératif du bien, l'impératif intellectuel à l'impératif moral. Quand nous nous croyons obligés de dire vérité, ne serait-ce pas, se demande-t-il, que nous sentons le besoin de ne pas nous tromper, devoir envers nous-mêmes, et de ne pas tromper les autres, devoir altruiste ? « D'où la science prendrait-elle sa foi absolue [en elle], cette conviction qui lui sert de base que la vérité est plus importante que toute autre chose et aussi plus importante que toute autre conviction ? Cette conviction n'a pas pu se former pour raison d'utilité, la vérité et aussi la non-vérité affirmant toutes deux sans cesse leur utilité. Donc la foi en la science, cette foi qui est incontestable, ne peut avoir tiré son origine d'un pareil calcul d'utilité ; *au contraire*, elle s'est formée malgré la démonstration constante de l'inutilité et du danger qui réside dans la volonté de vérité et dans la vérité à tout prix. Et, à tout prix, hélas, nous savons trop bien ce que cela veut dire lorsque nous avons offert et sacrifié sur cet autel une croyance après l'autre. Par conséquent, volonté de vérité signifie : « Je ne veux pas tromper ni moi ni autre, *et nous voici sur le terrain de la morale.* »

Cela est très ingénieux et du reste, quoi que j'en puisse dire ci-dessous, retiendra toujours quelque chose de vrai ; mais cependant je ne crois pas que nous soyons précisément sur le terrain de la morale. Si nous étions sur le terrain de la morale, il y aurait simplement un conflit de devoirs moraux, un conflit entre le devoir de ne pas tromper, ni soi ni autre, et le devoir d'être utile à ses semblables et de ne pas leur nuire ; et le second de ces devoirs étant incomparablement supérieur au premier, ce serait au premier, comme auprès d'un malade à qui l'on ment, que l'on obéirait.

Objectera-t-on que *quelque chose nous dit* que la vérité, tout compte fait, en définitive, plus tard, sinon aujourd'hui, est salutaire ? Quelle pure hypothèse ! Quelle vanité ! C'est Nietzsche encore qui le dit : « Pourquoi ne veux-tu pas tromper, surtout lorsqu'il pourrait y avoir apparence, et il y a apparence, que la vie est disposée en vue de l'apparence, en vue de l'erreur, de la duperie, de la dissimulation, de l'éblouissement, de l'aveuglement. » — Donc rien, en vérité, ne persuade au savant, au philosophe, que le vrai soit salutaire; donc, en croyant qu'il faut chercher le vrai, il n'est pas sur le terrain de la morale, et l'impulsion qui le précipite à connaître la vérité n'est pas une impulsion morale.

C'est... Quoi donc? C'est une impulsion. C'est une impulsion *sui generis*, c'est une impulsion du même genre que celle du bien ; Nietzsche, quoique confusément, arrive à le dire lui-même, c'est une « croyance métaphysique » ; c'est une foi. « Sommes-nous donc, nous aussi, encore pieux ? »

Certes ! Vous êtes pieux envers la vérité, vous êtes les croyants de la vérité; vous en êtes même quelquefois les fanatiques. Il y a tout simplement un impératif du vrai.

Il a tous les caractères de l'impératif du bien. Il est formel, il est rigoureux, il est inflexible, il est superbe. Il a horreur de l'intérêt personnel ; il a horreur des plaisirs bas ; il a horreur des transactions et des compromissions ; il fait des prêtres laïques, des saints, des héros, des martyrs. Il est absolument un devoir.

Cependant il est un peu moins impérieux, il faut le reconnaître, que l'impératif du bien. Qui que l'on soit, ou à bien peu près, on a moins de remords — et le remords c'est le criterium — pour avoir mis quelque négligence à chercher la vérité que l'on n'en a pour avoir manqué de parole ou pour n'avoir pas secouru un malheureux qu'on pouvait secourir. L'impératif du vrai n'est pas en sous-ordre et il n'obéit à rien ; mais il est en second rang. Il semble n'intimer que des ordres qui, déjà, ont un peu l'apparence de conseils ; il ne dit pas tout à fait : « il faut », il dit plutôt : « il est beau de... » ou mieux, c'est entre ces deux formules que se place son commandement ; c'est intermédiaire. Il est une impulsion forte, non une impulsion absolument contraignante. Il donne l'anxiété, non pas l'angoisse ; il fait plier, il n'écrase pas.

D'autre part, il n'est pas universel. Oh ! je confesse qu'il l'est presque ! Il n'y a guère d'homme qui ne sente confusément que la vérité est un devoir, qu'il faut s'instruire, connaître, savoir les choses, et quand on les sait les dire aux autres ; mais c'est confus et c'est faible comme impulsion chez la plupart des hommes.

En prenant les choses à l'inverse, on comprendra

mieux. La délectation de faire le mal et la délectation d'être dans le faux sont toutes les deux *mala gaudia mentis* ; mais la délectation de faire le mal est assez rare et, quoi qu'en ait dit Mérimée, il n'est pas vrai qu'il n'y a rien de si commun que de faire le mal pour le plaisir de le faire ; il y a infiniment de faibles, il y a, relativement, peu de *méchants* ; le plaisir de faire le mal est trop âpre pour la moyenne de l'humanité. — Le plaisir d'être dans le faux, de mentir, de dissimuler même sans intérêt est plus répandu, il est léger, frivole, presque gracieux ; il ne *retourne* pas l'âme tout entière, il lui donne seulement un faux pli, qui l'amuse, qui l'amuse sottement, malignement, mais qui ne la *pervertit* pas absolument ; il n'est pas une contorsion diabolique et voilà pourquoi plus de gens s'y laissent aller. L'impératif du vrai n'exerce fortement son action que sur un petit nombre d'hommes, très élevés, à la vérité, supérieurs, mais, et à cause de cela, minorité.

Il l'exerce sur des hommes qui se sentent élus ; qui sentent ou croient sentir la vocation de la vérité, de la science ; qui sentent ou croient sentir qu'il y va de la vérité s'ils donnent leur démission de chercheurs.

Aussi l'obéissance à l'impératif du vrai donnet-elle plus d'orgueil que l'obéissance à l'impératif du bien, beaucoup plus, encore que les risques ne soient, en général, que les mêmes. On croit même quelquefois que c'est justement de cet orgueil que l'impératif du vrai prend sa source. C'est une erreur de généalogie ; car il y a des chercheurs du vrai qui sont très modestes ; mais enfin, assez souvent, l'orgueil est tellement le fils démesuré de l'impératif du vrai qu'il paraît en être le père ; — mettons qu'ils soient consubstantiels.

Quant aux satisfactions (orgueil à part) de l'obéissance à l'impératif du vrai, elles sont aussi vives, mais moins tendres, que celles de l'obéissance à l'impératif du bien. Le grand inventeur, le grand découvreur, a, je crois, un plaisir aussi intense que le grand bienfaiteur ou l'homme qui a sauvé son pays. Tous deux sentent et avec une parfaite plénitude de conviction qu'ils ont bien fait leur métier d'homme et qu'à le faire ils ont bien mérité de l'humanité ; mais le bienfaiteur ou le sauveur a, de plus, ce sentiment que des êtres vivent parce qu'il a vécu, et ce sentiment est celui d'une paternité et, l'unissant comme par des liens de chair à un certain nombre de ses semblables, l'inonde d'une joie presque physique qu'il ne me paraît pas possible que l'inventeur ressente, du moins au même degré.

En résumé, l'impératif du vrai est moins fort et moins universellement répandu que l'impératif du bien ; mais il a presque tous les mêmes caractères et surtout il a celui-ci que, non plus que l'autre, il ne donne pas ses motifs et n'a pas besoin de les donner.

L'impératif du beau est encore assez fort et assez répandu. Il a deux formes : impulsion à s'abstenir de faire du laid ; impulsion à créer de la beauté.

Sous forme d'impulsion à s'abstenir de faire du laid, il est aussi répandu, ce me semble, que l'impératif du vrai, peut-être plus. Presque tous les hommes et femmes sentent le devoir de ne pas se rendre hideux, même quand ils se rendent tels ; mais en ce cas c'est qu'ils se trompent. La plupart des hommes et femmes sentent le devoir de ne pas mettre du désordre, c'est-à-dire de la laideur, autour d'eux, dans leur maison, dans les rues de leur ville, dans les endroits par où ils passent. Le désordre n'est signe que de paresse ; l'amour du désordre est signe de folie ; il est la projection au dehors du désordre des idées L'amour du désordre est une « mauvaise joie de l'âme » qui indique la méchanceté en général, mais tout particulièrement la méchanceté antisociale, d'où l'on a induit, non sans raison, que l'amour du beau ne laisse pas d'être une vertu sociale ou du moins de ressortir à la sociabilité.

Le désir de ne pas faire du laid n'est pas un impératif aussi net, aussi pur, que l'impératif du vrai. Il y a tant de raisons, de mobiles sensibles pour ne pas faire de la laideur : désir de plaire à son entourage, désir d'hygiène, désir de ne pas être mis au poste... Cependant ce désir semble bien avoir aussi quelque chose de spontané. Le désordre, la laideur choque les yeux, comme on dit, c'est-à-dire un besoin intérieur de rectitude et de symétrie, une disposition intérieure à la symétrie et à la rectitude. L'enfant souvent fait du désordre, par besoin d'activité et naissante volonté de puissance ; mais que souvent aussi il range méthodiquement, et non sans grâce de correction, ses jouets, les petits objets à son usage, *ce qui lui appartient* ! Il y a là le besoin de ne pas faire de la laideur et même un peu celui de créer du beau ou du joli.

Sous sa forme d'impulsion à faire du beau, l'impératif du beau est beaucoup moins répandu ; car je n'y range pas la coquetterie du sauvage se parant de plumes d'oiseaux ou du commis de nouveautés s'ornant de savantes cravates ; il n'y a guère là que le désir de plaire, et l'on voit que chez les vieillards peu s'en faut qu'il n'existe plus du tout. Mais la vraie impulsion artistique, ciseler des figures sur des cornes d'animaux, tailler des statuettes, etc., existe depuis les temps les plus reculés chez un certain nombre d'hommes ; et il devient la passion artistique chez un certain nombre d'hommes au temps de civilisation.

Toujours chez un certain nombre d'hommes et non pas très grand. Le besoin de créer du beau ne travaille jamais qu'une minorité. A l'impératif du beau sous cette forme la majorité est insensible. Elle favorise ceux qui y sont sensibles ; mais elle ne se sent pas appelée à faire comme eux.

Remarquez cependant que cette faveur même où elle les tient est une marque qu'elle sent que l'humanité est appelée à faire de la beauté, tout entière réellement, non, mais tout entière dans la personne de ceux qui en sont capables et qu'on *devra* honorer à cause de cela. « Je ne fais pas de beau, n'ayant pas de talent... Si ! J'en fais, je contribue à ce que le beau soit réalisé, en honorant, protégeant, encourageant, couronnant ceux qui le réalisent. » Il y a là un quasi-impératif assez net.

Les satisfactions d'avoir obéi à l'impératif du beau sont extraordinaires. Inutile de s'étendre sur les plaisirs de l'artiste et sur son orgueil, analogues à ceux du savant. Mais ces satisfactions, il faut le dire comme quand il s'agissait du savant et le dire encore plus, ne sont pas marques d'un impératif très net et très pur. Le grand artiste est tellement glorifié, encensé, divinisé, qu'il lui serait bien difficile de dire s'il est heureux d'avoir réalisé de la beauté ou s'il l'est de goûter et savourer la gloire. Il est vrai qu'il y a l'artiste qui n'a pas réussi et qui est heureux devant son œuvre et évidemment de son œuvre seule. Mais celui-ci compte toujours sur un retour de l'opinion publique, et quand même, ce qui du reste n'est jamais vrai, il ne l'espérerait que pour le temps qui suivra sa mort, il goûte la gloire par prélibation, ce qui ne laisse pas d'être une jouissance réelle.

Les satisfactions qui viennent de l'obéissance à l'impératif du beau sont donc, moins que celles qui viennent de l'obéissance à l'impératif du vrai, beaucoup moins que celles qui viennent de l'obéissance à l'impératif du bien, *preuves* qu'il y a réellement un impératif. Elles sont toujours de nature mixte, étant toujours d'origine double.

Cependant la joie de l'enfant à faire très solitairement quelque chose de beau ou qu'il trouve tel, la joie de l'artiste à se satisfaire lui-même, indépendamment du succès, à ce point que le succès d'une œuvre de lui, jugée par lui médiocre, l'irrite ; à ce point que même le succès d'une œuvre de lui, jugée par lui bonne, *l'inquiète* en jetant quelque doute dans son esprit sur la valeur vraie de cette œuvre ; tout cela indique d'une façon, selon moi, très suffisante l'existence d'un impératif.

La différence de l'importance du succès aux yeux de l'artiste et aux yeux de l'homme d'affaires est très significative en effet. Personne ne méprise le succès ; mais l'homme d'affaires s'en contente et l'artiste ne s'en contente pas. Pour l'homme d'affaires, si l'affaire a réussi il est pleinement satisfait ; pour l'artiste, si l'œuvre a réussi auprès du public il n'est pas mécontent ; mais il n'est pleinement heureux que si elle a réussi auprès de lui. Je n'ai pas besoin de dire qu'il y a des hommes d'affaires aussi qui ne sont pleinement satisfaits que si l'affaire, outre qu'elle a réussi, leur apparaît comme ayant été menée savamment et qu'il y a des artistes qui sont pleinement satisfaits quand ils ont gagné de l'argent ; et cela tient à ce qu'il y a des hommes d'affaires qui sont des artistes et des artistes qui ne sont que des hommes d'affaires ; mais il est évident que le fond de ma remarque subsiste.

Les satisfactions qui viennent de l'obéissance à la vocation artistique prouvent donc un peu qu'il y a un impératif du beau.

Les remords qui viennent de la désobéissance à l'impératif du beau ne sont pas affreux ; mais ils ne laissent pas d'être à considérer encore. L'artiste qui a perdu son temps, qui s'est trop attardé à la brasserie, qui a trop aimé une femme, qui a sacrifié à l'art industriel, a des remords assez vifs, quelquefois violents. Et remarquez qu'il n'y entre pas, ou très peu, le souci du service à rendre qu'il n'a pas rendu, ce qui ressortirait à l'impératif du bien. Non, la beauté qui est en lui voulait sortir et à cause de lui, par sa faute, n'est pas sortie. Voilà surtout, voilà presque uniquement, ce qu'il sent et ce qui l'afflige. N'est-ce pas là une marque de l'existence d'un impératif ? « Je suis né pour faire le bien, dit le bienfaiteur ; le bien veut être par moi. — Je suis né pour chercher le vrai, dit le savant ; le vrai veut éclater par ceux qui peuvent le démêler, et je suis de ceux-là. — Je suis né pour faire du beau, dit l'artiste ; le beau veut être réalisé par moi et souffre en moi quand je ne le réalise pas. »

Oui ; il y a un impératif du beau, moins impérieux que les deux autres, mais qu'il me semble difficile de nier.

Hiérarchie des impératifs : le bien, le vrai, le beau, tous trois ayant comme un noyau, disons mieux, comme une âme « catégorique », absolue, métalogique, qui commande et qui ne donne pas ses raisons ; les deux derniers, au moins, ayant un mélange de persuasions motivées, une périphérie de mobiles, une « peau d'intentionnel », comme dit Nietzsche, et commandant, partie parce qu'ils commandent, partie parce qu'ils ont des raisons de commander et les donnent.

Or ces trois impératifs, quelquefois sont d'accord, souvent sont en lutte ou au moins en discordance.

Quelquefois dans un même homme et celui-ci est très grand, et il s'appelle Platon, Newton, Pascal, Bossuet, Montesquieu, Gœthe, Lamartine, les désirs de faire du bien, de chercher le vrai, de faire du beau sont d'accord, égaux ou presque égaux, et toujours présents ; l'activité, ardente ou paisible ; plus souvent paisible, car la paix de l'âme vient de l'équilibre des parties de l'âme ; est triple. Ces hommes ne sont pas heureux, c'est-à-dire n'obéissent pas à leur nature, quand, dans le même temps, ils ne sont pas utiles à leurs semblables, chercheurs de vérités et créateurs de valeurs artistiques.

Et ceux-ci font servir leurs trois vocations les unes aux autres. Pour faire du bien, et convaincus, ce qui est peut-être vrai, que les vérités sont toujours bienfaisantes, ils cherchent le vrai et ils mettent le vrai en beauté, dans toute la beauté dont ils puissent le revêtir pour qu'il fasse le plus d'impression possible sur les âmes. Ils ne sont pas fâchés d'être sagaces investigateurs de la connaissance, parce qu'ils espèrent de la connaissance quelque bien pour l'humanité ; et ils ne sont pas fâchés d'avoir du génie littéraire pour que la connaissance passe plus facilement et plus séductrice d'eux aux autres.

Selon que telle ou telle des trois vocations domine en eux, ils lui sacrifient davantage, et par exemple celui-ci sera plus chercheur, celui-ci plus artiste et celui-ci plus apôtre ; mais toujours ils auront présentes à l'esprit leurs trois vocations, et leur désir secret, cela se voit chez tous, serait qu'elles fussent égales et que leurs actions diverses fissent faisceau.

On peut mesurer les hommes à cet étiage, au nombre des impératifs qu'ils ont connus et auxquels ls ont obéi. Un Schopenhauer, un Nietzsche, admirables et vénérables, sont déjà au second rang, parce qu'ils n'ont guère songé qu'à être des héros de la connaissance et de merveilleux artistes, et que le sort de leurs semblables, sans leur être indifférent, ne les préoccupait pas outre mesure.

Souvent les trois impératifs sont en désaccord, se gênent mutuellement et se plaignent d'être gênés les uns par les autres. L'impératif du bien, reconnaissons-le, se défie un peu, d'ordinaire, de l'impératif du vrai. Une vérité relative et provisoire existe, qu'il juge suffisante pour le bonheur des hommes. Ceux-là, toujours à la recherche et au pourchas, qui poursuivent la vérité après l'avoir trouvée, lui paraissent dangereux pour le repos des esprits et pour la sécurité des âmes et il les respecte avec quelque appréhension et avec une sourde hostilité. « Sans doute, les vérités... me disait un très honnête homme ; je suis un bon citoyen, j'ai un peu peur des vérités. » Il ne savait pas qu'il disait, à sa manière, exactement comme Nietzsche : « La vérité, cette forme la moins *efficace* de la connaissance. »

Du côté de l'impératif du beau, l'impératif du bien

n'a guère moins de timidités ; il en a peut-être plus. Il sait que l'artiste, dominé par l'amour du beau, n'a pas de raisons suffisantes pour désirer passionnément le règne du bien, qu'il y a un beau, c'est-à-dire un pathétique et un tragique, dans le désordre moral, dont l'artiste fait son profit ; qu'il y a un beau, c'est-à-dire un comique et un burlesque, dans le désordre moral, dont l'artiste fait son profit également ; que l'artiste, par conséquent, a un intérêt qui n'est pas douteux à ce que le désordre moral, sinon règne, du moins continue d'être assez fréquent pour qu'il le trouve aisément et s'étale assez pour qu'il s'en inspire ; que « l'homme curieux de spectacles s'en est fait un de la peinture de ses erreurs » et que c'est précisément l'artiste qui organise ce spectacle-là ; que l'artiste, même très honnête homme et même moraliste, comme un La Bruyère, à la fois déteste les folies des hommes et probablement serait assez fâché que, disparaissant, elles emportassent avec elles toute la meilleure matière de son art.

Ainsi l'homme dominé par l'impératif du bien n'est pas très éloigné de souhaiter vaguement qu'il n'y ait pas de philosophes et qu'il n'y ait pas d'artistes. Voyez Marc-Aurèle. La préoccupation artistique est aussi absolument absente de son ouvrage que si l'art ici-bas n'existait pas; et pour ce qui est de la vérité philosophique, il la juge trouvée, acquise, définitive, susceptible tout au plus de nouvelles formules, définitions et ornements utiles ; mais il ne songe pas qu'on puisse encore la chercher, et la conscience pure et étroite de ce sage sur le trône, rêvé par Platon, montre, par les chrétiens égorgés, qu'en un autre temps il aurait tendu la ciguë à Socrate.

L'impératif du vrai, pour les raisons que nous venons de voir et qui nous dispenseront d'être long, se défie réciproquement de l'impératif du bien. Il sent toujours en celui-ci une sourde résistance et une résistance de souverain à sujet, de quelqu'un qui a la prétention d'être maître à quelqu'un qui en se manifestant est un révolté. — Et l'impératif du vrai de son côté a aussi la prétention d'être un maître et même d'être tout : le vrai, c'est ce qui est ; ce qui n'est pas vrai n'est pas ; donc le bien est dans le vrai ou n'est qu'une apparence trompeuse, qu'une ombre séductrice, qu'un néant habillé. Au fond, c'est là sa conviction absolue.

Dans la pratique, dans le cours des choses, ce n'est pas tout à fait cela. Le vrai reconnaît qu'il peut être dangereux, soit brusquement révélé et quand sa révélation n'a pas été assez préparée, soit même peut-être en soi ; et c'est pour cela même et parce qu'on affirme surtout quand on doute — puisque c'est alors que l'on comprend à quel point les autres peuvent douter — c'est pour cela qu'il tente de persuader au bien que le vrai finit toujours par tourner au profit du bien, qu'il n'est pas possible que ce qui est vrai ne soit pas bon au moins en puissance et par conséquent dans un certain avenir. Par cette attitude le vrai se subordonne diplomatiquement au bien et lui fait sa cour. C'est son attitude la plus fréquente.

Enfin quelquefois, assez souvent, le vrai relève la tête et dit quelque chose comme ceci : « Je n'en sais rien ; mais ce m'est égal. Je ne sais pas si le vrai contient le bien ; je ne sais pas si la substance du bien n'est rien devant moi ; je ne sais pas si je puis, ou tout de suite ou dans la suite de l'évolution humaine, contribuer au bien ; je sais que j'ai mon droit, supérieur ou inférieur à un autre il n'importe, mais mon droit, intangible, et je sais qu'aucune considération ne doit porter l'homme à me sacrifier. Le vrai est ce qu'il peut ; conséquences bonnes ou mauvaises de lui ne le regardent pas et l'on s'en arrangera comme on pourra. Il est ; il veut paraître et le devoir de l'homme est de le trouver et de le manifester. » C'est quand il tient ce langage en coupant les rapports qui existent ou peuvent exister entre lui et les autres attractions qui s'exercent sur l'homme, que le vrai se déclare le plus nettement comme impératif.

L'impératif du beau se défie de l'impératif du bien par les raisons pour lesquelles nous avons vu que l'impératif du bien se défie de l'impératif du beau, ce qui nous permet encore d'abréger. Il sent que le bien n'a guère à compter sur le beau pour faire le bien et il sent que le bien a parfaitement raison, en général, de penser ainsi. Une chose surtout refroidit singulièrement le beau à l'égard du bien, c'est la parfaite impuissance qu'aurait sa bonne volonté à l'endroit du bien, si elle existait. Quand l'artiste est dirigé par une pensée morale, il est sûr d'échouer comme artiste. La préoccupation qu'il a de prouver refroidit son imagination. Celle-ci ne s'échauffe que dans la volonté conforme à sa nature, à savoir dans la volonté de réaliser du beau. L'œuvre d'art conçue *dans le dessein* de mettre une vérité morale en lumière a toujours quelque chose de tendu et aussi quelque chose de terne. Elle ne plaît qu'à M. Tolstoï. Elle plaît aussi — à l'autre extrémité — aux très simples, qui n'ont aucune idée de beauté et qui, dans un livre, ne cherchent qu'un sujet d'édification. A l'immense majorité des lecteurs, spectateurs, regardeurs ou auditeurs, elle ne plaît pas. La raison en est, je crois, qu'elle est hybride et que par conséquent elle manque d'unité. Elle n'est ni assez complètement œuvre d'art pour que nos facultés esthétiques s'y appliquent, ni assez entièrement leçon pour que nos facultés et notre bonne volonté de catéchumènes y adhèrent. De l'œuvre d'art nous voulons que la vérité morale, s'il y a lieu, se dégage d'elle-même, sans que l'auteur à cela mette la main; nous voulons surtout la dégager nous-mêmes, et à cet égard nous sommes comme Louis XIV un peu trop directement visé par un prédicateur et disant : « J'aime à prendre ma leçon au pied de la chaire ; je n'aime pas qu'on me la fasse. » L'artiste sait très bien tout cela et dit : « Dévouez-vous donc au bien ! Quand un artiste fait une bonne action, c'est une mauvaise œuvre. » L'artiste a quelque raison de ne pas se laisser séduire à l'impératif catégorique du bien.

Du côté de l'impératif du vrai l'artiste est très

sensiblement embarrassé. Il ne doute point que le vrai ne soit sa matière première ; que, s'il est dessinateur, peintre, sculpteur, le *réel* ne soit le fond même sur lequel il travaille et d'où il y a péril pour lui à s'écarter ; que, s'il est poète, novelliste, romancier, la vérité des caractères et des mœurs ne soit de même son « modèle » ; mais aussi il sait que tout cela n'est rien sans goût qui choisit et sans imagination qui repense, refait et complète. Il sait que le vrai joue d'aussi mauvais tours à l'artiste que le bien ; qu'il le refroidit, lui aussi, l'alourdit et le vulgarise ; qu'à s'en faire l'esclave on perd la moitié de son âme d'artiste ; que l'amour du vrai est la probité de l'art ; mais que l'imagination en est la magnificence ; et qu'aussi l'imagination a sa probité, est une probité ; car l'artiste doit au public et se doit à lui-même d'exprimer, non seulement ce qu'il a vu, mais la manière dont il a vu, la déformation même, ou malheureuse ou heureuse, que la vérité a subie en traversant un tempérament.

Sachant tout cela, l'artiste voit dans le vrai son ami et son ennemi indissolublement unis et mêlés, son ami très dangereux s'il prend tant d'empire qu'il s'installe, qu'il s'impose, qu'il ne vous quitte pas et qu'on n'oserait le quitter d'un pas ; son ennemi utile, mais gênant, en ce qu'il vous surveille jalousement et vous arrête dans vos élans et est toujours prêt à pousser les hauts cris et les pousse sitôt que vous faites mine de prendre ou de ressaisir votre indépendance.

Et ainsi, perplexe et irrité de sa perplexité, l'artiste répète le célèbre « vers corrigé » :

Rien n'est beau que le vrai ; mais il n'est pas aimable.

Et même il se demande si le vrai est beau, ce qui n'est pas certain, le vrai pouvant bien n'être beau que senti par quelqu'un et par conséquent déjà déformé, et il se dit peut-être :

Rien n'est sûr que le vrai ; le beau commence au faux,

ou, au moins, à ce qui n'est plus vrai qu'à demi.

On conçoit qu'avec un pareil ami les relations ne peuvent être que mêlées de cordialité et de prudence. « Que le beau soit toujours camarade du vrai », il est indéniable ; mais il l'est aussi que « le divorce entre eux n'est pas nouveau » et qu'il est toujours imminent.

Tels sont, selon moi, en lignes générales, les rapports des trois impératifs entre eux. Ils peuvent être très bons ; ils peuvent être tendus. Ils font voir la complexité de l'âme humaine et que ses meilleurs instincts, si bons qu'ils sont des vocations quasi universelles, *les vocations de l'homme* ; si bons qu'ils commandent, ce qui veut dire qu'ils sont des formes profondes de la personnalité elle-même qui veut s'affirmer et de la vie qui veut être ; si conformes à notre nature et tellement notre nature elle-même qu'ils suscitent des remords quand ils ne sont pas obéis, ce qui signifie qu'en les contrariant c'est notre nature même que nous refoulons et meurtrissons ; entrent pourtant en contradiction les uns avec les autres, se gênent et se heurtent, cherchent à s'accorder, y réussissent quelquefois et y échouent le plus souvent ; cherchent à se prêter de la force les uns aux autres et à emprunter de la force les uns aux autres ; n'y réussissent qu'à demi ; sont évidemment appelés à former un concert et ne font souvent qu'une cacophonie ; sont obligés enfin, d'ordinaire, à se sacrifier les uns aux autres, le plus fort, dans telle complexion d'homme, réduisant les deux autres à l'abdication, à la langueur ou au silence ; — exception faite pour les âmes d'où il serait difficile de dire lequel est le plus absent et qui par conséquent se maintiennent dans une honorable sérénité.

Or après cette digression sur les trois impératifs, sorte de reconnaissance que l'on verra peut-être qui n'est pas inutile, le plus impérieux des impératifs et le plus pur, celui qui semble bien, seul, ne pas donner de raison du tout, être éminemment métalogique, est-il absolument pur en effet, est-il absolument immotivé, *im-mobile*, non-intentionnel, ou mêle-t-il lui-même quelque persuasion à son absolutisme ?

Je crois que l'impératif du bien se présente comme absolu, très nettement, indiscutablement — *et devient persuasif dès qu'on l'analyse.*

Il dit : « Il faut » et c'est tout, — comme du reste les deux autres ; c'est l'impulsion ; mais plus énergiquement et comme avec une étreinte plus rude que les deux autres — et puis quand on l'analyse, quand on l'ouvre, quand on regarde ce qu'il contient, quand on l'interroge, il donne une raison.

Seulement il n'en donne qu'une.

Les deux autres impératifs d'abord commandent, tout comme l'impératif du bien, puis, quand on les interroge, donnent *plusieurs* raisons, ou, si vous préférez, ont plusieurs raisons à donner. Le vrai donne pour ses motifs l'utilité sociale, le progrès, le plaisir aussi, la jouissance de la conquête, la jouissance de la supériorité sur les autres, la satisfaction de la volonté de puissance, etc., enfin beaucoup de raisons.

L'impératif du beau donne pour mobiles l'utilité sociale, la glorification de la patrie, le plaisir aussi, la jouissance de la supériorité sur les autres, la jouissance de la création, de la paternité intellectuelle, de l'élargissement et de l'épanouissement de la personnalité, etc., enfin beaucoup de raisons.

De plus, les deux impératifs du vrai et du beau ont une tendance que nous avons notée — ce n'est qu'une tendance et contrariée, mais c'est une tendance très nette — *à se réclamer chacun des deux autres pour se justifier.* L'Impératif du vrai se plaît à dire, quoiqu'il n'en sache rien, qu'il est probable que la vérité sert toujours au bien, que la vérité se réalise toujours en un bienfait pour l'humanité. Au fond, malgré les grands airs d'indépendance qu'il prend quelquefois, malgré ses bravades, c'est à quoi il tient le plus, ou l'une des choses auxquelles il tient davantage. Il craint infiniment la condamnation du pragmatisme, le mot décisionnaire du pragmatisme : Une vérité qui ne fait pas de bien n'a pas le droit d'être vraie. Aussi le vrai conjure-t-il le bien de lui faire crédit : « Si la vérité n'est pas bonne aujourd'hui, soyez certain qu'elle le sera un jour. Il n'est que d'attendre. » En résumé, le vrai se réclame du bien comme de sa cause finale, les jours où il n'est pas trop arrogant.

Il se réclame aussi du beau. La vérité est belle ; quand elle éclate, elle frappe les yeux, les esprits, les âmes, d'un éclat soudain qui est essentiellement esthétique. Il y a une beauté du vrai qui peut dispenser de la beauté proprement dite. Montesquieu disait que le sens du vrai est le plus exquis de tous les sens. M. Henri Poincaré a une page admirable sur la beauté souveraine des vérités mathématiques. La beauté du vrai est la beauté par excellence, toute pure, toute dégagée des réalités contingentes. Elle met l'esprit en pleine atmosphère lumineuse. Elle le délivre de ces demi-affirmations qui sont des demi-erreurs et de ces imperfections intellectuelles qui, étant des imperfections, sont des laideurs.

De même l'impératif du beau se réclame de l'impératif du bien et de l'impératif du vrai. Il se vante d'être « la splendeur du vrai », formule qu'il a inventée et que, pour l'autoriser, il a attribuée à Platon. Il se flatte d'être le vrai ramené à ses lignes générales et délivré de l'accidentel et d'être par conséquent plus vrai que le vrai lui-même ; et d'autre part il se réclame du bien sur cette idée, assez raisonnable, que, s'il est vrai qu'il n'a d'autre office que de donner des plaisirs, il donne du moins des plaisirs désintéressés, les plus désintéressés de tous les plaisirs, et qu'ainsi il apprend aux hommes le désintéressement, lequel est l'essence même du bien.

Ainsi l'impératif du vrai et l'impératif du beau ne laissent pas, en quelque sorte, de sentir le besoin d'être soutenus par le concours des autres vocations humaines et de donner, outre leurs commandements, des raisons tirées des autres vocations elles-mêmes par lesquelles l'homme se sent entraîné.

L'impératif du bien, seul, ce me semble, ne se réclame que de lui et paraît avoir pour devise : « Moi seul et c'est assez. » Il ne se donne pas comme vrai. Je veux dire : ce n'est pas à la vérité qu'il fait appel. Il ne fait appel qu'à lui-même. Il dit : « Tu dois » et non pas « Interroge ta raison, ton sens du vrai, pour savoir si ce n'est pas cela qui est à faire. » Ses chemins sont plus courts et pour ainsi parler il n'a pas de chemins : il ne passe pas par quelque chose pour arriver à sa décision. Il est directement et immédiatement décisionnaire. Il ne se donne pas comme vrai ; il se donne comme obligatoire. Il ne fait pas entendre que son contraire est l'erreur ; il fait entendre que son contraire est la ruine, la mort de l'âme. Il ne menace pas d'un obscurcissement ; il menace d'un anéantissement, d'une sorte de perdition : « Je ne te dis pas que tu te trompes ; je te dis que tu es perdu. »

Il ne se réclame pas, non plus, de l'idée du beau, ou il ne fait pas appel, comme à un auxiliaire, à l'idée du beau. Plutôt même il s'en défierait. Toute l'argumentation de Nietzsche, contre la morale, quand il est ou se croit immoraliste, revient à cette accusation, à ce grief qu'elle est laide et enlaidissante, qu'elle persuade à l'homme de chercher peut-être les actions droites, mais non pas les actions fortes et partant belles, qu'elle déprime l'homme ; et peut-être le rectifie, mais le rétrécit, qu'au moins de tout ce qui porte le caractère du beau, expansion, audace, magnificence, énergie déployée, elle le détourne. Il reste de ce réquisitoire du moins ceci que le bien *ne tient pas* à ce que l'homme soit un modèle pour artiste et un héros de poème épique ; qu'il n'a pas du côté des ateliers de sculpteurs et des cabinets de poètes un regard de désir ou d'espérance, qu'il ne pousse pas l'homme à être un candidat à la beauté. Aucunement. Il ne le pousse qu'à être satisfait de lui-même, fier de lui-même, peut-être et tout au plus ; orgueilleux de lui-même, jamais. Toute ambition de beauté, même celle qui paraîtrait la plus naturelle et légitime, lui paraîtrait un cabotinage. Au fond, l'instinct moral ne *connaît* ni vérité ni beauté. Il ne connaît que le bien lui-même. Il ne connaît que la parfaite concordance entre la conception de l'acte bon et l'acte bon.

Donc l'impératif du bien a cela de bien particulier qu'il n'emprunte rien, ne songe à emprunter rien aux deux autres impératifs ; et ceci de bien particulier encore, que, tandis que les deux autres impératifs, quand on les interroge, à leur commandement ajoutent quelques raisons, lui, à son commandement quand on l'analyse et quand on l'interroge, n'en n'ajoute qu'une.

Mais laquelle donc ? — *Il ajoute la considération de l'honneur*. Il commande et il s'en tient là, d'ordinaire. C'est en quoi il consiste, ou c'est son caractère plus proprement distinctif. Mais quand on lui adresse un pourquoi ? ou simplement quand on le considère, quand on *réfléchit* sur lui, quand on *se retourne* vers lui, il ajoute ceci ou plutôt il se traduit par ceci ; mais s'expliquer c'est encore donner une raison ; il ajoute donc ceci : « Fais cela, *ou* tu seras infâme. » Ceci c'est le devoir qui a fait parler l'honneur.

Je dis que c'est la seule raison qu'il ajoute, la seule absolument et qu'il a une répugnance invincible et absolue à aller plus loin. Car enfin les autres impératifs, encore qu'ils commandent, ne répugnent point du tout, nous l'avons vu, à s'adjoindre des motifs divers de persuasion, et multiples. L'impératif du bien les proscrit tous, sauf le sien, unique, par une fin de non-recevoir qui s'applique à tous. Il dit : « Si tu as un motif, tu n'as plus de mérite », et voilà bien tous les motifs proscrits, toutes les intentions éliminées. « Si tu es fier de faire le bien, tu fais le bien pour en être fier ; et ton mérite disparaît, et ce n'est pas le bien que tu as fait. Si tu prends plaisir à être honoré pour avoir fait le bien, tu fais le bien pour être honoré de l'avoir fait ; et ton mérite s'écroule, et ce n'est pas le bien que tu as fait. Si tu fais le bien par sympathie, par sensibilité, tu fais le bien pour éprouver une émotion ; et ton mérite s'évanouit, et ce n'est pas le bien que tu as fait. Si tu prends plaisir, simplement dans le fait même de faire le bien, ton mérite est douteux et ce n'est peut-être pas le bien que tu as fait. »

Du moment que le devoir dit cela, et nous entendons bien qu'il le dit, non seulement il répugne à toute raison à donner, sauf à la sienne, mais il les exclut radicalement par une sorte de question préalable. Mais quand on l'interroge, à mon avis, il donne bien la sienne, l'honneur ; il dit bien : « Ne fais pas cela ; à ton aise ; tu seras infâme. » Il dit bien :

> L'honneur parle ; il suffit ; ce sont là mes oracles.

Cela, il me paraît incontestable qu'il le dit.

— Mais c'est comme s'il ne disait rien ! C'est comme si, simplement, il s'affirmait. C'est comme si, après s'être affirmé une première fois, dans le commandement, il s'affirmait une seconde fois. Honneur, devoir, c'est même chose. Qu'il dise : « Le devoir est de... » ou : « L'honneur est à... », c'est même chose. Il se traduit, il s'explique, moins que cela, il se *nomme*, et il n'ajoute aucune raison, aucun motif à son imperium ; il continue à être métalo-

gique ; il n'est que lui-même sous un autre nom.
Revenez tout simplement au kantisme pur et dites
que l'impératif moral n'est point persuasif du tout et
qu'il est catégorique, et réintégrez la foi morale.

— J'ai déjà dit, par provision, que si se traduire
n'est pas donner une raison, s'expliquer est déjà en
donner une. Il y a une différence entre le simple
commandement, sec et hautain, et la considération
proposée de l'honneur ; il y a une différence entre
le devoir lui-même et l'honneur ; et le devoir ne se
propose plus tout à fait lui-même quand il présente
l'honneur comme « équivalent du devoir », ainsi
qu'aurait dit Guyau. Précisément il propose un
équivalent, non plus lui ; et, disons mieux, il propose
un de ses caractères comme une raison d'accepter
lui ; mais c'est bien une raison qu'il donne. Le
devoir est l'hypostase de l'honneur, soit ; mais
quand il se présente sous la personne de l'honneur,
par ce seul fait qu'il a changé de personne, il s'est
fait persuasif et c'est bien une raison qu'il donne.
« Faites cela pour moi. » Je ne donne pas de raison.
« Faites cela pour moi qui suis votre ami. » J'en
donne une. — « Faites cela pour moi. » Il ne donne
pas de raison. « Faites cela pour moi qui suis
l'honneur. » Il en donne une.

Et la preuve c'est que maintenant vous pouvez répondre ; vous pouvez discuter. Quand il disait : « Fais ceci », vous ne pouviez que dire : « Oui », ou : « non ». Quand il vous parle d'honneur, vous pouvez dire : « Je ne sais pas si l'honneur, est à cela ou à son contraire ; car... » Oui, il y a bien une différence entre le devoir et l'honneur, et quand le devoir se présente comme étant l'honneur, il donne bien déjà un motif, il vous suggère bien déjà une intention, il est bien déjà persuasif ; il ne fait pas de la métamorale ; il est un moraliste humain ; il n'est plus tout à fait Dieu. C'est cette légère déchéance que je voulais marquer. « Il n'y a pas de contrat social ; il y a un quasi-contrat, terme très juridique, » disait M. Léon Bourgeois. Il n'y a pas d'impératif catégorique, dirai-je ; il y a, si l'on veut, un impératif « quasi-catégorique », ce qui, malheureusement, n'est pas un terme juridique, ni usité ; mais il suffit de se faire entendre.

D'autre part, on me dira : « Si le devoir présente comme sa raison, sa raison unique, mais enfin sa raison, la considération de l'honneur, il ne présente pas une raison *sui generis* ; il fait ce que vous prétendiez plus haut qu'il ne fait jamais ; il emprunte une raison à un autre impératif, ou plutôt il prend un autre impératif pour sa raison. Ne voyez-vous pas que *l'honneur* c'est *le beau* et que le devoir, en vous conseillant l'honneur, vous conseille simplement d'être une belle chose et d'être digne d'admiration ou de faire des actes beaux et dignes qu'on les admire ; et par votre souci de vous distinguer du kantisme vous faites simplement rentrer la morale dans l'esthétique. »

Je ne crois pas ; cela ne me déplairait pas horriblement ; mais enfin je ne crois pas. Il y a une différence sensible entre le beau et l'honneur. Le beau excite l'admiration, l'honneur excite le respect et Kant ne s'y est pas trompé quand il a montré le respect comme le sentiment qui accompagne la réalisation du devoir. L'admiration s'attache à des choses où est l'honneur, mais par cela seul qu'elle s'attache à des choses aussi où l'honneur n'est pas, elle n'est pas le criterium de l'honneur et l'honneur n'est pas le beau.

— Il peut en être *une partie*, et pour prouver que ce n'est pas le beau que le devoir invoque en recommandant l'honneur, vous devriez démontrer, non pas que l'admiration s'applique à autres choses qu'à lui, mais qu'à lui elle ne s'applique pas.

— Mais non ; j'ai seulement besoin de montrer

que le beau moral est une chose tellement différente du beau proprement dit qu'il est visible que dans le beau moral s'ajoute un élément tout nouveau, et cela suffit pour que la distinction soit très nettement établie. L'admiration qui s'applique au beau moral est une admiration à laquelle s'ajoute le respect et une manière de culte, choses qui n'entrent pas du tout dans l'admiration pour le beau proprement dit ; et pour dire, je crois, beaucoup mieux, ce n'est pas le respect qui s'ajoute à l'admiration dans le sentiment qu'on a pour le beau moral, c'est l'admiration qui s'ajoute au respect ; et le respect est le fond même.

Ajoutez que l'admiration ne s'ajoute que *quelquefois* au respect. Il est des choses d'honneur que l'on respecte et que l'on n'admire pas. Des choses d'honneur, on n'admire que celles où il y a de l'inattendu, de l'extraordinaire, un grand effort, un grand sacrifice, de la continuité aussi et une suite sans fléchissement, qui impose ; mais pour toutes les choses d'honneur et tous les actes d'honneur, quels qu'ils soient, on a du respect.

L'homme qui obéit au devoir, *ou* obéit purement et simplement ; *ou*, s'il cède à la voix du devoir en tant que voix de l'honneur, est un homme qui cherche quelque chose à respecter et qui veut le trouver en lui.

Il ne faut donc pas faire rentrer la morale dans l'esthétique. Elle pourrait, non pas s'y perdre, mais s'y altérer, s'y compromettre avec beaucoup de choses admirables, mais qui, pour admirables qu'elles sont, ne sont pas elle. Les grands crimes sont admirables. Ce qui fait que Guyau a tort, c'est que, donnant pour l'instinct moral toute la vie, il donne malgré lui pour morales des choses qui n'ont aucun caractère de moralité. Je vais trop loin? Mettons que, donnant pour l'instinct moral *toute la vie belle*, toute la vie susceptible d'exciter l'admiration, il donne malgré lui pour morales des choses qui n'ont aucun caractère de moralité, parce qu'elles ne sont pas dignes de respect.

Le tort de Nietzsche cherchant sa morale, car on sait qu'il la cherche, est très analogue. Il consiste précisément à juger des choses selon le criterium de l'admiration, et par conséquent à donner comme règle de vie l'imitation de choses qui, quoique excitant l'admiration, ne sont pas moralement belles le moins du monde ; et c'est bien obéissant, en même temps qu'à sa fougue de poète, à une secrète logique, qu'il en arrive de temps en temps à faire l'éloge de la violence et du crime. Le tort de Renan quand il a dit, sans y attacher du reste la moindre importance : « La beauté vaut la vertu », ce qui paraissait à M. Tolstoï « une effroyable stupidité » et ce qui n'est qu'un paradoxe un peu saugrenu, c'est d'avoir, un instant, pris l'admiration pour criterium, ce qui tout de suite l'amenait à penser : « Un saint et une belle femme ; ils sont beaux tous deux ; ils se valent. »

Il faut donc se garder de croire qu'en proposant l'honneur comme mobile, le devoir propose de poursuivre une beauté ; il propose, ce qui est bien différent, de chercher quelque chose que l'on puisse respecter et qui peut-être, de plus, sera admirable, mais qu'il serait immoral de rechercher pour l'admiration qui pourrait vous en revenir. Remarquez en effet ce caractère très particulier du respect. C'est un sentiment, on ne peut guère lui donner d'autre nom, qui semble en dehors de la sensibilité, sur les limites, si l'on préfère, de la sensibilité ; c'est un sentiment qui n'apporte avec lui ni jouissance ni souffrance ; c'est un sentiment qui laisse sérieux, grave et froid ; c'est un sentiment qui ressemble le plus qu'il soit possible à une idée, sans en être une ; c'est un sentiment qui ne déprime ni n'exalte ; car il n'est pas l'humiliation et, même quand il s'adresse à vous-même, il n'a rien qui ressemble à l'orgueil ; c'est quelque chose comme un sentiment sans sensibilité.

A cause de cela, ni il n'apporte ni il ne promet à l'âme une jouissance de sensibilité, et par conséquent il est précisément ce que le devoir peut accepter comme auxiliaire sans crainte qu'il ne soit un mobile de sensibilité, un attrait de plaisir. L'honneur accompagné du respect des autres pour vous et du respect de vous pour vous-même, laisse le devoir intact comme impératif, quasi intact, aussi intact qu'il est possible, aussi intact qu'un impératif à qui l'on a demandé ses raisons et qui en a donné une peut rester pur lui-même, aussi intact qu'une impulsion non intentionnelle qu'on a réussi à transformer en intention peut rester encore non intentionnelle.

Le devoir qui donne pour raison l'honneur n'est plus lui-même, il faut l'accorder ; mais, en vérité, il n'est pas encore autre chose.

Or, l'honneur étant considéré comme devenant le principe de la morale, qu'est-ce bien que l'honneur ? L'honneur est un sentiment qui, sans envisager l'utilité personnelle et même en la méprisant, sans envisager l'utilité sociale quoique ne la méprisant pas, mais ne s'y arrêtant point, nous persuade que nous sommes les esclaves de notre dignité, de notre noblesse, *de ce qui nous distingue d'êtres jugés par nous inférieurs à nous* ; et qui nous assure fermement qu'à cette dignité, qu'à cette noblesse, *qu'au soin de ne pas déchoir* nous devons sacrifier tout, même la vie.

Ce principe de morale ne peut pas se confondre avec ceux que nous avons plus haut considérés. Il n'est pas l'intérêt *personnel général,* l'intérêt bien compris d'une vie bien réglée sacrifiant le point à l'ensemble et le moment présent à la suite des moments futurs ; puisque nous sentons qu'à cette partie que l'honneur nous convie à jouer nous risquons la suppression de notre être tout entier.

Il n'est pas l'utilité sociale, puisque nous sentons qu'en dehors même de toute utilité sociale nous devons faire des actes pénibles qui ne satisferont que nous, qui sans doute pourront avoir, à titre d'exemples, une utilité sociale, mais lointaine et dans la considération de laquelle nous n'entrons pas, qui ne pèse pas sur les décisions que l'honneur nous conseille.

Il n'est pas le stoïcisme précisément, il s'en accommode, il s'y associe ; mais il n'est pas lui ; car maintenant la lutte contre les passions n'est pas notre but, mais un moyen et une condition de notre obéissance à notre principe et notre but étant placé plus loin, consistant à être satisfaits de nous, non point négativement par la *distinction* faite en nous d'éléments mauvais, mais *positivement*, par la *puissance* en nous de réaliser des choses jugées par nous belles et nobles ou au moins respectables.

Il n'est point le sentiment de la vie belle et féconde, quoique moins loin de ceci que de ce qui précède ; car ce ne sont pas des choses grandes, larges et magnifiques qu'il conseille précisément, mais des choses respectables, et il n'exclut pas ou il ne risque pas, et tant s'en faut, d'exclure les humbles, qui se sentiraient bien un peu exclus ou mis au second rang par une morale se confondant, ou à peu près, avec la magnificence de la vie.

Il n'est point le sentiment et la volonté de la vie intense et ultra-énergique ; car il conseillera, certes, de se surmonter, de devenir ce qu'on est, c'est-à-dire de mettre en valeur ses facultés et de vivre dangereusement, très dangereusement, pour lui ; mais tout cela pour lui et non pas par volonté de puissance ou pour réaliser de la beauté.

Il n'est pas, enfin, l'impératif catégorique lui-même ; il n'est pas sec et dur, quoiqu'il soit très impérieux ; il n'est pas muet pour ainsi dire et commandant du geste et du sourcil plutôt que de la parole, et il est au contraire très éloquent; il est clair comme une idée, il est fort comme une impulsion, il est riche comme un sentiment.

Il est donc très particulier, très spécial, tout à fait *sui generis*. Il est — ce que ne sont pas, comme nous l'avons vu, quelques autres principes de moralité — tout à fait étranger aux animaux (quelques semblants d'émulation à la course chez certaines bêtes étant faits rares dont on ne saurait tirer grande conclusion et paraissant plutôt imitation réciproque qu'émulation véritable). Il est proprement humain, et quand les philosophes disent que la moralité commence à l'homme, je ne les entends pas et je proteste ; mais s'ils veulent dire par là que l'honneur commence à l'homme, je les comprends et je leur dis oui.

Il n'est point du tout étranger aux hommes du peuple, et bien au contraire; il est en eux extrêmement net. L'homme du peuple dit, *au moins*, à ses enfants : « Il ne faut pas faire cela. Est-ce qu'on est des animaux ? » Cela veut dire qu'il se sent obligé par quelque chose qui le distingue d'êtres jugés par lui inférieurs à lui, par une dignité, par une noblesse, ici par sa dignité d'homme, par sa noblesse d'homme. Les animaux ont été inventés pour que le plus humble des hommes eût quelque chose au-dessous de lui, et au-dessus de quoi il se sentît obligé à se maintenir, et au niveau de quoi il se sentît obligé à ne pas descendre. L'homme est un suranimal et se sent tenu d'être au moins un suranimal. Par quoi ? Non point par la raison ; il sait bien que les animaux en ont et il faut être philosophe pour douter de cela. Non point par la morale sociale ; car les animaux ont une morale sociale et, souvent, extrêmement élevée ; mais par le sentiment de l'honneur personnel et de l'honneur de l'espèce.

C'est un sentiment essentiellement aristocratique ; *aussi* existe-t-il dans le peuple, qui est tout plein de sentiments aristocratiques ; c'est un sentiment aristocratique en ce sens qu'il est inséparable du désir de se distinguer de quelqu'un estimé inférieur. L'homme du peuple met son honneur à se distinguer des animaux, d'abord ; ensuite de tels et tels, de sa classe, qui se conduisent bestialement et à qui il dit : « Tu n'as pas honte », ce qui est le mot même de l'honneur ; enfin de tels et tels autres, placés plus haut que lui dans l'échelle sociale et qu'il prend plaisir à constater inférieurs à lui, moins utiles, moins probes, moins vaillants. L'honneur est toujours un sentiment aristocratique.

Une des raisons de l'esclavage antique a été une idée morale, très mal comprise. je le reconnais. L'homme, même très pauvre, voulait avoir au-dessous de lui des hommes qui fussent des animaux, pour n'être pas comme eux, pour se dire que commettre tels ou tels actes était descendre au niveau des esclaves, pour appeler serviles les idées basses, les sentiments bas et les actions basses. L'homme ancien voulait qu'il y eût des esclaves, comme Flaubert voulait qu'il y eût des bourgeois, pour n'en pas être un, les méprisant, mais en ayant évidemment besoin, puis qu'il eût été désespéré qu'il n'y en eût plus. Et de fait il définissait le bourgeois comme l'ancien définissait l'esclave : « tout être ayant des façons basses de penser et de sentir ». — Ce fut une parole vraiment nouvelle que celle de Sénèque : *Servi sunt, immo homines* : « ce sont des esclaves ; non, ce sont des hommes ». Il y avait dans cette parole ceci : « L'honneur vrai consiste, non pas à ce qu'il y ait des esclaves pour que nous puissions toujours nous considérer comme supérieurs à quelqu'un ; mais à ce qu'il n'y en ait point, pour que nous soyons forcés de nous supérioriser nous-mêmes et de ne plus mépriser les esclaves, mais ceux qui seraient dignes de l'être. »

A ce propos, on a dit que l'honneur est un sentiment moderne que les anciens n'ont pas connu. C'est une erreur. L'honneur chez les anciens s'appelait *Aidôs* et *Pudor* : « Ἀνέρες ἔστε, καὶ αἰδῶ θέσθ' ἐνὶ θυμῷ — « Soyez hommes et mettez l'honneur dans vos âmes » (Homère). — « Ἀιδὼς σωφροσύνης πλεῖστον μετέχει » — « L'honneur tient beaucoup de la sagesse » (Thucydide). – De soldats vaincus Tite-Live dit : *Accendit animos pudor, verecundia, indignitas* » — « L'honneur, la honte, le sentiment de leur indignité, enflamment leurs âmes ». Juvénal dit :

Summum crede nefas vitam præferre pudori,

ce qui est la formule même de l'honneur : « Le dernier des crimes est de préférer à l'honneur la vie. »

Quelquefois, le plus souvent même, et c'est ce qui le purifie, car l'honneur lui-même a besoin d'être purifié, l'être inférieur dont l'honneur veut que vous vous distinguiez n'est pas réel, n'est pas connu de vous, est *supposé*. Le père d'Horace fut un honnête homme, mais c'était le père d'un satirique. Pour enseigner la morale à son fils il lui disait : « Regarde un tel ; il a dissipé son patrimoine ; il est très méprisé ; regarde un tel, il a été surpris en adultère ; il a une mauvaise réputation. » C'était de la médisance morale ou de la morale médisante. Nous avons en nous un Horace le père, qui souvent ne fait pas intervenir de noms propres dans sa leçon. Nous nous disons : « Je ne sais pas s'il y en a qui font ainsi, mais, *moi*, je ne suis pas de ceux-là. » Ici le sentiment de l'honneur est en quelque sorte idéal. Il sort du domaine du réel pour entrer dans celui du possible. Il suppose un certain nombre de possibles parmi lesquels il y en a de méprisables dont il décide qu'à tout hasard il faut se distinguer et se séparer soigneusement, énergiquement et coûte que coûte.

Et c'est ainsi que l'honneur, tout en restant toujours un sentiment aristocratique, ne comporte pas toujours quelqu'un à mépriser, ne comporte pas toujours le mépris de quelqu'un de réel et par conséquent pourrait être le sentiment de *tous* les citoyens, de tout un peuple, le sentiment commun de tous les membres de l'humanité, sans qu'il en manquât un : ils mépriseraient les possibles méprisables.

L'honneur ne doit pas être confondu avec l'honorabilité qui, sans être le contraire, est tout autre chose et qui rentre entièrement, selon moi, dans la morale sociale. Nietzsche a fait remarquer, avec quelque confusion, qu'au-dessus du premier progrès, qui consiste à agir, non en considération du bien-être immédiat et momentané, mais en considération des choses durables (morale des animaux supérieurs), l'homme a atteint un degré plus élevé quand il agit selon le principe de l'honorabilité (je traduis *Ehre* par *honorabilité* et non par *honneur*, parce que c'est bien le sens, comme tout le contexte l'indique). Nietzsche entend par honorabilité le fait d'être estimé des autres et aussi d'estimer les autres : « Il honore et il veut être honoré ; il conçoit l'utile comme dépendant de son opinion sur autrui et de l'opinion d'autrui sur lui-même ». Or ceci n'est pas proprement, ni même, quelquefois, pas du tout, l'honneur ; c'est *les honneurs*, les marques de considération sociale et de respect social, et cela ressortit à la morale sociale. C'est exactement dans ce sens que Montaigne emploie le mot *honneur*. Quand il dit que « l'honneur est le principe des monarchies », il veut dire, comme c'est prouvé par tous ses textes, que les distinctions honorifiques accordées par le roi, ratifiées par l'opinion publique, sont le grand mobile des vertus sociales dans une monarchie aristocratique. Or ceci n'est pas l'honneur ; c'est l'honorable.

— Et par conséquent c'est déjà de l'honneur, si les mots ont un sens.

— Oui, c'est le premier degré, si l'on veut, de l'honneur proprement dit. C'est déjà de l'honneur, puisque c'est avoir des raisons de se préférer à d'autres et se satisfaire, en dehors de toute jouissance matérielle, dans cette préférence. Ce n'est pas l'honneur proprement dit, puisque les raisons de se préférer ainsi nous viennent des autres, non de nous-mêmes.

— De nous-mêmes aussi, Nietzsche le dit.

— Je veux bien. Alors trois degrés : 1° à son bien-être matériel préférer l'estime qui nous vient des autres ; 2° à son bien-être matériel préférer l'estime qui nous vient d'autres, mais de ceux-là seulement que nous estimons nous-mêmes, de sorte que c'est une estime contrôlée par nous, ou, pour mieux dire, notre propre estime de nous, réfléchie avec renforcement par celle de ceux qui sont estimés de nous ; 3° à son bien-être matériel préférer sa propre estime, quand bien même il ne se trouverait personne pour nous estimer, ce qui devrait, certes, nous faire réfléchir, mais ce qui ne devrait pas nous arrêter, si, tout compte fait, nous nous sentions sûrs de l'honneur contenu dans notre acte.

Dans le premier cas, il y a un peu de sentiment de l'honneur ; dans le second, il y en a beaucoup plus ; dans le troisième, il y a honneur pur.

Le véritable honneur consiste à sentir par soi-même que l'on est « une âme peu commune », comme dit le héros de Corneille, et qu'il est indifférent, pour que cela soit, que cela soit constaté, que quelqu'un au monde s'en aperçoive et le marque au tableau. On se sent alors, en obéissant à sa loi, le législateur.

Aristote avait très bien vu cela, j'entends que l'homme supérieur est sa loi à lui-même à ce point même qu'il ne peut pas être soumis aux lois : « Si un citoyen ou plusieurs sont tellement supérieurs qu'on ne puisse les comparer aux autres, il ne faudra plus les regarder comme faisant partie de la cité... Les lois ne sont nécessaires que pour les hommes égaux par leur naissance et par leurs facultés ; quant à ceux qui s'élèvent à ce point au-dessus des autres, il n'y a pas de loi pour eux ; ils sont eux-mêmes leur propre loi ; celui qui prétendrait leur imposer des règles se rendrait ridicule et eux seraient peut-être en droit de lui dire ce que les lions d'Antisthène répondirent aux lièvres plaidant la cause de l'égalité entre les animaux... »

Et il arrive ceci qu'au plus haut degré l'on devient le concurrent de soi-même. On veut se distinguer non seulement des animaux, c'est trop facile quoique ce soit déjà très appréciable : non seulement des hommes que l'on voit inférieurs à ce qu'on est, c'est trop facile encore ; non seulement de ces êtres supposés, dont nous parlions, qu'on ne voudrait pas être ; mais encore de soi-même tel qu'on se voit. L'honneur est alors une estime de ce que l'on serait si l'on était meilleur. L'honneur consiste à vouloir mériter l'estime de celui qu'on pourrait devenir. L'être inférieur de qui, maintenant, vous voulez vous distinguer, c'est vous-même et ce sera toujours vous-même, quelque progrès sur vous-même que vous puissiez accomplir.

Nous rejoignons ici les formules de Nietzsche, si loin que nous fussions de lui par notre principe, parce que tout ce qu'il veut pour satisfaire la volonté de puissance on peut le vouloir, et il est naturel qu'on le veuille pour satisfaire le sentiment de l'honneur et conquérir — car là aussi il y a une conquête — l'estime, toujours fuyant devant nous, de nous-mêmes. Faut-il se surmonter ? Évidemment, pour se distinguer de l'homme qu'on est et mériter l'approbation de l'homme qu'on aspire à être, et cela indéfiniment. — Faut-il vivre dangereusement? Sans doute, sinon tout à fait comme l'entend Nietzsche, du moins par ce fait seul qu'on trouvera toujours des occasions où ce ne sera pas sans risques qu'on pourra pleinement satisfaire ce qu'un honneur rigoureux appelle le devoir. — Faut-il devenir celui qu'on est? Assurément, sinon tout à fait comme Nietzsche le comprend, du moins en ce sens qu'on est un homme d'honneur et qu'on ne le sera, relativement encore et toujours relativement, qu'après des efforts persévérants pour le devenir.

C'est dans cette morale de l'honneur, et je veux dire chez ceux qui ont leur morale sous cette forme, que le devoir devient une passion. On sait assez que dans la morale sociale le devoir devient quelquefois et même assez souvent une passion. (*Dévouement* à ses semblables : le soldat qui meurt pour sa patrie, le capitaine de vaisseau qui meurt pour sauver ses passagers, le mécanicien « qui meurt après avoir renversé la vapeur », etc.) Mais le devoir devient une passion surtout chez ceux, peut-être uniquement chez ceux, qui ont la morale de l'honneur. L'art de l'être moral ou, sans art, le mouvement même de sa nature, consiste à faire une passion de la lutte même contre les passions, de sorte qu'il ne reste plus chez l'homme qu'une passion forte. celle qui combat et dompte toutes les autres. Voilà l'art de l'être moral, et c'est le mérite des stoïciens d'avoir bien connu cet art-là.

Mais l'art ne suffirait pas, évidemment, à produire cet effet. Il faut qu'une idée devenue idée fixe et cette idée fixe devenue idée-force, mène ce combat contre les passions humaines. Mais encore comment une idée fixe devient-elle idée force? En se pénétrant, en s'imprégnant de passion. Ici de quelle passion l'idée fixe se pénètre-t-elle ? De la passion de l'honneur.

« Je ferai cela, *parce que c'est mon idée.*

— Oui ; mais alors c'est une simple gageure.

— Non, parce que je mets mon honneur à faire cela.

— Votre honneur ?

— Oui.... enfin, tout le monde n'en ferait pas autant et je le fais. »

C'est cela ; il faut que le désir de se distinguer, que l'idée de perfection, et en langage humain cela veut dire l'idée d'élite, nous soutienne dans cette lutte. Elle nous a *inspiré* l'idée de cette lutte, et dans cette lutte elle nous encourage et nous *appuie*. Alors « l'honneur nous enflamme ». Il est une passion et une passion ardente, invincible. La passion contre-passions a détruit ou refoulé toutes les passions et reste la passion maîtresse. L'*idée* seule y aurait-elle réussi ? Évidemment non. Il a fallu que le devoir, ennemi des passions, devînt, sous forme d'honneur, passion lui-même.

Et, dès lors, ne vous étonnez plus que le devoir pousse un homme à affronter les plus grands dangers et même à accepter la mort certaine ; il y pousse exactement comme la première venue des passions, comme l'amour, la jalousie, l'ivrognerie ou le libertinage. Le devoir est devenu une passion enivrante et même une passion mortelle. Et ce n'est qu'ainsi qu'il est puissant. Le devoir n'est vraiment le devoir, le devoir n'est pleinement le devoir que quand il est la passion du devoir.

Et il s'est produit, ce me semble, ce phénomène psychologique assez curieux. Le devoir était une impulsion impérative. On ne l'a pas accepté comme impulsion. On lui a demandé ses raisons. Il n'en a donné qu'une seule, mais il en a donné une, l'honneur ; il est devenu persuasif. Mais l'honneur devenu passion est redevenu impulsif et impératif, et c'est lui maintenant qui ne donne plus ses raisons. C'est un détour, c'est une randonnée.

Et donc il n'y a rien de plus naturel que ceci que Kant ait jugé le devoir impératif.

— Comme si une idée pouvait être impérative ! dit Schopenhauer.

— Mais c'est que Kant voit cette idée alors qu'elle s'est pénétrée d'un sentiment et alors que ce sentiment est devenu une passion, laquelle, comme toutes les passions, est devenue impérieuse.

Cette passion contre-passions est souvent d'une extrême violence. En tant que passion, elle a besoin à son tour d'être réprimée. Elle devient le point d'honneur, c'est-à-dire le défaut de l'homme qui se pique d'honneur là où il n'est ni nécessaire ni utile, soit par habitude, soit par jactance, soit par obéissance à un préjugé qui est né de l'honneur mal compris ou compris étroitement. Car il y a de « faux jours d'honneur », et il ne faut pas dire, comme Sertorius : « Je ne sais si l'honneur a jamais un faux jour. » Le point d'honneur peut devenir cette démangeaison de grandeur d'âme dont certains héros de Corneille sont atteints, ou cette obstination à montrer de la volonté sans objet, de la volonté pour l'exercice même de la volonté, travers que certains héros de Corneille montrent aussi. C'est que, du moment qu'une idée devient une passion, quelque « passion noble », comme dit Vauvenargues, qu'elle puisse être, elle devient elle-même une excitation nerveuse qui altère la santé de l'âme et contre laquelle la santé de l'âme doit réagir; la santé de l'âme, c'est-à-dire ce que nous appelons bon sens, sens du réel, discernement, mesure, raison.

Mais où sera le criterium ? Il sera l'utilité ou l'inutilité de cette exaltation de l'honneur *pour nous*, considérés comme pouvant être utiles, inutiles ou funestes à nos semblables. Si cette exaltation de l'honneur 1° n'est utile en rien, ou pourrait être funeste aux autres *actuellement* ; 2° comme exercice de notre volonté, dépasse vraisemblablement la mesure où notre volonté pourra *jamais* être utile aux autres et même atteint un point où elle pourrait leur être nuisible ; — alors il y a *chose pour rien* ou chose pour un mal, et c'est en deçà que nous devons nous tenir. — De même que l'ascétisme exagéré, qu'il soit pratique indienne, pratique stoïcienne ou pratique chrétienne, est une vanité quand il pousse jusqu'à ce degré où l'endurance qu'il nous donne cesse de pouvoir être utile à qui que ce soit, de même le point d'honneur est une enfance quand l'intrépidité ou la magnanimité qu'il nous donne sont disproportionnées avec les services que nous pouvons rendre et quand les actes mêmes qu'il nous inspire ne servent à rien qu'à nous montrer forts. La limite est flottante, mais elle n'est pas insaisissable aux yeux de la raison.

La morale de l'honneur a ceci de particulier qu'elle *semble* bien être antinomique, être en contradiction logique avec toutes les morales connues.

La morale de l'honneur *contrarie* la morale utilitaire individuelle, celle qui nous est commune avec les animaux ; car enfin si je dois me conduire conformément à ce qui me distingue des autres, c'est avant tout, non seulement mon intérêt immédiat, mais mon intérêt général que je dois mépriser. Me conduire de telle manière qu'il doive en résulter pour moi un bien et un bien prolongé et permanent, c'est agir conformément, non à l'égoïsme spontané, mais à l'égoïsme réfléchi, qui est plutôt un égoïsme redoublé qu'il n'est le contraire de l'égoïsme ; c'est agir non seulement comme un animal, mais comme un végétal qui, encore qu'il ne soit pas capable de réflexion, agit comme s'il réfléchissait, en fendant péniblement la terre *pour* arriver au complet développement de son être et à sa plénitude, dans les caresses de l'air et sous la bienfaisante influence du soleil. L'honneur, l'aspiration à me satisfaire moi-même par la supériorité sur les autres, me commande de mépriser cette aspiration commune à tous les êtres, la persévérance dans l'être. Il y a plus d'honneur, d'honneur élémentaire, si l'on veut, à suivre son instinct immédiat et instantané, qu'à calculer, d'une manière mercantile, ce qui, ménagé, économisé et bien placé en ce moment, me rapportera dans un temps donné de bons et agréables bénéfices. La morale de l'honneur me commande de mépriser la morale bassement utilitaire de la fourmi ou de l'abeille. Quel honneur voyez-vous à prévoir l'hiver et le moment de l'indigence ? C'est l'imprévoyance de la cigale, qui ressemble, tout au moins, à de l'honneur. Elle est le sacrifice du moi prévu ou qu'on pourrait prévoir, à l'expansion de l'être et à la prodigalité joyeuse de l'être. L'étourderie est de l'honneur, en ce qu'elle est l'opposé de l'égoïsme cauteleux, craintif et avare. Ce qu'il y a de bon dans l'étourdi, c'est qu'il ne pense pas à lui-même.

— Comment donc ! Il ne pense qu'à lui !

— Peut-être ; mais le rangé y songe deux fois, trois fois, dix fois, ce qui fait que relativement à celui-ci, l'étourdi n'y songe point. Il est bien plus noble. La morale de l'honneur est contraire à une morale qui, en son fond et de quelque nom qu'on l'appelle, est une sollicitude raffinée, ingénieuse, réfléchie et profondément calculatrice à l'égard de soi-même.

La morale de l'honneur *paraît* de même très opposée à ce qu'on appelle la morale sociale. La morale sociale est le fait de se conformer aux mœurs ambiantes et le fait de se consacrer au bonheur des autres. Or la morale de l'honneur d'abord me commande surtout de ne pas me conformer aux mœurs ambiantes, ensuite de ne pas me consacrer au bonheur des autres.

De ne pas me conformer aux mœurs ambiantes ; car l'honneur me commande précisément de m'en distinguer, d'être quelqu'un de supérieur, de tendre indéfiniment à l'ἄριστόν τι. La méthode, qui serait sans doute un peu grossière, mais la méthode qui se présenterait d'abord aux yeux et dont il resterait toujours quelque chose dans une méthode plus méditée, la méthode de la morale de l'honneur consisterait en ceci : connaître les mœurs des hommes pour savoir ce qu'on ne doit pas imiter :

> Tous les hommes me sont à tel point odieux
> Que je serais fâché d'être sage à leurs yeux ;

ou, tout au moins, tous les hommes sont tellement dignes... d'indulgence que celui qui précisément a pour morale de ne pas être indulgent envers soi-même, doit commencer par se conformer, non à leurs mœurs, mais à quelque chose, sinon de contraire, du moins de très différent. Aux yeux de la morale de l'honneur, les mœurs des hommes ne sont pas, sans doute, le modèle dont il faut suivre le contraire ; mais ils sont le modèle à ne pas suivre.

Et le second article de la morale sociale est qu'il faut se consacrer au bonheur de ses semblables. Cela a très bon air. Mais, s'il vous plaît, qu'est-ce que c'est que le bonheur de mes semblables ? C'est ce qu'ils désignent comme tel, pour que je m'y consacre. Or ce qu'ils comprennent comme étant leur bonheur est une misère incomparable pour quelqu'un qui a la morale de l'honneur pour guide. C'est leur prospérité matérielle, c'est le succès de leurs affaires, c'est l'avancement de leurs enfants, toutes choses qui, à un homme qui suit la morale de l'honneur, sont complètement indifférentes. Si je me consacrais au bonheur de mes semblables tel qu'ils l'entendent, je passerais la plus grande partie de ma vie à recommander les fils de mes semblables à leurs examinateurs pour qu'ils fussent reçus sans le mériter. La morale de l'honneur fait difficulté à me le permettre.

Remarquez ceci : *ou* mes semblables sont assujettis à leurs intérêts matériels, et la morale sociale m'ordonne de m'asservir, non à mes intérêts matériels, il est vrai, mais aux leurs ; cependant, malgré cette différence, c'est encore m'appliquer à *des* intérêts matériels, ce qui est contraire à la morale de l'honneur ; — *ou* ils sont comme moi les servants de la morale de l'honneur, et dès lors ils n'ont aucun besoin que je me consacre à leurs intérêts. Donc, à tous les égards, la morale de l'honneur paraît parfaitement en contradiction avec la morale sociale.

La morale de l'honneur ne *paraît* pas moins en contradiction avec la morale sentimentale. La morale sentimentale, qui, du reste, n'est que la morale sociale un peu ennoblie de *Gemuth*, comme Matthieu Arnold disait que la religion est la morale adoucie de sentiment, consiste à suivre le mouvement de sympathie qui nous pousse vers nos semblables et à tenir compte de la sympathie que nos semblables nous montrent jusqu'à la prendre pour juge de notre moralité. C'est quelque chose comme le « aimez-vous les uns les autres », avec cette addition : « et estimez-vous bon si vous êtes aimé ». Cette morale, qui est excellente en ce qu'elle commande, mais qui risque de se tromper en son criterium, car on peut être aimé en dehors du bien, n'est probablement pas proche parente de la morale de l'honneur. Celle-ci ne vous recommande point d'être aimé et de vous faire aimer, car ce serait un motif très sensiblement taché d'intérêt, très sensiblement égoïste ; et surtout elle ne vous dit point que la sympathie des autres soit la pierre de touche au témoignage de quoi vous devez vous croire bon et louable.

L'honneur est plus haut que cela et plus hautain. Il vous dira que bien souvent, que le plus souvent peut-être, de quoi les hommes vous savent gré, c'est de vous montrer favorables, non pas sans doute à leurs vices, mais du moins à leurs faiblesses ; que la sympathie universelle est acquise à l'être inoffensif et conciliant, non à l'être véritablement bienfaisant ; qu'au contraire la plupart des grands bienfaiteurs de l'humanité ont été plus tard bénis par elle, mais, pour commencer, lapidés par elle, écartelés et crucifiés ; et il ajoutera que c'est précisément pour cela qu'il faut suivre la voie de l'honneur comme plus difficile, plus dangereuse et plus belle. « Le sort qui de l'honneur nous ouvre la carrière » n'est pas un sort agréable et ne jette point sur nos pas les fleurs doux-odorantes de la sympathie. Il n'y a rien de commun entre la morale de l'honneur et la morale sentimentale. « Morale sentimentale, disait Nietzsche, morale de brebis. » La morale, et Dieu merci, n'est pas une idylle.

La morale de l'honneur ne *paraît* pas non plus bien d'accord avec la morale stoïcienne, et peu s'en faut qu'elle ne la méprise un peu. Certes, le stoïcisme *a son honneur*. Son honneur consiste à lutter contre les passions et à les étrangler ; et à se sentir, dans cette lutte, supérieur, d'abord à elles, et ensuite à ceux qu'elles dominent. Mais le stoïcisme se borne là ; et, à bien considérer qu'il se borne là, il se confond avec la morale utilitaire, ou au moins il rejoint cette morale utilitaire, commune à nous et aux animaux, par laquelle nous nous mettons simplement en garde, en bons calculateurs, contre ce qui pourrait nous jouer de mauvais tours.

Au fait, il n'y a rien de plus intéressé et il n'y a rien de moins hasardeux que la morale stoïcienne. Elle consiste à ne rien mettre au jeu, pour ne rien perdre. Il n'y a aucun déshonneur à cela, mais il n'y a aucun honneur non plus. La vie est une lutte, dit l'expérience. Il y a un moyen de ne pas se battre, dit le stoïcisme, c'est de ne se battre que contre soi-même. La vie est un danger, dit l'expérience. Il y a un moyen de ne courir aucun danger, dit le stoïcisme, c'est de ne pas se mettre en route, c'est de ne pas s'embarquer et de se retenir des deux mains, de toutes ses forces, au rivage.

Il est vrai, mais nous n'aurons la sensation de nous distinguer que dans l'action dangereuse, tentatrice, pleine de risques et pleine de pièges ; la lutte contre nos passions sans que nous les présentions aux tentations n'est que la lutte contre nos désirs et nos rêves ; en quoi l'honneur est médiocre ; mais ce qui est vraiment capable de nous donner la récompense de l'honneur satisfait et de l'exciter encore à vouloir être satisfait davantage, c'est la lutte contre nos passions à travers tout ce qui est de nature à les tenter, à les séduire, à les caresser, à les exciter, à les aviver et à les assouvir.

La morale stoïcienne est une morale de timidité *en même temps que* de courage ; c'est une morale de courage au service de la timidité ; c'est une morale de patience énergique, et ce que nous demandons c'est une morale d'énergie patiente ; c'est une morale qui consiste à se soumettre et à se démettre ; ce que nous demandons c'est une morale qui consiste à s'affermir pour s'affirmer ; c'est une morale d'où l'honneur se tire sain et sauf ; nous demandons une morale d'où l'on puisse tirer de l'honneur ; Horace dit :

Et mihi res non me rebus subjungere conor.

Le stoïcisme dit plutôt :

Non mihi res, sed me rebus subjungere disco.

Et c'est ce qu'Horace a dit, ce jour-là du moins, que nous répétons. Le stoïcisme est honorable plutôt qu'il n'honore.

La morale de l'honneur n'est point d'accord non plus, ce semble, avec la morale-science-des-mœurs qui, après tout, n'est que la morale sociale un peu rectifiée. Un progrès constant réalisé par le bon sens sur les mœurs bien étudiées et bien connues, voilà la morale-science-des-mœurs-et-art-des-mœurs. Cela est louable ; mais ce progrès ne peut que suivre les mœurs pas à pas et leur obéir en leur faisant quelques discrètes observations. Il nous semble voir un Sganarelle qui, seulement, aurait quelque influence sur Don Juan, ou un Don Quichotte qui irait où Sancho voudrait aller, mais qui lui verserait de temps en temps, à dose supportable, un peu d'idéal. Qu'il n'y ait morale qui puisse faire beaucoup plus sur la masse des hommes, nous l'accordons ; mais nous en voulons une cependant qui, tout en faisant cela sur la masse des hommes, suscite des héros, ou plutôt — car les héros n'ont pas besoin d'être suscités et ne se suscitent point — donne aux héros leur formule, de quoi ils ne laissent pas d'avoir besoin ou d'avoir cure pour s'entretenir.

La morale-science-et-art-des-mœurs ne déprime pas l'instinct moral, mais elle le stimule vraiment peu et se contente plus facilement qu'il ne se contente. Elle est trop modeste. Elle n'est pas tout à fait démocratique ; mais elle n'est pas du tout aristocratique ; elle ne dit pas que la vérité morale soit dans le suffrage universel, mais elle la met dans le suffrage universel légèrement retouché par des sages très respectueux du suffrage universel. Nous ne sommes pas dans le marécage, comme dirait Nietzsche ; mais nous ne sommes pas sur l'Atlas, non pas même sur la colline Callichore.

La colline Callichore, c'est peut-être la morale-expansion-de-la vie, la morale de Guyau ; c'est bien le développement en beauté qu'elle recommande et qu'elle souhaite ; mais nous demandons : en quelle beauté ? parce qu'il y a des beautés de différents degrés et qu'il est peut-être dangereux que l'homme, parce qu'il se sentira en beauté, en pleine vie belle, croie être dans la morale. La morale-expansion-de-la-vie est trop facile, ou du moins, ce qui offre le même danger, elle semble l'être. N'est-elle point en son fond la morale de Montaigne, ou n'a-t-elle pas au moins avec la morale de ce stoïcien des jardins d'Epicure un assez étroit parentage ? Certes, il ne faut pas camper la sagesse sur un mont escarpé et sourcilleux ; mais il ne faut pas non plus trop assurer aux hommes qu'on aille droit à elle par des routes unies, fleuries, gazonnées et doux-fleurantes.

La morale de l'honneur, quoique plus rapprochée

des idées ou plutôt de l'état d'âme de Nietzsche que de toute autre chose, n'est point d'accord non plus avec Nietzsche. D'une part, si elle accepte et prend pour elle ses formules les plus éclatantes et les plus habituelles (se surmonter, vivre dangereusement, devenir celui qu'on est), elle repousse ou elle écarte son principe même : agir par volonté de puissance. Ce n'est pas par volonté de puissance qu'agit l'homme d'honneur, c'est par volonté de respect de soi ; et quand Nietzsche s'amuse à dire que la propreté est la première des vertus et que la psychologie est une dérivation du goût de propreté et que le progrès humain n'est pas autre chose que le progrès de la propreté, c'est, plus ou moins confusément, de la morale de l'honneur qu'il a l'idée, et *ce n'est plus de la sienne.*

D'autre part, les deux morales de Nietzsche, quoique dérivant d'une idée très juste, sont éliminées par la morale de l'honneur, *qui n'en a pas besoin,* la morale de l'honneur s'appliquant aussi bien au plus humble des animaux de troupeau qu'au plus glorieux des animaux d'élite. La morale de l'honneur enseigne au plus humble qu'il a son honneur et des devoirs qui en découlent ; elle reconnaît seulement que ces devoirs augmentent en nombre et en grandeur et en rigueur à mesure que l'homme est placé plus haut dans l'échelle sociale, dans l'échelle intellectuelle et dans l'échelle des forces ; que par conséquent il y a plusieurs morales différemment dures, différemment lourdes et aussi prescrivant des devoirs en vérité très différents ; mais aussi que toutes ces morales ont un principe commun et une maxime commune : se respecter, se faire respectable à ses propres yeux ; et que par conséquent ces différentes morales, au point de vue de leur principe, n'en font qu'une, ce qui rétablit l'unité, quoique variété, du genre humain.

Et enfin la morale de l'honneur, sur quoi nous nous sommes assez étendu dans la partie discussive de cet essai pour n'y revenir que pour mémoire, se sépare de la morale kantienne en ce qu'elle abandonne l'impératif catégorique pour un impératif qui sans aucun doute est persuasif et conditionnel. Elle croit et ici elle approuve Schopenhauer donnant assaut à Kant, que jamais, sauf en religion, en état mystique, l'homme n'obéit à un pur commandement, à un commandement *im-mobile*, à un commandement métalogique, mais toujours à un commandement qui raisonne, à un commandement qui se justifie, et elle croit que la raison que donne l'impératif quand on l'interroge est un sentiment et que ce sentiment est le sentiment de l'honneur ; — ou elle croit, ce qui me paraît revenir au même, que l'impératif *se présente* sous forme d'impératif à celui qui croit et sous forme persuasive d'honneur à celui qui veut qu'on raisonne ; sous forme d'impératif à celui qui est en état mystique et sous forme persuasive d'honneur à celui qui est en état rationnel.

La morale de l'honneur paraît donc bien en contradiction avec toutes les morales connues ; et de fait il y a entre elle et toutes ces morales des différences qui sont très nettes ; mais aussi j'affirme qu'elle rejoint toutes ces morales et qu'elle va même jusqu'à les absorber par la raison qu'elle les contient. Toutes les morales, après avoir disparu, par hypothèse, reparaissent quand on les considère au point de vue de l'honneur, et elles reparaissent, à mon avis, plus pleines, plus consistantes et plus vivantes.

La morale élémentaire, commune aux hommes et aux animaux supérieurs : sacrifier l'intérêt immédiat à l'intérêt, personnel encore, mais général et s'étendant sur toute une vie, est contenue déjà dans la morale de l'honneur, ou contient un principe d'honneur, mais en tout cas ressortit à la morale de l'honneur. Que ce soit par sentiment ou par notion de l'utile que l'animal ou l'homme sacrifie ainsi son intérêt immédiat, ce n'est pas douteux ; mais il y a déjà chez l'homme un sentiment d'honneur à faire ainsi. La preuve, bien frappante selon moi, c'est que ce sacrifice, ceux d'entre les hommes qui sont inférieurs aux animaux *ne le font pas* et se livrent à la jouissance immédiate malgré la sollicitation de leur intérêt personnel général. Ceux-là donc, très nombreux, bien entendu, qui font ce sacrifice sont guidés partie par le sentiment de leur intérêt, partie par le sentiment de l'honneur, par cette pensée : il n'est pas digne de moi — et que serais-je ? pire qu'un animal — de me tuer pour satisfaire mon goût pour le manger, le boire ou le stupre. C'est de l'honneur, de la dignité, une dignité élémentaire, mais c'est bien un commencement, en deçà duquel quelques-uns restent. Et c'est précisément en remontant d'ici, à travers toutes les morales, à la morale la plus élevée, que nous saisirons bien et les différents devoirs qu'imposent les différentes morales et ceci que toutes, de plus en plus, se rattachent à l'honneur comme à leur principe, *ou*, et cela m'est égal, *sont plus elles-mêmes* quand elles s'y rattachent.

La morale sociale, commune à l'homme et à quelques-uns des animaux supérieurs, est ennoblie et renforcée par la morale de l'honneur, de telle sorte qu'on se demande presque ce qu'est la morale sociale quand elle n'est pas la morale de l'honneur elle-même et si, quand elle ne l'est point, elle n'est pas immorale. J'ai touché plus haut ce point. Mais s'il est parfaitement vrai qu'il est immoral d'être sociable, parce que les mœurs des hommes sont plutôt mauvaises qu'elles ne sont bonnes, il n'est pas moins vrai, et il l'est davantage, qu'il faut fréquenter les hommes pour ne pas leur montrer une hostilité qui est contraire à la charité, à la bonté, à la bienveillance et qui évidemment dessèche le cœur. Or comment à la fois fréquenter les hommes, c'est-à-dire, en somme, prendre leurs mœurs, et rester pur? Il n'y a qu'un moyen, c'est de les fréquenter en leur donnant de bons exemples et *pour* leur donner de bons exemples. Et il n'y a rien qui à la fois soit plus conforme à l'honneur et qui le confirme et le fortifie davantage. La nécessité même de fréquenter les hommes vous rengage donc dans l'honneur, ou plutôt de cette double nécessité de fréquenter les hommes et de ne pas prendre leurs mœurs résulte cette nécessité aussi d'être plus ferme dans l'honneur qu'on ne le serait restant solitaire.

Et aussi la morale sociale nous commande d'aider nos pareils, de nous consacrer à eux. Et c'est une chose qui serait épouvantable si elle était ce qu'elle est, telle qu'elle est et toute seule, puisqu'elle consisterait à aider nos semblables dans toutes les infamies, ou au moins malpropretés, où ils ont besoin d'être aidés et demandent à l'être. Mais dès que, dans cette morale sociale, vous faites entrer comme un grain de morale de l'honneur, tout aussitôt elle change complètement. Vous vous mettez, et largement, au service de vos semblables dans les limites de ce que l'honneur vous permet et vous conseille. Dès lors vos semblables, forcés de ne vous demander que ce qui est honorable, sont obligés à pratiquer l'honneur eux-mêmes et dirigent leur activité du côté des régions où ils savent que vous pouvez et voulez les aider ; de sorte que, non seulement vous n'êtes associés à vos semblables que pour le bien, mais qu'encore, à cause du concours qu'ils espèrent de vous, vous êtes excitateurs de vos semblables dans le sens du bien.

Et de tout cela il faut conclure que la morale

sociale est abominablement immorale quand elle est la morale sociale, et qu'elle ne devient morale que quand elle est sociabilité où intervient le sentiment de l'honneur. Et comme, en dernière analyse, ce dont la société a le plus besoin, non pour pouvoir vivre, mais pour pouvoir vivre longtemps, non chaque jour, mais pour tous les jours, c'est un certain degré d'honnêteté, le véritable homme insocial, antisocial, c'est l'homme trop sociable et qui ne songe qu'à plaire à la société ; le véritable homme social, c'est l'antisociable, c'est l'insociable, à condition qu'il se mêle cependant un peu à ses semblables pour leur donner l'exemple de l'honneur et pour les aider, ce qu'ils remarqueront et ce qui les fera réfléchir, strictement dans les limites de l'honneur pur.

Comme dans la morale élémentaire, la moralité consiste à préférer son bien personnel général à sa jouissance immédiate, de même, dans la moralité sociale, la morale consiste à préférer le bien social général et permanent au bien-être social immédiat ; et cette distinction c'est l'homme d'honneur qui la fait, et cette préférence c'est l'homme d'honneur qui l'enseigne. Il en résulte que la morale sociale sera subordonnée à la morale de l'honneur ou qu'elle ne sera pas. Donc il en résulte que quand elle existe, ou elle est étroitement enveloppée de la morale de l'honneur, ou elle est la morale de l'honneur elle-même.

La fade morale sentimentale semble bien, comme nous l'avons assez marqué, n'avoir aucun rapport avec l'âpre et virile morale de l'honneur. Cependant, non seulement on peut concilier celle-ci avec celle-là ; mais encore on peut dire que celle-là n'a agréé à quelques philosophes que vue à travers celle-ci et que, si ce milieu avait disparu, la morale sentimentale serait apparue dans une nudité honteuse qui eût fait reculer ses partisans les plus passionnés.

Faire de la sympathie que nous montrent nos semblables le criterium du bien. le criterium de notre moralité, le criterium de ceci que nous sommes dans la bonne voie, ce serait un pur cas d'aliénation mentale, si nous ne nous persuadions qu'en nous aimant c'est le sentiment de l'honneur que suivent ceux qui nous aiment. Être aimé ne prouve rien, non pas même qu'on soit aimable, encore moins qu'on soit digne d'être aimé, encore bien moins qu'on soit digne d'être aimé pour ses vertus. Il ne prouve absolument rien du tout. L'amour souffle où il veut. Et cette comparaison de l'amour avec un souffle venu des régions du hasard est si juste que les Romains appelaient la popularité *aura popularis*. Or l'amour de nos semblables pour nous c'est la popularité. Et la popularité est la fille même du hasard. Elle naît exactement, non pas même d'un je ne sais quoi, ce qui est encore quelque chose, quelque chose qu'on n'a pas encore défini, mais elle naît littéralement d'on ne sait quoi et d'on ne saura jamais quoi. Elle est un des scandales de la raison. Avec elle on n'a pas même la règle de la négative et l'on ne peut pas dire, ce qui serait une certitude, que son existence est signe qu'elle est imméritée. Elle est méritée quelquefois, elle est imméritée souvent. Elle porte avec elle-même son incertitude touchant ses mérites. Elle est ce qui n'est signe de rien.

Et il en faut dire autant de la popularité restreinte, de ce que j'appellerai, si l'on veut, la popularité domestique. Un homme — rien de plus fréquent — est adoré de sa femme, de ses enfants, de sa belle-mère (j'ai vu cela), de quelques amis. C'est le dernier des bohèmes, des fous, des égoïstes et des apaches. Rien n'irrite davantage l'honnête homme dévoué aux siens et dont toutes les vertus sont méconnues et, qui plus est, attribuées à son voisin, le bohème et l'apache. Il en est ainsi, s'il y a une providence, précisément *pour que* l'honnête homme ne tienne pas compte de la sympathie de ses semblables et pour qu'il ne donne pas dans la morale sentimentale.

Tant y a que la morale sentimentale porte en elle un terrible germe d'erreur.

Mais, si l'on fait intervenir dans la morale sentimentale le sentiment de l'honneur et du respect, comme font évidemment tous ceux qui ont tenu compte de cette morale, alors elle se transforme immédiatement. Si l'on suppose que l'on ne sera aimé qu'en proportion de sa vertu et de son honneur, qu'en proportion de ce qui *devrait* en effet vous faire aimer, alors il n'y a rien de plus raisonnable que la morale sentimentale. La morale sentimentale est fondée par des moralistes naïfs sur la sympathie humaine, non telle qu'elle est, mais telle qu'elle devrait être; non telle qu'elle est, mais telle qu'elle serait si elle avait honte de ce qu'elle est. Et comme, malgré tout, il arrive que la sympathie humaine ne se trompe pas et va en effet là où elle devrait aller toujours; comme, surtout, elle se trompe sur l'application de ses sentiments et souvent aime bien par amour de la vertu et de l'honneur, mais des gens qui en sont absolument dépourvus et à qui elle les attribue, le moraliste a été un peu autorisé, pourvu qu'il fût un peu myope, à dire : soyez sûrs que la sympathie humaine tend toujours à la vertu et à l'honneur (ce qui est à peu près vrai), et si vous vous sentez l'objet de la sympathie, concluez (c'est ici qu'est l'erreur) que vous êtes vertueux, et donc recherchez la sympathie de vos semblables.

C'est ainsi que la morale de l'honneur rejoint la morale de la sympathie, à la condition que la sympathie soit bien placée. On peut dire que tout le théâtre de Corneille est fondé sur la morale de la sympathie, car ce que les héros et héroïnes recherchent, c'est bien d'être aimés ; seulement ils ont le culte de l'honneur et sont persuadés, et avec raison, que ceux qu'ils aiment l'ont aussi et qu'ils ne seront aimés qu'en raison de leur culte pour l'honneur, qu'ils ne seront aimés qu'*en l'honneur* comme d'autres ne sont aimés qu'en Dieu. Dans ces conditions, morale d'honneur et morale de sympathie se confondent. La morale de l'honneur *est* la morale de sympathie elle-même, à supposer que les sympathies sont morales et à ne vouloir que de celles qui le sont.

La morale de l'honneur peut encore bien s'accorder avec le stoïcisme. Elle le complète. Elle en accepte complètement le principe : lutte contre toi-même ; car il est bien évident que la première *distinction* que nous devions et aussi que nous puissions chercher, c'est celle qui consiste à ne point s'aimer et à n'être point désarmé contre soi-même par le sentiment de ses mérites. De plus, nous avons vu que la morale de l'honneur, dans ce désir qu'elle inspire à l'homme de se distinguer d'êtres inférieurs à lui, ou d'êtres supposés inférieurs à lui, ne laisse pas de lui indiquer un être particulièrement dont il doit se distinguer, à savoir lui-même, qu'il doit dépasser, à savoir lui-même, qu'il doit surmonter, à savoir lui-même et, jusqu'à ce point, la morale de l'honneur, non seulement donne la main au stoïcisme, mais elle est le stoïcisme. — Passé ce point, elle le complète *et lui donne son sens*. Car enfin pourquoi lutter contre ses passions et se surmonter soi-même ?

— Pour cela même, pour dompter ses passions.

— Mais, c'est un sport !

— C'est un beau sport.

— C'est donc de la beauté que vous voulez faire ?

Il y a d'autres manières, peut-être moins sombres et moins tristes de faire de la beauté.

— Pour dompter les passions, qui sont laides.

— C'est donc de la beauté que vous voulez faire. Il y a d'autres manières, et moins sombres, et moins tristes, de faire de la beauté, et peut-être même avec ces passions que vous méprisez.

— Pour ne pas être dévoré par les passions, ce qui rend malheureux.

— C'est donc le bonheur que vous recherchez ? Vous êtes des épicuriens.

Ils ont pourtant raison ; seulement ils ne songent pas à introduire dans la loi du devoir le vrai sentiment qui la vivifie. Ils connaissent très bien ce sentiment, mais ils ne le reconnaissent pas ; je veux dire qu'ils l'éprouvent, mais qu'ils ne le démêlent point. C'est bien par honneur que vous agissez ; c'est bien pour vous distinguer d'autres êtres jugés par vous inférieurs à vous et de vous-même jugé par vous inférieur à ce que vous pourriez devenir ; de telle sorte que, de victoire en victoire, d'homme surmonté en homme surmonté, se réalise ce sage parfait qui est un Dieu ; c'est bien pour cela que vous agissez, certainement ; mais vous ne l'avez pas suffisamment démêlé et, manque de cela, votre morale paraît quelque chose comme un jeu sublime.

Elle se comprend elle-même dès qu'elle sait qu'elle est le *nisus* éternel de l'humanité voulant toujours laisser quelque chose derrière elle.

Et remarquez que le reproche, qu'on fait avec quelque apparence de raison à votre morale, à savoir d'être trop individualiste et de ne guère pousser l'homme au dévouement envers ses semblables, disparaît aussitôt quand c'est d'honneur que l'on parle et non plus seulement de vertu stoïque. L'homme d'honneur comprend, il me semble, de soi-même, de par le sentiment qui le remplit, qu'il ne se distinguera et qu'il ne méritera son propre respect, que quand, non content d'étrangler ses passions dans sa cave et de s'abstenir et de supporter et de s'isoler, il agira sur les autres dans le sens de l'amélioration morale. Vous le faites, certes, par votre prédication ; mais il est évidemment honorable de le faire par l'action, par l'élaboration des législations meilleures, par la répression et la correction et le relèvement des peuples qui entraveraient le progrès de la civilisation morale, etc.

Et... vous le faites par la prédication ! Pourquoi le faites-vous ? Je ne sais pas trop. La prédication suppose qu'on veut une humanité tout entière pénétrée des préceptes qu'on lui présente. Voudriez-vous que toute l'humanité s'abstînt et supportât, c'est-à-dire fût composée d'individus isolés les uns des autres, et c'est-à-dire ne fût plus l'humanité ? Votre morale, si excellente, conduit à faire un genre humain d'ascètes anachorètes. Aussi ne visez-vous point l'humanité en prêchant. Vous visez le petit nombre de ceux qui sont capables de vivre comme vous, mais qui n'y ont pas encore songé, laissant volontairement de côté la majorité du genre humain. Je rêve mieux pour vous et je dis qu'il y a au fond de vos principes mêmes un principe de vie qui pourrait être proposé à l'humanité tout entière : guerre aux passions, non pour se faire invincibles, mais pour vaincre le mal sous toutes ses formes. Quel mal ? Le mal de déchoir.

Ainsi la morale de l'honneur replacée dans le stoïcisme, et je dis replacée parce qu'elle y est chez elle, fait un stoïcisme élargi, agrandi, plus actif et plus vivant.

La morale de l'honneur peut rectifier et compléter de même la morale-science-et-art-des-mœurs. Il est dans votre nature, car vous êtes surtout un savant, un studieux, de considérer la « réalité morale », les mœurs des hommes, principalement pour les étudier, car vous êtes un savant, un studieux, mais aussi pour en tirer une leçon à l'usage des hommes et même au vôtre. Fort bien. Or vous n'en tirerez aucune leçon, du moins j'ai cru le démontrer, si vous ne les rapportez pas, comme à une pierre de touche, comme à un instrument de contrôle, comme à un instrument de jugement, à un idéal de mœurs que vous vous serez formé. Bon gré mal gré, vous ferez intervenir cet idéal dans tout projet, si modeste soit-il, « d'amélioration » de vos semblables ou de vous-même, que vous aurez fait. Or, cet idéal, quel sera-t-il ? Un des idéals, assurément, que les diverses morales que nous avons examinées ont inventés et proposés aux hommes. Or j'ai cru montrer qu'ils ont tous quelque chose d'insuffisant; nous voilà ramenés à l'idéal honneur comme étant celui qu'inconsciemment peut-être vous consulterez à chaque amélioration de détail, que vous, très modeste et ne voulant procéder que par progrès insensibles, vous proposerez.

Mais je dis que, particulièrement vous, c'est à l'idéal honneur que vous vous adresserez instinctivement, et peut-être sans le savoir, dès que vous ferez de « l'art moral ». Car vous, peut-être avec raison, vous n'êtes pas un sentimental, et vous n'êtes pas un eudémoniste et ne croyez guère au bonheur ; et vous n'êtes pas un poète et vous n'êtes guère partisan de la vie expansive ou de la vie intense et violente ; vous êtes un sage très modéré dans ses ambitions pour l'humanité et un peu sceptique sur les puissances de l'humanité. Soyez sûr qu'à quoi vous songerez, qu'à quoi vous songez plus ou moins consciemment toutes les fois que vous envisagez une amélioration possible, c'est à ceci : plus d'*humanité* entre les hommes, moins de violences, moins de meurtrissures, moins de cruautés. Comme vous êtes surtout *instruit* des mœurs des hommes, vous êtes ennemi de ce que vous voyez bien qui leur fait faire le plus de sottises, à savoir de leurs passions basses et leurs passions hautes, et c'est assurément à un certain milieu et entre-deux que vous voudriez les arrêter, avec un progrès lent dans ce sens. Or c'est à l'instinct de l'honneur que, dans ce dessein, vous faites appel. Toutes vos améliorations se ramèneront à ceci : soyez corrects, soyez dignes, n'admettez pas des institutions qui sentent la vengeance, c'est-à-dire l'animalité, qui sentent l'ambition désordonnée, c'est-à-dire la sauvagerie, qui sentent la torpeur et l'inertie, c'est-à-dire la végétalité et même la végétalité inférieure. Tout cela c'est de l'honneur d'homme et de l'honneur que peuvent comprendre les hommes de toutes classes et de tout rang, ce qui est précisément ce qu'il vous faut.

Et voyez comme aussitôt que ce principe est, je ne dirai pas introduit auprès de vous, car vous l'avez, mais mieux connu, mieux saisi, votre préoccupation principale prend tout son sens. Certes, on n'a jamais assez connu les mœurs des hommes pour adapter et ajuster à chacune de leurs tendances, dans la mesure juste, comme correctif, le principe de l'honneur : « Il est digne de vous, qui êtes ambitieux, de l'être d'une façon qui vous distingue de l'ambitieux vulgaire; il est digne de vous, qui êtes colérique, de ne l'être que contre ce qui est bas et vil, pour vous distinguer de ceux qui le sont d'une façon puérile et infantile ; etc. » La science des mœurs devient alors le diagnostic, qui n'est jamais assez informé, et l'art moral devient une médication employant une panacée, mot qui fera sourire, mais une panacée à formes multiples et toujours appropriée au tempérament du malade. L'art des mœurs est l'art d'introduire dans les mœurs autant de sentiment de l'honneur qu'elles en pourront comporter dans telle situation donnée, ce qui comporte les connaître à fond et avoir mesuré toutes leurs faiblesses et toutes leurs forces.

La morale de l'honneur s'accommode encore de la morale de Guyau, de la morale expansion de la vie, et elle la complète heureusement. La morale c'est la vie en beauté. Je le veux bien ; mais à quoi reconnaîtrons-nous la beauté ? Quel sera le criterium de la beauté ? C'est ce que Guyau n'a jamais dit, et c'est pour cela que sa morale reste flottante, parce que *ce qui semble beau* est partout et par conséquent tout est moral. Mais si nous arrivons à savoir ce qui est humainement beau et si nous démêlons que ce qui est humainement beau c'est tout ce qui nous élève au-dessus de quelque chose jugé par nous indigent; comme le sens de la beauté et le sens de la vie et le sens de la vie belle se fait lumineux et presque précis ! Et comme alors, oui, je puis dire : être moral c'est vivre ; vivre véritablement étant augmenter en moi la valeur de la vie. Car maintenant, j'ai en mains une *valeur*, ce que je n'avais pas tout à l'heure. Il a suffi de cela, mais c'était tout, pour que le système, sans changer en soi, eût toute sa vertu.

Il me dirigeait vraiment de tous les côtés ; il me dirige maintenant de tous les côtés encore, mais avec une boussole très exacte qui me fait éviter les écueils de chaque région et dans chaque région me fait voguer par une mer sûre vers des terres fécondes.

Puisque Nietzsche, comme M. Fouillée a raison de le dire, a un point de départ qui n'est pas très différent de celui de Guyau, si tant est qu'il ne soit pas le même, de la morale de l'honneur appliquée au nietzschéisme, nous dirons à peu près la même chose. La morale de Guyau devient la morale de l'honneur dès que par la beauté de la vie on entend l'honneur, et la morale de Nietzsche est la morale de l'honneur elle-même si, ce qui n'est pas certain, mais ce qui est probable, par héroïsme il a entendu la joie de l'honneur qui se satisfait. Si nous rencontrions toujours les formules favorites de Nietzsche quand nous exposions la doctrine de l'honneur comme principe de la morale, c'est que tout ce qui est signe de force est signe de force morale, et tout ce qui est exercice de force est exercice de force morale, à une certaine condition, et qu'il ne reste plus à savoir que pour quelle cause et dans quel dessein la force se met en action, pour savoir si elle est morale ou si elle ne l'est pas ; et le seul tort de Nietzsche, considérable il est vrai, est d'avoir cru que la force est morale en soi, ou, puisqu'il récuse le mot moral, d'avoir cru que la force est, en soi, la bonne règle de notre développement.

Il a dit, en bon Allemand négateur du droit : « Vous dites que c'est la bonne cause qui justifie la guerre ? Je vous dis que c'est la bonne guerre qui sanctifie toute cause. » Voilà ce qui nous sépare ; mais s'il avait compris une fois pleinement ce qu'à chaque instant il est tout près de comprendre, que la force se trompe sur elle-même comme la faiblesse, et qu'il faut à la force un criterium de son bon ou mauvais emploi, toutes ses directions générales le menaient à préconiser et à introniser la force noble, et c'est-à-dire celle qui se méprise elle-même quand elle n'est pas conforme à l'honneur. Et c'est ce qu'il dit lui-même le jour où à sa formule : « L'homme est quelque chose qui doit se surmonter », laquelle toute seule n'est encore rien, il ajoute : « Que votre amour de la vie soit l'amour de vos plus hautes espérances et que votre plus haute espérance soit la plus haute pensée de la vie », équation entre l'amour de la vie élevée et l'amour de ce qu'on espère de la vie, c'est-à-dire un progrès sur soi-même.

Tous les « signes de noblesse » de Nietzsche sont des signes du désir chez l'homme de se distinguer de ceux qui sont contents d'eux-mêmes, et aussi de soi-même trop facilement content de soi. Et comme son stoïcisme est un stoïcisme d'action, que ce stoïcisme d'action soit dominé et dirigé par ce sentiment que l'homme doit se dominer et dominer les autres pour l'honneur de l'humanité, toute sa philosophie devient celle du courage au service du bien.

Elle devient celle de Montaigne en un jour de stoïcisme chrétien : « O la vile chose et abjecte que l'homme s'il ne s'élève au-dessus de l'humanité ! — Voilà un bon mot et un utile désir, mais pareillement absurde ; car de faire la poignée plus grande que le poing, la brassée plus grande que le bras et d'espérer enjamber plus que l'étendue de nos jambes, cela est impossible et monstrueux, ni que l'homme se monte au-dessus de soi et de l'humanité ; car il ne peut voir que de ses yeux et saisir que de ses prises. Il s'élèvera si Dieu lui prête extraordinairement la main ; il s'élèvera, abondamment et renonçant à ses propres moyens et se laissant hausser et soulever par des moyens purement célestes. C'est

à notre foi chrétienne, non à la vertu stoïque de prétendre à cette divine et miraculeuse métamorphose. »
— Il est vrai, dirai-je; mais, même sans avoir recours à la foi, en langage philosophique, cela veut dire : l'homme doit se surmonter et ne peut pas se surmonter ; c'est donc d'accomplir sur lui un miracle qu'on lui demande quand on lui dit : « Surmonte-toi », et il est étrange qu'un incrédule comme Nietzsche l'y convie ; mais ce miracle, si l'homme y croit, il commence à être accompli ; s'il s'y applique avec une énergie qui sera en raison de l'intensité de sa foi, il sera à demi accompli ; et c'est-à-dire que, sans se surmonter, l'homme aura atteint ses limites, surmontant tout ce qu'il *paraissait* être et tout ce que lui-même croyait qu'il était. Or cet acte de foi, point de départ de toutes ces nobles démarches et de cette métamorphose quasi divine, c'est un acte de foi en l'honneur, en l'honneur, reste peut-être et peut-être signe de notre céleste origine.

Et enfin que la morale de l'honneur soit la morale même de Kant avec une sorte d'addition qui ne fait que la modifier, qui ne fait que la ramener à être persuasive comme toutes les morales non religieuses qui ne fait que la laïciser, si l'on me permet ce badinage, c'est ce que tout cet essai aura déjà suffisamment mis en lumière. La morale de Kant commande, la morale de l'honneur persuade impérativement par la bouche d'un personnage qui commande par un conseil, mais qui très rapidement revient lui-même à commander sans phrases. La morale de l'honneur explique la morale de Kant, ou plutôt fait qu'elle s'explique ; elle fait parler la grande muette ; elle desserre les lèvres scellées de l'Impératif.

Du reste, elle lui laisse tout son caractère. Il est vrai encore que toute action inspirée par des mobiles intéressés n'est pas morale et que ne *s'achemine* à être morale qu'une action inspirée par des mobiles intéressés et par un « commencement d'amour de Dieu », c'est-à-dire du bien pour lui-même. Il est vrai encore que l'échelle des valeurs des actions est établie par cette considération que plus une action s'écarte de l'intérêt de l'agent et se rapproche d'une idée pure, plus elle est morale. Mais il n'est plus vrai qu'elle doit se rapprocher d'un pur rien ou d'un quelque chose qui ne dit rien. Elle doit se rapprocher de l'idée à la fois la plus élevée et la plus capable de s'élever sans cesse et la plus universelle et la plus capable d'être universelle.

Il est vrai encore qu'une action inspirée par la seule sensibilité n'est pas morale ; mais il n'est plus vrai que « le sentiment même de la pitié et de la compassion tendre est *à charge* à l'homme bien intentionné quand il intervient avant l'examen de cette question : où est le devoir ? et qu'il est le principe de la détermination qu'on prend, parce qu'il vient troubler l'action de ses sereines maximes ; et qu'aussi lui faut-il souhaiter d'y échapper pour n'être plus soumis qu'à cette législatrice, la Raison ». Non, cela n'est pas vrai ; et Schiller a raison en son épigramme : « Je sers volontiers mes amis, mais, hélas ! je le fais avec plaisir ; j'ai un remords. — Eh bien, efforce-toi de le faire avec répugnance, et ce sera le devoir. » Ce qui est vrai, c'est que l'*accord* entre la sensibilité et la raison est le signe du vrai et qu'il faut souhaiter, non pas d'échapper à la sensibilité, mais qu'elle se rencontre avec la raison. Or cet accord ne peut être indiqué par un commandement sec, froid et silencieux, mais par une instigation chaleureuse et éloquente qui tienne déjà un peu de la sensibilité. C'est celle de l'honneur. L'honneur est le médiateur entre la sensibilité et la raison ; il est l'interprète de la raison auprès de la sensibilité.

Au fond, Kant établit bien la morale sur l'honneur quand il observe que le sentiment qui *reçoit*, pour ainsi parler, la loi morale dans le cœur de l'homme, c'est le respect. Le respect, c'est ce que la sensibilité *a* pour le commandement moral. Or respecte-t-on un commandement pur et simple ? Non ; on lui obéit quand on ne peut pas faire autrement. Ce qu'on respecte, depuis la simple déférence jusqu'à la vénération et jusqu'au culte, c'est la raison du commandement ou le caractère de celui qui commande. Ce qu'on respecte dans le commandement moral, c'est l'honneur qu'il nous donne pour sa raison ou le personnage de l'honneur sous lequel il nous apparaît. C'est cela qu'on peut respecter et que l'on respecte. En trouvant, et très bien, le lien entre la loi morale et la sensibilité, le levier entre la loi morale et la sensibilité, Kant a trouvé ce à quoi, vraiment et réellement, *in actu*, nous obéissons quand nous sommes moraux. Quand nous sommes moraux nous nous respectons, quand nous nous respectons nous sommes moraux ; quand nous avons trouvé ce qui en nous est non aimable — pour nous c'est nous tout entier — mais respectable, et quand c'est à cela que nous nous attachons, nous sommes moraux. Et donc Kant, je ne dirai peut-être pas a fondé la morale sur l'honneur, mais il l'a *vue* fondée sur lui.

Son criterium même est plein de cette idée ; car agir de telle manière que nous puissions vouloir que la maxime d'après laquelle nous agissons soit une loi universelle, prenez garde, il y a de la sensibilité là-dedans ; il y a un commencement de sensibilité ; c'est vouloir avoir l'honneur d'être le législateur du genre humain ; je dis trop ? oui ; eh bien, c'est vouloir avoir l'honneur de pouvoir se considérer comme législateur du genre humain ; c'est dire : « J'agis bien ; si tout le monde faisait ainsi... » ; et ce n'est pas forcément de l'orgueil ; ce n'est pas nécessairement de la fierté ; mais c'est un sentiment d'honneur très vif, c'est le sentiment de s'être distingué de beaucoup d'autres jugés inférieurs à nous. Kant est tout plein de l'idée d'honneur. La morale de l'honneur ne fait que prendre Kant par un certain biais et le rendre plus accessible. Elle ne fait que mettre un pont entre son escarpement et nous.

La morale de l'honneur, j'ai cru le prouver, s'adresse à tous, à tous elle fait appel et tous peuvent la recevoir. Mais à tous elle propose de se distinguer, de s'élever au-dessus de quelqu'un, fût-il supposé, de se faire préférables. Elle est tout entière, grâce peut-être à une interprétation particulière, mais enfin elle est tout entière dans le fier mot de Nietzsche que j'ai déjà cité, mais que je veux comme saluer en finissant : « Gardons-nous de rabaisser nos privilèges à être les privilèges de tout le monde » ; car il s'agit d'être privilégiés, d'être plus haut, d'être les élus. Or nos privilèges, ce sont nos devoirs. Nietzsche le dit encore : « Compter nos privilèges et leurs exercices au nombre de nos devoirs. » Nos privilèges, c'est d'être en quelque chose plus forts, en quelque chose plus intelligents, en quelque chose plus vertueux que d'autres. Or autant de privilèges, autant de devoirs ; et plus nous avons de privilèges, plus nous avons d'obligations, et c'est ce que l'honneur commande. Nous devons nous considérer, tous tant que nous sommes, puisque chacun de nous a son petit côté de supériorité, *nous devons nous considérer comme des privilégiés du devoir.*

Remarquez que, comme il arrive souvent, la formule de Nietzsche peut se retourner et rester vraie. Nous ne devons pas rabaisser nos privilèges à être les privilèges de tout le monde. Nous devons aussi rabaisser nos privilèges à être les privilèges de tout le monde ; c'est-à-dire vouloir que tout le monde pratique nos vertus et faire tous nos efforts pour qu'ils les pratiquent; et c'est en effet ce que les plus saints d'entre nous veulent de tout leur cœur. Mais pourquoi vouloir cette égalité ? Pour en sortir. Pourquoi vouloir que nos privilèges soient rendus communs ? Pour en chercher d'autres. Pourquoi vouloir que les devoirs pratiqués par nous soient pratiqués par tout le monde ? Pour nous créer d'autres devoirs, plus grands, plus lourds, plus impérieux et plus nobles ou les mêmes poussés plus loin. Et ainsi de suite et toujours, et voilà la formule de Nietzsche réintégrée : nous aurons toujours des devoirs dont nous serons toujours jaloux comme de privilèges.

Et l'humanité, d'échelons en échelons, se surmontera toujours, les plus élevés tendant la main à ceux qui seront restés plus bas, ayant un double désir, une double volonté, qui n'a rien de contradictoire, d'être toujours rejoints, et d'être toujours supérieurs.

Ainsi le veut l'Honneur, qui est le Devoir à l'état dynamique, qui fut le roi des combats sanglants, qui peut devenir le roi des combats pacifiques, le roi des rivalités salutaires, le roi des émulations sacrées, à la conquête, toujours à faire, jamais faite, toujours essayée, toujours commencée, toujours espérée, de la souveraine vertu, qui est le souverain bien.

J'aurais peut-être dû — et aussi bien c'est peut-être ce que je devrais toujours faire — ne pas écrire ce volume ; et me contenter de transcrire cette ligne d'Alfred de Vigny : « L'honneur, c'est la poésie du devoir ».

Table des Matières

I. — Avant Kant. 1
II. — La morale de Kant. 38
III. — Le néo-kantisme. 80
IV. — La morale sans obligation ni sanction 104
V. — La morale de Nietzsche. 139
VI. — La morale science-des-mœurs 215
VII. — La morale de l'honneur 257

Société Française d'Imprimerie et de Librairie
Ancienne Librairie Lecène, Oudin et Cie
PARIS, — 15, rue de Cluny, — PARIS

Dix-huitième année

Revue des Cours et Conférences

Honorée d'une souscription du Ministère de l'Instruction publique

Paraissant le jeudi de chaque semaine pendant la durée des Cours et Conférences (de Novembre à Juillet)

En une brochure de 48 pages in-8° carré, sous couverture imprimée

Directeur : **N. FILOZ**

ABONNEMENT, un an
- France . . . . 20 fr.
  (Payables 10 francs comptant et le surplus par 5 francs les 15 février et 15 mai.)
- Étranger . . . . 23 fr.

Le Numéro : **60** centimes

En vente, la troisième année et les années suivantes.

Chaque année . . . . 20 fr.

La table des dix premières années est en vente en un fascicule in-8°. . . . . 1 fr.

Les deux premières années sont épuisées.

www.ingramcontent.com/pod-product-compliance
Lightning Source LLC
Chambersburg PA
CBHW070843170426
43202CB00012B/1926